高等职业教育电子商务专业精品教材

电子商务基础 第二版

ELECTRONIC COMMERCE FOUNDATION

孙瑜　于广天◎主编
邓红　莫丽丽　郑洁　缪华昌◎副主编

中国轻工业出版社

图书在版编目（CIP）数据

电子商务基础/孙瑜，于广天主编. —2版. —北京：中国轻工业出版社，2023.9

高等职业教育"十三五"规划教材

ISBN 978-7-5184-2156-5

Ⅰ.①电… Ⅱ.①孙…②于… Ⅲ.①电子商务—高等职业教育—教材 Ⅳ.①F713.36

中国版本图书馆CIP数据核字（2019）第012807号

责任编辑：张文佳　　责任终审：张乃柬　　封面设计：锋尚设计
版式设计：锋尚设计　　责任校对：吴大朋　　责任监印：张　可

出版发行：中国轻工业出版社（北京东长安街6号，邮编：100740）
印　　刷：三河市国英印务有限公司
经　　销：各地新华书店
版　　次：2023年9月第2版第5次印刷
开　　本：787×1092　1/16　印张：15
字　　数：350千字
书　　号：ISBN 978-7-5184-2156-5　定价：45.00元
邮购电话：010-65241695
发行电话：010-85119835　传真：85113293
网　　址：http://www.chlip.com.cn
Email：club@chlip.com.cn
如发现图书残缺请与我社邮购联系调换
231370J2C205ZBW

前　言

自2000年教育部首次批准在全国部分高校试开电子商务专业以来，电子商务专业教育发展迅猛。随着互联网技术的发展和网络经济的增长，电子商务专业的市场认可程度逐年提升。2018年3月5日，第十三届全国人大一次会议在人民大会堂举行开幕会，国务院总理李克强在政府工作报告中多处提到了数字经济、互联网+、信息化、智能制造等相关内容，"互联网+"已广泛融入各行各业。电子商务作为快速崛起的新动能，正在重塑经济增长格局、深刻改变生产生活方式，成为我国创新发展的新标志，其在全球的发展业已势不可当。

与此同时，电子商务专业教育也成为全世界高等教育的热点，学习电子商务知识可以使掌握信息技术和商务规则的个人，系统地利用各种电子工具和网络，高效率、低成本地从事各种以电子方式实现的商务活动。因此，很多信息技术人员、金融贸易工作者、众多的Internet用户，以及相关领域的在校教师和学生，都迫切希望了解电子商务知识、掌握与其相关的计算机和网络技术以及电子商务的实现方法。

这也给电子商务专业教育的从业者们提出了更高的要求，我们必须为电子商务专业的建设不懈努力。在这个过程中，专业教材的建设是一项重要内容。教材建设是一个永不停息的过程，随着电子商务的发展和对电子商务研究的深入，教材的内容也需要不断吸收新的研究成果，以反映学科发展的内容，适应市场的需求。

本教材第一版问世以来，得到广大师生一致好评。但时至今日，电子商务的发展日新月异，原有内容已出现明显不足。源于此，现将本教材进行修订，在第一版的基础上重塑了理论框架，优化了知识体系。通过借鉴当前国际先进高职高专教育课程模式及其开发方法，结合我国国情，以市场需求为导向，以新的职业能力内涵为目标，推行项目教学、任务驱动、工学结合，将电子商务理论教学与实践教学真正地融为一体。同时，在内容上进行了更新，将企业的最新技术、电子商务新动态和真实案例引入到本书中。这些实例都是为涵盖各章所阐述的主要问题而精心挑选的，翔实、语言生动，对读者深入理解书中相关理论和实践大有裨益。本书可作为电子商务专业、市场营销、工商管理等经管类专业必修课程使用的基础教材，也可以供社会上有志于从事电子商务行业工作的人士阅读提高。

在本书编写过程中，编者翻阅了国内外大量的资料，并引用了其中的部分案例和观点，在此，谨向各位学者表示由衷的敬意和感谢。本书由武汉商贸职业学院孙瑜、苏州工业园区职业技术学院于广天任主编，湖北科技职业学院邓红、苏州托普信息职业技术学院缪华昌、无锡南洋职业技术学院郑洁、江苏旅游职业学院夏丽丽任副主编，吴瑕、杨冰冰、郑扬燕、严立、余蓉、沈璇、张旺和李守勤参与了编写工作。由于编者水平有限，书中难免有问题或疏漏，不当之处，恳请专家和读者批评斧正。

孙瑜

2018年10月

目　录

第 1 章　电子商务概述

本章提要 …………………………………………… 001
项目目标 …………………………………………… 001
引导案例 …………………………………………… 002
1.1　电子商务的产生与发展 ……………………… 006
1.2　电子商务的定义、功能和特点 ……………… 015
1.3　电子商务的分类 ……………………………… 022
1.4　电子商务的四流 ……………………………… 026
1.5　电子商务和传统商务活动的区别 …………… 027
本章小结 …………………………………………… 031
复习思考题 ………………………………………… 031
案例分析 …………………………………………… 031

第 2 章　电子商务的商业模式

本章提要 …………………………………………… 033
项目目标 …………………………………………… 033
引导案例 …………………………………………… 034
2.1　B2B 电子商务模式 …………………………… 035
2.2　B2C 电子商务模式 …………………………… 041
2.3　C2C 电子商务模式 …………………………… 048
2.4　O2O 电子商务模式 …………………………… 052

2.5　电子商务模式的创新 ⋯⋯⋯⋯⋯⋯⋯⋯⋯⋯⋯⋯⋯⋯ 056
本章小结 ⋯⋯⋯⋯⋯⋯⋯⋯⋯⋯⋯⋯⋯⋯⋯⋯⋯⋯⋯⋯⋯ 060
复习思考题 ⋯⋯⋯⋯⋯⋯⋯⋯⋯⋯⋯⋯⋯⋯⋯⋯⋯⋯⋯⋯ 060
案例分析 ⋯⋯⋯⋯⋯⋯⋯⋯⋯⋯⋯⋯⋯⋯⋯⋯⋯⋯⋯⋯⋯ 060

第3章　电子商务网络营销

本章提要 ⋯⋯⋯⋯⋯⋯⋯⋯⋯⋯⋯⋯⋯⋯⋯⋯⋯⋯⋯⋯⋯ 062
项目目标 ⋯⋯⋯⋯⋯⋯⋯⋯⋯⋯⋯⋯⋯⋯⋯⋯⋯⋯⋯⋯⋯ 062
引导案例 ⋯⋯⋯⋯⋯⋯⋯⋯⋯⋯⋯⋯⋯⋯⋯⋯⋯⋯⋯⋯⋯ 063
3.1　网络营销基本概念 ⋯⋯⋯⋯⋯⋯⋯⋯⋯⋯⋯⋯⋯⋯⋯ 065
3.2　网络营销策略 ⋯⋯⋯⋯⋯⋯⋯⋯⋯⋯⋯⋯⋯⋯⋯⋯⋯ 069
3.3　网络营销市场调研 ⋯⋯⋯⋯⋯⋯⋯⋯⋯⋯⋯⋯⋯⋯⋯ 074
3.4　网络营销常用技术手段 ⋯⋯⋯⋯⋯⋯⋯⋯⋯⋯⋯⋯⋯ 078
本章小结 ⋯⋯⋯⋯⋯⋯⋯⋯⋯⋯⋯⋯⋯⋯⋯⋯⋯⋯⋯⋯⋯ 094
复习思考题 ⋯⋯⋯⋯⋯⋯⋯⋯⋯⋯⋯⋯⋯⋯⋯⋯⋯⋯⋯⋯ 094
实训内容 ⋯⋯⋯⋯⋯⋯⋯⋯⋯⋯⋯⋯⋯⋯⋯⋯⋯⋯⋯⋯⋯ 095

第4章　电子商务支付系统

本章提要 ⋯⋯⋯⋯⋯⋯⋯⋯⋯⋯⋯⋯⋯⋯⋯⋯⋯⋯⋯⋯⋯ 096
项目目标 ⋯⋯⋯⋯⋯⋯⋯⋯⋯⋯⋯⋯⋯⋯⋯⋯⋯⋯⋯⋯⋯ 096
引导案例 ⋯⋯⋯⋯⋯⋯⋯⋯⋯⋯⋯⋯⋯⋯⋯⋯⋯⋯⋯⋯⋯ 097
4.1　电子支付概述 ⋯⋯⋯⋯⋯⋯⋯⋯⋯⋯⋯⋯⋯⋯⋯⋯⋯ 098
4.2　电子货币 ⋯⋯⋯⋯⋯⋯⋯⋯⋯⋯⋯⋯⋯⋯⋯⋯⋯⋯⋯ 101
4.3　网上银行概述 ⋯⋯⋯⋯⋯⋯⋯⋯⋯⋯⋯⋯⋯⋯⋯⋯⋯ 111
4.4　手机银行 ⋯⋯⋯⋯⋯⋯⋯⋯⋯⋯⋯⋯⋯⋯⋯⋯⋯⋯⋯ 119
4.5　第三方支付 ⋯⋯⋯⋯⋯⋯⋯⋯⋯⋯⋯⋯⋯⋯⋯⋯⋯⋯ 121
本章小结 ⋯⋯⋯⋯⋯⋯⋯⋯⋯⋯⋯⋯⋯⋯⋯⋯⋯⋯⋯⋯⋯ 126
复习思考题 ⋯⋯⋯⋯⋯⋯⋯⋯⋯⋯⋯⋯⋯⋯⋯⋯⋯⋯⋯⋯ 126
实训内容 ⋯⋯⋯⋯⋯⋯⋯⋯⋯⋯⋯⋯⋯⋯⋯⋯⋯⋯⋯⋯⋯ 127

第5章 电子商务物流管理

本章提要 …………………………………………………………… 128
项目目标 …………………………………………………………… 128
引导案例 …………………………………………………………… 129
5.1 电子商务物流概述 …………………………………………… 130
5.2 电子商务物流信息技术 ……………………………………… 139
5.3 电子商务物流配送 …………………………………………… 141
5.4 供应链概述 …………………………………………………… 150
本章小结 …………………………………………………………… 157
复习思考题 ………………………………………………………… 158
实训内容 …………………………………………………………… 158

第6章 电子商务安全

本章提要 …………………………………………………………… 159
项目目标 …………………………………………………………… 159
引导案例 …………………………………………………………… 160
6.1 电子商务的安全问题 ………………………………………… 162
6.2 电子商务安全技术 …………………………………………… 167
6.3 电子商务安全协议 …………………………………………… 176
本章小结 …………………………………………………………… 184
复习思考题 ………………………………………………………… 184
实训内容 …………………………………………………………… 184

第7章 移动电子商务

本章提要 …………………………………………………………… 185
学习目标 …………………………………………………………… 185
项目任务 …………………………………………………………… 185
案例导入 …………………………………………………………… 186

7.1 移动电子商务的概念 …………………………………… 187
7.2 移动电子商务的特点 …………………………………… 187
7.3 移动电子商务相关技术 ………………………………… 188
7.4 移动电子商务的应用 …………………………………… 190
案例分析 ……………………………………………………… 194
本章小结 ……………………………………………………… 195
复习思考题 …………………………………………………… 195
实训内容 ……………………………………………………… 195

第8章 跨境电子商务

本章提要 ……………………………………………………… 196
学习目标 ……………………………………………………… 196
项目任务 ……………………………………………………… 196
案例导入 ……………………………………………………… 197
8.1 跨境电子商务概述 ……………………………………… 198
8.2 跨境电子商务分类 ……………………………………… 205
8.3 跨境电子商务主要平台 ………………………………… 208
8.4 跨境电子商务支付 ……………………………………… 211
8.5 跨境电子商务物流 ……………………………………… 212
案例分析 ……………………………………………………… 214
本章小结 ……………………………………………………… 215
复习思考题 …………………………………………………… 215
实训内容 ……………………………………………………… 215

第9章 电子商务案例分析

本章提要 ……………………………………………………… 216
项目任务 ……………………………………………………… 216
项目一 电子商务模式案例分析 ………………………… 217
案例一 中国制造网 …………………………………… 217

案例二	钻石小鸟	218
项目二	**电子商务安全案例分析**	**219**
案例一	刷单尝到5元"小甜头"大学生兼职 反被骗上万	219
案例二	"小红书"用户信息大规模泄露	219
项目三	**电子支付案例分析**	**220**
案例一	交通银行发"手机信用卡",银行的稳中求变	220
案例二	首创银行账户联机预授权模式, 杭州地铁率先使用	222
项目四	**网络营销案例分析**	**222**
案例一	小葡萄酒厂	222
案例二	"新江南"公司的E-mail营销	223
项目五	**电子商务物流案例分析**	**224**
案例一	沃尔玛	224
案例二	日本绿色食品包装	225

参考文献 ·· 227

第1章
电子商务概述

本章提要

本章为电子商务概述，主要介绍与电子商务相关的基础知识，主要内容包括电子商务的产生与发展，电子商务的定义、功能和特点，电子商务的分类，电子商务的"四流"以及电子商务与传统商务的区别等，使读者对电子商务有个初步的、整体的认识。

项目目标

（一）知识目标

1. 了解电子商务产生的基础和发展趋势。
2. 理解电子商务的定义、功能、分类以及电子商务活动中的"四流"。
3. 掌握电子商务与传统商务活动的区别。
4. 理解电子商务对社会的意义。

（二）技能目标

1. 能够分析电子商务和传统商务的区别。
2. 能够区分不同类型的电子商务网站。
3. 能够掌握电子商务购物网站的网上购物流程。

引导案例

到唐山的两个淘宝村走一走

2017年年底，阿里研究院公布了当年的淘宝村名单，遵化市东新庄镇西杨庄村和玉田县鸦鸿桥镇河西村名列其中。

根据阿里巴巴大数据分析，在全国统计出2118个淘宝村、242个淘宝镇。其中，河北省有淘宝村146个，唐山市有2个村上榜。

淘宝村指的是活跃网店数量达到当地家庭户数10%以上、电子商务年交易额达到1000万元以上的村庄。遵化市的西杨庄村和河西村均形成了规模效应和协同效应。今天，我们就一起到这两个淘宝村走一走。

淘宝宠物笼具第一村——遵化市东新庄镇西杨庄村

如今，"全国宠物笼具销售看西杨庄"这句宠物用品行业内的流行语，成为遵化市东新庄镇西杨庄村人的骄傲。

在淘宝网宠物笼具排名前100名的网店中，80%都是西杨庄村人经营的，或是外地人经销着该村的产品。目前，西杨庄村已有宠物笼具销售网店56家销售业绩，在淘宝网、天猫商城等网络平台上名列前茅。

走进西杨庄村，主路两侧被大大小小的宠物笼具加工厂占据，工人们忙忙碌碌顾不上抬头聊天。"订单太多，现在处于供不应求的状态。"见到遵化市美华宠物用品有限公司经理孟祥仓时，他正忙着检查一批出口比利时的笼具样品。

遵化市东新庄镇的宠物笼具生产历史悠久，其中西杨庄村是该镇宠物笼具生产企业的发源地和集中地。早在1993年，村办企业西杨庄陶瓷厂就开始制造鸟食罐，后来逐步发展为宠物笼具制造，最初多以家庭作坊生产为主，经过多年发展，逐步走向规模化经营。由于唐山产钢，当地又有劳动力，加上在宠物笼具市场上抢占了先机，所以西杨庄村的宠物笼具产业发展一发不可收拾，以低价格高质量的独有竞争力打败了大批的竞争者，成为最大的赢家。目前，这里已经成为全国宠物笼具的生产基地。

电商的快速发展和与实体经济的结合，给当地的宠物笼具产业插上了腾飞的翅膀。由电商带来的订单爆炸式增长，让村民们见识到了互联网的"威力"，专门从事宠物笼具销售的电商也如雨后春笋般涌现。目前，仅西杨庄村一个村专业从事宠物笼具销售的电商就达到了30多家。

孟祥仓告诉记者，他最初接触淘宝是源自外甥张金远。5年前，在承德上大学的张金远跟他说想开家网店，把自家生产的宠物笼具放到网上去卖。"我觉得这应该是个大趋势，年轻人有这个想法好，应该支持！"就这样，美华宠物用品有限公司的产品第一次出现在了网店里。令孟祥仓没想到的是，短短几年时间，电商飞速发展，跟他订货的电商越来越多，订单量以每年翻一倍的速度逐年递增，这也带动他不断扩大公司的生产规模，如今，网络订单的营业额已经占到了他公司年营业额的70%。

记者在该村的阳阳商贸有限公司看到，6名客服人员在电脑前不断与客户交流沟通，回答客户问题，旺旺消息的提示音和噼里啪啦的键盘敲击声此起彼伏；仓库内工人们忙着包装发货，有条不紊。当地人告诉记者，类似这样专门从事宠物笼具销售的电商在遵化有许多家，就是看准了原产地的优势商机。很多当地的大学生毕业后都选择了回家创业做电商，而且做得风生水起。电商，帮助小笼具打开了大市场，据粗略估算，遵化市宠物笼具网上销售一天的订单就可达上万件。

泽鑫笼具也坐落在西杨庄村，生产的高端笼具久负盛名。老板的儿子李杨大学毕业后就开始研究电商，他认真分析了市场，认为自己在淘宝上起步较晚，竞争优势不明显，于是，他果断决定进军"阿里"，"阿里上是以批发业务为主，有时淘宝上上百单也不及阿里上的一单，所以这是今后的重点发展方向。把国内市场做好了，我还准备通过阿里开辟国外市场。"西杨庄村的年轻一代有着更远大的抱负。

在遵化市东新庄镇书记刘得山眼中，宠物笼具的产销并不仅仅是哪几家企业盈利的问题，而是一条关乎当地民生的全产业链，有着巨大的社会效益。他给记者算了一笔账：作为劳动密集型产业，宠物笼具制造能有效吸纳就业，促进农民就地增收致富。目前，全镇共有人口4.2万，而镇上有西杨庄、孔家庄等9个村5000余人从事宠物用品及附属产业，以一家三口人计算，该产业就辐射带动了1.5万人，占当地人口总数的35%。以每人的月收入4000～5000元计算，每年将带动农民增收2.5亿元。农民手里有钱了，又将拉动消费，促进其他产业发展，形成一个良性循环的经济发展体系。

当地党委、政府因势利导，做好配套服务，目前，东新庄镇已有宠物用品加工及附属企业47家，年产各类宠物笼具800万套（件）。政府正在规划集中仓储，以解决各家单独储货，物流公司取货费时费力的问题，有效降低物流成本，进一步提高产品在市场上的竞争力。刘书记介绍，下一步，还将谋划宠物笼具的集中生产、成立行业协会等，提高企业抵御风险的能力，加大研发力度，强势向国际市场进军，同时规范市场秩序，把宠物笼具这个产业进一步做大做强，使其可持续发展。未来，东新庄镇还将继续延伸产业链条、拓宽产业空间，逐步形成宠物笼具、食品、玩具、用品、特种养殖均衡发展的格局，加快打造北方最大的宠物用品集散中心。

快递单数占全县40%——玉田县鸦鸿桥镇河西村

"近几年网店快递的业务量剧增，玉田县圆通快递每年快递量达到360万票，其中鸦鸿桥镇河西村就占了40%。"玉田县圆通快递负责人张小伟直观地感到了河西村村民日常交易途径、生活方式的变化。

位于还乡河畔的河西村，依托优越的水陆交通优势，自古商贸繁荣。特别是改革开放以来，鸦鸿桥镇被评为全国十大小商品交易市场，商贸业迅猛发展。河西村也逐渐成为全镇的交易中心，日杂、五金、陶瓷、针织、鞋类等专业市场和小商品批发城如雨后春笋不断涌现，目前有各类商户6000余户，年市场交易额近200亿元。近年来，随着电子商务的发展，一些商户瞄准新兴领域带来的商机，在线下销售的同时，纷纷玩起了"互联网+"，将传统的小商品业务在网上做得风生水起。

采访中，记者遇到了浸润电商十年的张国庆，从镇上没有快递、淘宝普及率并不高的2007年起步，到现在同时运营淘宝金冠卖家、三个天猫店铺和一个阿里店铺，张国庆的电商创业之路折射出电商发展的历程。

2007年，20多岁的张国庆喜欢上网，无意间接触了淘宝，他看好电商前景，就决定试试。他用手里仅有的7000元积蓄从鸦鸿桥小商品市场进货挂到网上出售。找不到专业作图的人员，他就自学PS，一头扎进屋里两个月不出来。进货、作图、客服、填单发货都是一个人来。当时，淘宝并不普及，几天也接不到一单，终于有订单了，张国庆却发现鸦鸿桥镇没有快递！"那时候，只有玉田县城才有快递，我就找到公共汽车司机的电话，提前去车站等着，请人家帮忙把包裹带到玉田县城再发快递。"7000元很快就赔光了，家人不理解，以为他是痴迷于电脑游戏，纷纷反对，劝他去找工作好好上班。就在这时，张国庆的淘宝店铺出现了转机，订单逐渐增多，从几天一单发展为一天几单，到2008年就达到了每天120单，艰难中起步的网店逐渐发展壮大起来。

说起淘宝，张国庆感慨道："发展实在是太快了！"以前镇上没有快递，如今快递大车天天上门取货；以前自己一个人守在电脑前，几天没人搭话，如今七八个客服人员两班倒还忙不过来；以前都是人工手写填单，一个人一天最多填200单，写到手疼得不能动，如今一台热敏机一小时就可以打印1800单。现在，张国庆的网店主营鸦鸿桥当地生产的锅具和钱包，淡季每天的销售量在2000~3000件，旺季时可以达到每天3000~5000件。

像张国庆这样享受到"互联网+"红利的商户不胜枚举。尽管现在网店的竞争已经异常激烈，价格越来越透明，利润越来越低，对于网店运营的专业化程度要求却越来越高，但他们依然能够胜出，究其根本就在于商品原产地的优势明显。张国庆告诉记者，在激烈的淘宝竞争大潮中，大浪淘沙最终留下的多是占据原产地资源优势的，而鸦鸿桥聚集的一大批小商品生产厂家正是关键所在，不管是自产自销还是依托电商销售，都有很大的空间。"我们旁边有一家生产雨衣的厂家，原来鸦鸿桥市场上有26家商户卖他们的产品，如今人家自己开了网店，货根本不够卖，已经全部转移到网店销售了。"电商销售的威力可见一斑。

河西村淘宝生意的火爆不仅为当地百姓和外来商户创富增收，更带动了物流、生产加工、第三方服务等产业的发展。鸦鸿桥原有的物流基地已经饱和，如今，占地200亩、投资10.32亿元的聚民惠物流城一期工程已经有252户商家进驻，蓬勃发展、蓄势待发。

"淘宝村"字面背后的价值体现

对于"淘宝村"来说，电商企业的销售额与利润并非全貌，这些年轻的企业产生了巨大的社会效益。开办网店不需要专门的办公地点，免去了房租的困扰，不需要大量的库存，资金投入小，操作简单，吸纳和带动了许多就业者，同时也逐渐缓解了"空巢老人""留守儿童"等矛盾。淘宝村是电商经济的一个代表，背后是巨大的产业优势，电子商务的快速发展为区域经济的繁荣产生了巨大的拉动力。

唐山学院经济管理学院讲师、专门从事区域经济发展研究的在读博士代冬芳认为，要更好地发挥"淘宝村"的示范效应，体现其在区域经济发展中的独特作用，可以从以下几方面入手对"淘宝村"的发展进行培育和引导：

（1）优化"淘宝村"的发展环境。淘宝村的出现与崛起，本质上是传统产业借助"互联网+"和物流行业进行的产业升级，核心竞争力表现为服务便捷和价格优势，既填补了实体商业的空白，也适应现代社会快节奏的生活方式，同时也凸显出整个产业对网络、物流、政策、监管等发展环境的依赖。河西村和西杨庄村紧邻G1京哈和G1N京秦高速入口，优越的地理位置使两村享有便利的交通物流条件和网络基础设施，这也是他们取得成功的关键因素之一。优化"淘宝村"的发展环境应做好两方面：一是基础设施建设。不断完善辖区内道路和通信基础设施建设是促进以"淘宝村"为代表的"互联网+"经济业态的重要措施。二是政策环境优化。各级政府还应从政策、法规角度加大对"互联网+"新经济形势的扶持，并积极协调工商、税务、公安等监管部门，为"淘宝村"的发展营造良好环境氛围，以充分发挥其对区域经济发展的促进作用。

（2）深化"淘宝村"产业链布局，使之与区域经济发展相融合。从产业链角度看，"淘宝村"的价值在于简化了商品生产者与消费者之间的连接方式，一方面在降低商品价格的同时，提升了消费者的效用；另一方面通过网络宣传和营销降低了企业经营成本，扩大了销售规模。河西村和西杨庄村的成功均源于其与产业链上游资源的成功对接。在京津冀协同发展的背景下，发展以"淘宝村"为代表的互联网经济新业态，要充分考虑并结合唐山在京津冀地区的区位优势，以新型城镇化为契机，在承接京津产业转移的基础上将互联网经济新业态纳入区域经济发展规划，以此促进唐山转型升级；同时，强调生态优先原则，降低传统低端制造业对环境的破坏，力争实现产业的绿色发展和唐山的绿色崛起。

（3）打造有影响力的本地特色品牌。政府一方面应加强对辖区内"淘宝村"的宣传和引导，并在制度、政策和服务上为"淘宝村"拓展国内和海外市场提供支持；另一方面应鼓励"淘宝村"依靠本地资源优势制定品牌发展战略，将本地特色产品、特色文化、优势产品通过电子商务平台进行宣传，提高地区知名度，吸引更多的人前来观光、投资，为地区特色开拓国内国际市场，推动区域经济发展。

（4）重视专业电商人才的培养。人力资源是区域经济发展和产业发展的关键要素，互联网经济的繁荣与发展离不开人才的支持作用。政府应重视对高校相关专业，特别是电子商务、物流、国际贸易、金融、计算机等专业的建设与支持，增加教育科研投入；制定政策，推动促进高校与企业横向科研项目的展开；鼓励企业积极参与高校人才培养，并通过培训、讲座、继续教育等方式提升员工素质，进而带动企业的全面发展，拉动区域经济的增长。

思考
1. 电子商务已经进入我们生活的方方面面，那么，什么是电子商务？
2. 电子商务与传统商务有什么区别？

1.1 电子商务的产生与发展

1.1.1 电子商务的产生基础

电子商务的发展是一个渐进的过程，它产生和发展的原动力来自于信息技术的进步和商业社会的发展。

1987年9月14日，随着第一封"跨越长城、走向世界"的电子邮件的发出，中国人完成了对互联网的第一次具有里程碑意义的接触。从1997年到2011年，中国互联网产业经历了十余年的发展，从无到有到今天的繁荣，它不再是一个纯粹的新兴技术，它渗透到了社会生活的方方面面。2006年以前，几乎一半的新网民第一次上网是为了网络聊天，但是随着电子商务的兴起，上网聊天的比例急速下滑，各种网络行为的比例趋于平均，其中交易和购物的比例明显上升。

我们把主要的上网需求用金字塔的形式呈现出来（图1-1），会发现它与马斯洛的人类需求金字塔（图1-2）极为相似。马斯洛的人类需求金字塔理论是：只有在较低层次的需求得到满足之后，较高层次的需求才会出现，这就是2006年聊天达到顶峰并急速下滑同时购物开始猛增的原因。从这时起，网络购物逐渐成为新网民上网的主要驱动力，并在未来有迅猛上升的势头，中国的主要上网人群日趋成熟，互联网也从娱乐和聊天工具向电子商务等实用工具转变。

如今，电子商务所产生的营业额在法国、德国等欧洲发达国家已占商业零售总额的1/4，在美国则高达1/3以上。我国通过1997—2002年的电子商务萌芽阶段，以及2003—

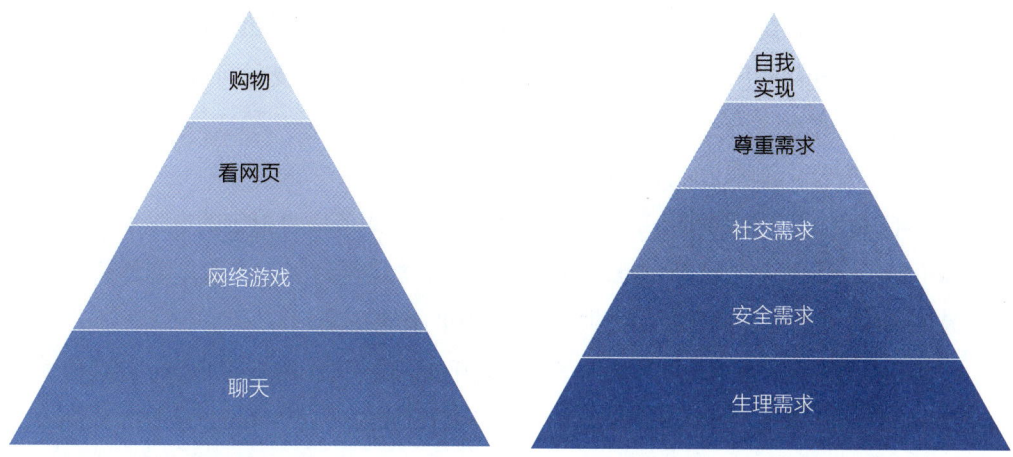

图1-1　人类上网需求金字塔　　　　图1-2　马斯洛人类需求金字塔

2006年的快速增长阶段，已经有了阿里巴巴、淘宝、当当、亚马逊、京东等企业在短短数年内崛起，使得大批网民逐渐接受了网络购物的生活方式，而且，这个规模还在不断地高速扩张。从2007年起，电子商务开始了纵深发展，近年来，电子商务已经不再是互联网企业一统天下的格局，众多的传统企业和大量资金开始流入电子商务领域，使得电子商务世界变得异彩纷呈。

电子商务最早产生于20世纪60年代，大规模发展于90年代，其产生和发展的重要条件主要有以下几个方面。

（1）经济全球化的发展

经济全球化是指世界各国的经济在生产、分配、消费各个领域发生的一体化趋势。经济全球化促进了跨国公司的发展，使国际范围内的商务活动变得频繁，而且使国际贸易成为各国经济发展的重要组成部分。

经济全球化促使人们寻找合适的方式来满足这种商务活动，电子商务由此应运而生，并以其独特的优势成为这场革命中的重要力量，在国际商务活动中扮演着越来越重要的角色。

（2）计算机和网络技术的发展、普及和广泛应用

近30年来，计算机的运行速度越来越快，处理能力越来越强，价格越来越低，应用越来越广泛，这为电子商务的应用提供了基础。

由于国际互联网逐渐成为全球通信与交易的媒体，全球上网用户呈快速增长的趋势，快捷、安全、低成本的特点为电子商务的发展提供了应用条件。

（3）信用卡和电子金融的普及应用

信用卡以其方便、快捷、安全等优点成为人们消费支付的重要手段，并由此形成了完善的全球性信用卡计算机网络支付与结算系统，使"一卡在手，走遍全球"成为可能，同时也成为电子商务中网上支付的重要手段。

各大银行也都看到了电子商务的发展前景，纷纷推出了支持在线交易的电子金融服务，在安全技术的保障下，电子银行的发展解决了商务活动中的支付问题，成为促进电子商务发展的强大动力。

（4）电子安全交易协议的制定和安全技术的发展

1997年5月31日，由美国VISA和Mastercard国际组织等联合指定的电子安全交易协议SET（Secure Electronic Transaction）出台，该协议得到了大多数厂商的认可和支持，为在网络上进行电子商务活动提供了一个关键的安全环境。

计算机和网络安全技术的发展为电子商务的开展提供了技术和安全保障，这些技术包括HTML（Hyper Text Markup Language）、XML（eXtensible Markup Language）、数据库技术、动态网页技术、SSL协议（Secure Socket Layer）、SET协议、加密技术、防火墙技术和数字签名技术等。

（5）政府的支持与推动

自1997年欧盟发布了欧洲电子商务协议，美国随后发布《全球电子商务纲要》以后，电子商务受到了世界各国政府的重视，许多国家的政府开始尝试"网上采购"，这为电子商务的发展提供了有力的支持。同时，各国政府都非常重视电子商务的发展，为电子商务的发展提供良好的生存环境，同时为电子商务制定法律规范和技术标准，这就保障了电子商务的合法进行和长远发展。

1.1.2 电子商务发展历程

近年来，在全球经济保持平稳增长和互联网宽带技术迅速普及的前提下，世界主要国家和地区的电子商务保持了高速增长态势。

据中国电子商务研究中心（100ec.cn）监测数据显示，全球电子商务市场快速增长，2014年全球电子商务销售总额高达1.316万亿美元。纵观全球电子商务市场，各地区发展并不平衡，呈现出美国、欧盟、亚洲"三足鼎立"的局面。美国是世界上最早发展电子商务的国家，同时也是电子商务发展最为成熟的国家，一直引领全球电子商务的发展，并且也是全球电子商务的成熟发达地区。欧盟电子商务的发展起步较美国晚些，但由于其发展速度快，成为全球电子商务较为领先的地区。亚洲作为电子商务发展的新秀，市场潜力较大，但是近年的发展速度和所占份额并不理想，是全球电子商务的持续发展地区。从全球电子商务的发展历程可以发现，各国政府对于电子商务的发展起着指导和促进作用。以下简要介绍欧美、亚太国家和地区的政府为促进电子商务发展所做的努力与举措。

（1）美国电子商务的发展

纵观美国互联网的发展历史，从互联网的应用角度可将电子商务的发展分为以下几个阶段。

① 第一阶段称为电子邮件阶段。这个阶段从20世纪70年代开始，平均通信量以每年几倍的速度增长。

② 第二阶段称为信息发布阶段。这个阶段自1995年起，主要是以Web技术为代表的信息发布系统以爆炸式的速度成长起来，并已成为目前互联网的主要应用技术。

③ 第三阶段称为电子商务阶段。这个阶段也才刚开始。之所以把电子商务列为一个划时代的东西，是因为互联网的最终用途主要是面向商业。互联网即将成为我们这个信息时代的神经系统。

上述三种应用技术正在以惊人的速度高速扩张。由于互联网对社会资源的节约和充分利用，美国政府在促进互联网的普及和发展上不遗余力。1997年1月，美国总统克林顿说："在19世纪初，我们决定把我国从东海岸扩展到西海岸；在20世纪初，我们决定利用工业革命的技术成果。这些决定都带来了巨大的变化。在21世纪初，我们要做出的选择就是：加强信息时代和全球社会的力量，发掘全体人民的无穷潜力，建设一个更加完美的联邦。"

另外，在互联网商业活动还不充分时，美国政府出资支持互联网的运行。互联网免税区可能将成为世界上最大的自由贸易区，其意义极其深远。

总之，在美国，一场历史上最重要的信息技术革命正席卷社会的每一个角落，而且其变革的速度之快、影响之大、涉及面之广都是以往的任何一次技术革命不可比拟的。据美国商务部数据，美国电商2016年第二季度销售额同比增长近16%，突破970亿美元，如表1-1所示。这是继2014年第三季度以来出现的最大增幅。过去6年中，美国电商零售增速均超过总体零售增速，电商零售额在总体零售额中的比例也逐渐增大。2016年第二季度美国电商零售占总体零售市场的8.1%。2015年美国电商零售额为3417亿美元，共有1.66亿的美国人在线购物，平均每个人一年花费超过2000美元。

表1-1 美国零售数据

季度	零售额（百万美元）		电子商务占总体的百分比	与上一季度相比的百分比变化		与去年同期相比的百分比变化	
	总体	电子商务		总体	电子商务	总体	电子商务
调整							
2016年第2季度	1201908	97250	8.1	1.5	4.5	2.3	15.8
2016年第1季度	1183779	93046	7.9	-0.3	4.0	2.2	15.5
2015年第4季度	1186748	89454	7.5	0.1	2.1	1.4	15.1
2015年第3季度	1185288	87588	7.4	0.9	4.3	1.6	15.2
2015年第2季度	1174911	83987	7.1	1.4	4.2	1.2	14.2

续表

季度	零售额（百万美元）		电子商务占总体的百分比	与上一季度相比的百分比变化		与去年同期相比的百分比变化	
	总体	电子商务		总体	电子商务	总体	电子商务
未调整							
2016年第2季度	1215205	91242	7.5	8.8	5.7	2.1	15.8
2016年第1季度	1116632	86351	7.7	-10.6	-20.2	3.3	15.2
2015年第4季度	1249081	108175	8.7	5.1	33.5	1.7	14.8
2015年第3季度	1199363	81020	6.8	-0.1	2.8	1.6	15.4
2015年第2季度	1189836	78784	6.6	10.1	5.1	1.1	14.7

（2）欧洲地区电子商务的发展

欧洲国家的电子商务起步虽然晚于美国，但发展态势很好，欧洲的各国际组织及各国政府都纷纷出台各项法规，以表示政府对电子商务的积极态度。1995年2月，西方七国集团确立了一个"利用电子商务为中小企业开辟全球市场"的项目，该项目包括3个主题：为中小企业开辟全球信息网络；中小企业行业需求调查；电子商务国际实验地。1997年4月，欧盟发表了题为《欧洲电子商务设想》的文件，旨在促进欧洲制定一项有关电子商务的统一政策。文件指出，电子商务对于保持欧洲在世界市场上的竞争力至关重要，欧盟各国必须根据统一的技术、政策和支持框架采取行动；政府应带头采用电子商务技术，并建设一些示范工程。

在德国，20世纪末的上网人数达到3000万左右，约50%的企业接受或利用电子商务；据法国电子商务与远程销售联合会（FEVAD）的统计数据，2014年法国电子商务市场规模为575亿欧元，折合4000多亿元人民币，在全球范围内排名第6位，在欧洲国家名列第3位。在欧洲的其他国家，电子商务也正以令人吃惊的速度发展着。

（3）亚太地区电子商务的现状

在亚太地区，由于各个国家和地区的经济处于不同的发展阶段，从而决定了这些国家和地区发展电子商务的起点也各不相同。作为最具商业发展机会的区域，亚洲电子商务发展一直受到业界人士的关注。一方面，像日本、新加坡、韩国、马来西亚等经济较为发达的国家和我国香港、台湾地区正在积极地向更广泛的领域引入电子商务，其重点是培养一个有需求的环境，以形成一种电子商务文化，包括制定一些新的法规；另一方面，一些经济欠发达国家，它们有更重要、更迫切的社会、经济问题亟待解决。

1992年10月，日本通产省、建设省、运输省、大藏省管辖的39个行业成立了统一的EDI协会，以图打破行业阻隔，推广跨行业的电子贸易。1995年，通产省就提出了电子商务政策，开展电子商务的示范项目。日本政府于1996年成立了"电子商务促进会"，通产省为此投入了317亿日元,其中100亿日元投到B2C(Business to Consumer)电子商务方面。2014年,日本的B2C贸易量增长为159.5万亿日元。

1.1.3 电子商务在我国的发展

(1)中国互联网发展现状

中国网民总数不断攀高。2018年2月1日,中国互联网络信息中心(CNNIC)发布第41次《中国互联网络发展状况统计报告》(以下简称为《报告》)。《报告》显示,截至2017年12月,中国网民规模达7.72亿,全年共计新增网民4074万人,互联网普及率达到55.8%,较2016年年底提升了2.6个百分点,如图1-3所示。

《报告》同时显示,网民的上网设备正在向手机端集中,手机成为拉动网民规模增长的主要因素。截至2017年12月,我国手机网民规模达7.53亿,网民中使用手机上网的人群占比由2016年的95.1%提升至97.5%,网民手机上网比例继续攀升。截至2017年12月,我国网民中农村网民占比27%,规模为2.09亿,较2016年年底增加793万人,增幅为4.0%;城镇网民占比73.0%,规模为5.63亿,较2016年年底增加3281万人,增幅为6.2%。使用台式电脑、笔记本电脑上网的比例分别为53.0%、35.8%,较2016年年底均有所下降,其中使用台式电脑的比例变化尤为明显,下降7.1个百分点;网民使用电视上网的比例达28.2%,较2016年年底提升了3.2个百分点;我国网民中具备中等教育水平的群体规模最大。截至2017年12月,初中、高中/中专/技校学历的网民占比分别为37.9%、25.4%,其中,初中学历网民占比较2016年年底增长0.6个百分点。2017年,中国网民的

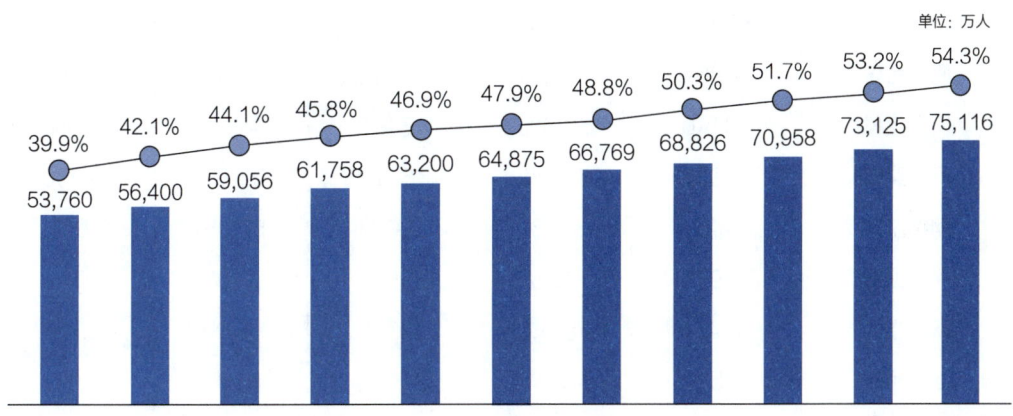

来源:CNNIC中国互联网络发展状况统计调查

图1-3 中国网民规模和互联网普及率

人均周上网时长为27.0小时，相比2016年提高0.6个小时。我国网民以10～39岁群体为主。截至2017年12月，10～39岁群体占整体网民的73.0%。其中20～29岁年龄段的网民占比最高，达30.0%；10～19岁、30～39岁群体占比分别为19.6%、23.5%，与2016年年底基本持平。与2016年年底相比，60岁以上高龄群体的占比有所提升，互联网继续向高龄人群渗透。截至2017年12月，我国IPv6地址数量为23430块/32，年增长10.6%。全球IPv4地址数已于2011年2月分配完毕，自2011年开始我国IPv4地址总数基本维持不变，截至2017年12月，共计有33870万个。截至2017年12月，中国网站数量为533万个，年增长率为10.6%。

据第41次《中国互联网络发展状况统计报告》统计数字显示，2017年，我国个人互联网应用保持快速发展，网上外卖用户规模增长显著，年增长率达到64.6%；手机应用方面，手机外卖、手机旅行预订用户规模增长明显，年增长率分别达到66.2%和29.7%。

另外值得关注的是，网民在线下消费使用手机网上支付比例由2016年年底的50.3%提升至65.5%；网络直播用户规模达4.2亿，年增长率达到22.6%；共享单车成为2017年下半年用户规模增长最为显著的互联网应用类型，国内用户规模已达2.21亿，半年增加1.15亿，增长率达到108%，共享单车业务在国内已完成对各主要城市的覆盖。

应用	2017.12		2016.12		年增长率
	用户规模（万）	网民使用率	用户规模（万）	网民使用率	
即时通信	72023	93.3%	66628	91.1%	8.1%
搜索引擎	63956	82.8%	60238	82.4%	6.2%
网络新闻	64689	83.8%	61390	84.0%	5.4%
网络视频	57892	75.0%	54455	74.5%	6.3%
网络音乐	54809	71.0%	50313	68.8%	8.9%
网上支付	53110	68.8%	47450	64.9%	11.9%
网络购物	53332	69.1%	46670	63.8%	14.3%
网络游戏	44161	57.2%	41704	57.0%	5.9%
网上银行	39911	51.7%	36552	50.0%	9.2%
网络文学	37774	48.9%	33319	45.6%	13.4%
旅行预定	37578	48.7%	29922	40.9%	25.6%
电子邮件	28422	36.8%	24815	33.9%	14.5%
互联网理财	12881	16.7%	9890	13.5%	30.2%
网上炒股或炒基金	6730	8.7%	6276	8.6%	7.2%

续表

应用	2017.12 用户规模（万）	2017.12 网民使用率	2016.12 用户规模（万）	2016.12 网民使用率	年增长率
微博	31601	40.9%	27143	37.1%	16.4%
地图查询	49247	63.8%	46166	63.1%	6.7%
网上订外卖	34338	44.5%	20856	28.5%	64.6%
在线教育	15518	20.1%	13764	18.8%	12.7%
网约出租车	28651	37.1%	22463	30.7%	27.5%
网约专车或快车	23623	30.6%	16799	23.0%	40.6%
网络直播	42209	54.7%	34431	47.1%	22.6%
共享单车	22078	28.6%	—	—	—

1）即时通信产品差异化

截至2017年12月，即时通信用户规模达到7.20亿，较2016年年底增长5395万，占网民总体的93.3%。手机即时通信用户6.94亿，较2016年年底增长5562万，占手机网民的92.2%。

从行业发展来看，即时通信产品的差异化、服务连接能力的拓展和办公场景下应用能力的增强是其发展的三个主要方向。

2）人工智能为搜索市场注入增长动力

截至2017年12月，我国搜索引擎用户规模达6.40亿，使用率为82.8%，用户规模较2016年年底增加3718万，增长率为6.2%；手机搜索用户数达6.24亿，使用率为82.9%，用户规模较2016年年底增加4887万，增长率为8.5%。

2017年，搜索引擎继续保持稳步移动化的趋势。同时，人工智能继续为搜索市场注入增长动力，在流量红利结束后的移动互联网时代，帮助搜索引擎应用继续保持互联网应用的根基地位，并为搜索引擎企业的平台化多元创新发展继续贮存宝贵的用户数据。

3）网络新闻从单纯流量向内容、形式、技术等多维度转移

截至2017年12月，我国网络新闻用户规模为6.47亿，年增长率为5.4%，网民使用比例为83.8%。其中，手机网络新闻用户规模达到6.20亿，占手机网民的82.3%，年增长率为8.5%。

2017年，新闻资讯领域发展呈现出以下三个特点：相关法律法规建设进一步健全；传统新闻媒体加速互联网改造；平台竞争从单纯流量向内容、形式、技术等多维度转移。

4）社交应用：媒体传播影响力显著提升

截至2017年12月，微信朋友圈、QQ空间用户使用率分别为87.3%和64.4%；微博作为

社交媒体，2017年继续在短视频和移动直播上深入布局，推动用户使用率持续增长，达到40.9%，较2016年12月上升3.8个百分点。知乎、豆瓣、天涯社区使用率均有所提升，用户使用率分别为14.6%、12.8%和8.8%。

社交媒体传播影响力显著提升。社交媒体已成为互联网媒体中最为流行的媒体类型，凭借用户基数大、信息传播快、互动功能强等特点，成为网上内容传播的重要力量。

5）网络购物：线上线下融合纵深发展

截至2017年12月，我国网络购物用户规模达到5.33亿，较2016年增长14.3%，占网民总体的69.1%。手机网络购物用户规模达到5.06亿，同比增长14.7%，使用比例由63.4%增至67.2%。与此同时，网络零售继续保持高速增长，全年交易额达到71751亿元，同比增长32.2%，增速较2016年提高6个百分点。

2017年，网络购物行业呈现出以下发展特点：电子商务领域法律法规逐步完善；行业持续向高质量、高效能阶段过渡；线上线下融合纵深发展，线上向线下渗透更为明显。

6）网上外卖：用户规模同比增64.6%，高频市场需求形成

截至2017年12月，我国网上外卖用户规模达到3.43亿，较2016年年底增加1.35亿，同比增长64.6%，继续保持高速增长。其中，手机网上外卖用户规模达到3.22亿，增长率为66.2%，使用比例达到42.8%，提升14.9个百分点。

在经历几年市场补贴培育后，网上外卖已成为网民又一常态化就餐方式，高频市场需求已经形成。

7）旅行预订用户规模达到3.76亿，手机预订比例增至45.1%

截至2017年12月，在线旅行预订用户规模达到3.76亿，较2016年年底增长7657万人，增长率为25.6%；在线旅行预订使用比例达到48.7%，较上年提升7.8个百分点。手机成为在线旅行预订的主要渠道。通过手机进行旅行预订的用户规模达到3.40亿，较2016年年底增长7782万人，增长率为29.7%。我国网民使用手机在线旅行预订的比例由37.7%提升至45.1%。

（2）中国电子商务发展现状

我国电子商务起步于20世纪90年代中期，但发展步伐相当快，可以概括为以下几个阶段：

1）1993—1998年，起步阶段

1993年国务院批准成立了以国务院副总理为主席的国家经济信息化联席会议，相继组织了金桥、金关、金卡"三金工程"，取得了重大进展。1996年，金桥网正式开通。1997年，信息办组织有关部门起草编制中国信息化规划。同样是在1997年，中国第一家垂直化工网站诞生——中国化工网。1998年3月，中国第一笔互联网网上交易成功。

2）1999—2002年，初步发展阶段

1999年5月8848等B2C网站正式开通，网上购物进入实际应用阶段。同年兴起政府上

网、企业上网。电子政务、网上纳税、网上教育、远程诊断等广义电子商务开始启动,并进入实际试用阶段。这个阶段里,中国的网民数量相比起今天实在是少得可怜,根据2000年年中公布的统计数据,中国网民仅1000万。而且在这个阶段,网民的网络生活方式还仅仅停留于电子邮件收发和新闻浏览的阶段。网民未成熟,市场未成熟,以8848为代表的B2C电子商务站点能说得上是当时最闪耀的亮点。这个阶段要发展电子商务难度相当大。

3) 2003—2006年,高速增长阶段

在这一阶段,当当、卓越、阿里巴巴、慧聪、全球采购、淘宝,这几个响当当的名字成了互联网江湖里的热点。这些生在网络长在网络的企业,在短短的数年内崛起,和网游企业、SP(服务提供商)等一起搅翻了整个通信和网络世界。这个阶段对电子商务来说最大的变化有3个:大批的网民逐步接受了网络购物的生活方式,而且这个规模还在高速地扩张;众多的中小型企业从B2B电子商务中获得了订单,获得了销售机会,"网商"的概念深入商家之心;电子商务基础环境不断成熟,物流、支付、诚信瓶颈得到基本解决,在B2B、B2C、C2C领域里,有不少的网络商家迅速地成长,积累了大量的电子商务运营管理经验和资金。

4) 2007年以后,电子商务纵深发展阶段

这个阶段最明显的特征就是,电子商务已经不仅仅是互联网企业的天下。数不清的传统企业和资金进入电子商务领域,使得电子商务世界变得异彩纷呈。B2B领域的阿里巴巴、网盛上市标志着发展步入了规范化、稳定的阶段;淘宝的战略调整、百度的试水意味着C2C市场不断地优化和细分;PPG、红孩子、京东商城的火爆,不仅引爆了整个B2C领域,更让众多传统商家按捺不住纷纷跟进。

尽管我国电子商务呈现出高速发展的态势,但是仍然存在一些问题。比较典型的问题如电子商务的发展所需要的市场经济环境不完善、企业信息化建设滞后、电子商务交易存在安全性问题以及电子商务人才缺乏等;同时电子商务法律法规、标准、规范滞后,亟须加强。因此,我国需要在电子商务发展规划和宏观指导、信息基础设施建设、企业信息安全以及人才培养等方面采取措施,加快我国电子商务的建设步伐。

1.2 电子商务的定义、功能和特点

目前,电子商务在全球势不可当地开展起来,电子商务专业教育成为全世界高等教育的热点。电子商务并不是专门研究某一具体行业的电子商务,而是研究电子商务及其活动

的各种基本原理、方法方式和规律的科学。电子商务作为新经济时代采用各种先进技术手段的商务模式，已经被普遍认可，并受到了各国政府、企业和组织的高度重视，回顾电子商务的发展历史和轨迹，会发现它正影响着社会、经济和生活。

1.2.1 电子商务的定义

在新的一轮的全球性竞争中，我国企业需要大力改造传统工业，加速企业内部的信息技术的应用，实现生产力跨越式的发展，企业开展电子商务是必然趋势，究竟什么是"电子商务"呢？

电子商务是采用计算机技术和网络通信技术所进行的商务活动，是一种集多技术于一体的商务模式。基于不同的目的，各行各业对电子商务的定义有不同的理解，既有从技术角度来定义的，又有从业务角度来理解的，了解这些定义有利于我们更加全面地理解电子商务。

（1）国际商会电子商务的定义

国际商会于1997年11月，在巴黎举行了世界电子商务会议（The World Business Agenda for Electronic Commerce）。会上专家和代表对电子商务的概念进行了最有权威的阐述：电子商务（Electronic Commerce）：是指实现整个贸易过程中各阶段的贸易活动的电子化。

（2）世界贸易组织（World Trade Organization，WTO）对电子商务定义的定义

电子商务（Electronic Commerce）是通过电信网络进行的生产、营销、销售和流通等活动，它不仅指基于因特网上的交易，而且指所有利用电子信息技术来解决问题、降低成本、增加价值和创造商机的商务活动，包括通过网络实现从原材料查询、采购、产品展示、订购到出口、储运以及电子支付等一系列的贸易活动。

（3）美国学者瑞维·卡拉克塔和安德鲁·B. 惠斯顿在《电子商务的前沿》一书中提出的电子商务的定义

广义地讲，电子商务是一种现代商业方法。这种方法通过改善产品和服务质量、提高服务传递速度，满足政府组织、厂商和消费者的降低成本的需求。这一概念也用于通过计算机网络寻找信息以支持决策。一般地讲，今天的电子商务通过计算机网络将买方和卖方的信息、产品和服务联系起来，而未来的电子商务则通过构成信息高速公路的无数计算机网络中的一条线将买方和卖方联系起来。

（4）欧洲会议对电子商务的定义

电子商务是通过电子方式进行的商务活动。它通过电子方式处理和传递数据，包括文本、声音和图像。它涉及许多方面的活动，包括货物电子贸易和服务、在线数据传递、电

子资金划拨、电子证券交易、电子货运单证、商业拍卖、合作设计和工程、在线资料、公共产品获得。它包括产品（如消费品、专门设备）和服务（如信息服务、金融和法律服务）、传统活动（如健身、教育）和信心活动（如虚拟购物、虚拟训练）。

（5）国际著名IT公司对电子商务的定义

1）IBM公司

电子商务是指采用数字化电子方式进行商务数据交换和开展商务业务的活动，是在Internet广阔联系与传统信息技术系统的丰富资源相结合的背景下应运而生的动态商务活动。

电子商务=Web+企业业务

2）HP公司

HP公司提出了电子商务（E-Business）、电子交易（E-Commerce）、电子消费（E-Consumer）和电子化世界的概念，认为电子商务是以现代扩展企业为信息技术基础结构，电子商务是跨时空、跨地域的电子化世界（EW）。

EW（电子化世界）=EC（电子交易）+EB（电子商务）+EC（电子消费）

（6）狭义和广义的电子商务

1）狭义的电子商务（Electronic Commerce，EC）

EC是指人们利用电子化手段进行的以商品交换为中心的各种商务活动，也可以称为电子交易，包括网络营销、网络广告、网上贸易洽谈、电子购物、电子支付等不同层次、不同程度的电子商务活动。

2）广义的电子商务（(E-Business，EB）

EB是指各行各业，包括政府机构和企业、事业单位各种业务的电子化，网络化，可称为电子业务，包括狭义的电子商务、电子政务、电子军务、电子公务等。这些活动可以发生在公司内部、公司之间、公司和客户之间。

上述定义虽各有差别，但多数定义还是将电子商务限制在使用计算机网络进行的商业活动。这是有一定道理的，因为只有在Internet出现并迅速普及的条件下，才形成了电子商务概念并得到如此广泛的重视，也使商业模式发生了根本性转变。

归纳起来说：

电子商务是指在全球范围内通过信息网络以电子数据交换的方式进行的商务、交易、金融以及与其相关的综合服务。

电子商务=商务活动+电子技术

上述定义都强调了电子商务是电子技术在商务活动中的应用。尽管电子技术和商务活动构成了电子商务的两个方面，但是电子商务本质是商务，而电子技术是解决传统商务活动中无法解决问题的技术手段，是提高商务活动效率和效益的全新方法。因此，电子商务关键不在于所使用的电子技术是否先进，而在于该技术是否能解决目前商务活动中所需解决的问题和能否真正提高商务活动的效率。

1.2.2 电子商务的功能

电子商务具有全方位的功能,它能帮助企业降低运营成本、提高生产效率和扩大市场空间。基于因特网的电子商务使整个经济运行方式、结构发生了深层次的变化,推动了网络经济的创新和扩展。

(1)电子商务功能按销售过程分类

1)售前服务

Internet作为一个新媒体,具有"即时互动、跨越时空和多媒体展示"等特性,它强调了互动性,而且广告资讯更新较快,比传统媒体的广告费用低廉。企业可利用网上主页和电子邮件在全球范围内做广告宣传;客户可借助网上检索工具迅速地找到所需要的商品信息。

2)售中服务

网上售中服务主要是帮助企业完成与客户之间的咨询洽谈、网上订购、网上支付等商务过程,对于销售无形产品的公司来说,Internet上的售中服务为网上的客户提供了直接试用产品的机会,例如音像制品的试听、试看以及软件的试用等。

3)售后服务

网上售后服务的内容主要包括帮助客户解决产品使用中的问题,排除技术故障,提供技术支持,传递产品改进或升级的信息以吸引客户对产品与服务的反馈信息。电子商务能十分方便地采用网页上的"选择""填空"等格式文件来收集用户对销售服务的反馈意见。这样使企业的市场营销能形成一个封闭的回路。网上售后服务不仅响应快、质量高、费用低,而且可以大大减低服务人员的工作强度。

(2)电子商务的具体功能

电子商务可提供网上交易和管理的全过程,因此它具有文件传输、广告宣传、咨询洽谈、网上订购等各项功能。

1)文件传输

在企业实现贸易管理的电子化中,企业或商家之间可借助计算机网络来进行文件信息的传递,同时,企业、商家、客户之间都可以通过上述方法实现商品信息的交流、业务洽谈、合同签订等。文件传输是电子商务活动中最常用的信息传递方式,既快速又安全。

2)广告宣传

网上广告目前在因特网上开展得非常广泛,效果也很显著。在因特网上,随便浏览任意一个主页,几乎都可以看到这样或那样的广告信息。尤其是一些公司、企业的主页,广告所占的篇幅就更加突出了。电子商务可以使企业凭借Web服务器和客户的浏览器，在因特网上发布各类商业广告和产品及服务信息。客户可以借助网上的检索工具迅速地找到所需的商品信息，而商家可利用网上主页和电子邮件在全球范围内做广告宣传。与以往传统媒体如：广播、报纸、电视上的各类广告相比，网上的广告成本最为低廉，而给顾客的信息量却最为丰富。由于网上广告在基于因特网的电子商务活动中的地位越来越显著，人们纷纷将因特网称为"第四媒体"。

3）商务洽谈

目前的互联网已经为用户提供了多种便捷的信息交流方式，如电子邮件、新闻组（News Group）、讨论组（Chat）和网络会议（Net Meeting），等等。电子商务可以使企业借助非实时的电子邮件、新闻组和实时的讨论组来了解市场和商品信息，洽谈交易事务，假如有进一步的需求，还可以用网上会议来交流即时的图形信息。电子商务中的网上咨询和洽谈，突破了人们面对面洽谈的时空限制，提供了多种方便的异地交谈形式。网上产品订购服务借助网络中邮件系统，电子商务可以实现实时的网上订购。

4）网上订购

企业通过网上订购系统在网站页面上为客户提供在线订购表单，客户填写好该表单就可实现网上订购，商家服务器在接收了客户提供的表单信息后，系统会回复确认信息单，以保证订购信息的获取。订购信息可以通过加密形式使得客户资料和商业信息不会泄露。

5）网上支付

网上支付是电子商务的一个必要环节，客户与商家之间要实现网上资金流动，可采用信用卡、电子支票、电子现金等多种电子支付形式，在网上直接采用电子支付手段，不但可以为买卖双方节约交易中很多人员和其他开销，使货款支付更加灵活、方便，而且可以加速资金的周转效率。当然，在电子商务系统中要实行网上支付服务，需要更为可靠的信息传输的安全控制机制，以防止交易信息被篡改、泄漏、冒用等非法行为。

6）电子账户

网上支付的实行必须要有电子化的金融系统来支持，即银行、信用卡公司及保险公司等金融单位要提供网上支付的服务，而电子账户管理是其基本的组成部分。信用卡号或银行账号都是电子账户的一种标志，而其可信度需要有必要的技术措施来保证，数字证书、数字签名、数据加密等手段的应用保障了电子账户操作的安全性。

7）服务传递

在客户支付了交易货款之后，商家应该将客户所订购的货物尽快地传递到客户手中。对于一些以实物形式提供的商品，商家可以通过其在本地或异地的分销系统将商品送货上门，也可以委托有关货运公司或快递公司将货物运送或邮寄到客户手中。客户则可以通过信息网络来及时了解自己所购商品的运送情况及到达时间。

对于一些信息产品，是最适合在网上进行直接传递的，如软件、电子读物、信息服务、数据库检索等，它能通过网络提供从商家一端到用户一端的直接、实时的全过程服务。

8）意见征询

电子商务过程中的用户意见征询服务，企业可以十分方便地运用网页上的"选择""填空"等格式文件来收集用户对企业及其产品、服务的反馈意见。这样，可以使企业及时了解到用户的反馈信息，使企业的市场运营能形成一个良性的循环。客户的反馈意见不仅能提高售后服务的水平，更使企业获得改进产品、发现市场的商业机会，树立企业的良好形象。

9）交易管理

整个交易的管理涉及人、财、物以及企业和企业、企业和客户及企业内部等各方面的协调和管理。因此，交易管理可以说是涉及电子商务活动全过程的管理，包括有关市场法规、税务征管及交易纠纷仲裁等。电子商务的发展需要一个良好的交易管理和网络环境及多种多样的应用服务系统，以保证电子商务获得更广泛的应用。作为一种不断发展的事物，电子商务所提供的功能也将会不断地完善和发展，还有可能出现许多目前想象不到的新的服务功能。这些新功能的出现，将会进一步推动电子商务的发展和完善。

1.2.3　电子商务的特点

电子商务是Internet发展的直接产物，是网络技术应用的全新发展方向。Internet本身所具有的开放性、全球性、低成本、高效率的特点，也成为电子商务的特征，并使得电子商务超越了一种全新贸易模式所具有的价值。

（1）开放性

现代电子商务是借助开放式的Internet平台，这对可以上网的所有人员都具有相同的权益，只要具备上网条件，并支付一定费用，就可以享受到电子商务带来的便利。

（2）商务性

商务性是提供买卖交易的服务、手段和机会。网上购物提供了一种客户所需要的方便途径。因此，电子商务对任何一种规模的企业而言都是一种机遇。电子商务的最本质特征在于商务性，电子商务的其他功能也是围绕这一基本功能展开的。

（3）全球性

建立在互联网上的电子商务，所服务的是全球性市场，它使企业与世界上任何一个客户的距离都是"一点"之遥，这就意味着全球范围内的经济活动已出现了空前的快捷和高效。跨越国度的采购变得如同在便利店购物一样方便。

（4）即时性

作为电子商务的商家，能够根据市场行情的变化，可以及时更换其电子商店中的商品；而对于客户来讲，可以在网上商店及时发现中意的商品。轻点鼠标就可以随时完成购物，在传统商务方式中使用信件、电话和传真传递信息，各个环节都必须有人参与并消耗时间，有时会因延误时间而失去商机。电子商务使用的是计算机网络系统，使商业数据能够在网上瞬间完成传递和处理，从而克服了传统方式下费用高、易出错、处理速度慢等特点，并极大缩短了交易时间，提高了商务活动的效率。

（5）动态性

电子商务是动态的，电子商务交易网络没有时间和空间的限制，每时每刻都在运转，并且不断在更新和变化，这些更新和变化包括供求信息的变化、交易双方的变化、商品和资金的流动。正是信息、商品、资金的不断流动，使得商机不断。

（6）集成性/层次性

电子商务能够规范事务处理的工作流程，将人工操作和电子信息处理集成为一个不可分割的整体，这不仅能够提高人力和物力的利用率，也可以提高系统运作的严密性。

任何人、企业、地区和国家都可以建立自己的电子商务系统，这些系统不管大小，都是一个独立、完整的个体，都可以提供商务全过程的活动，一个小系统又是一个大系统的组成部分。

（7）互动性

电子商务中的信息是双向互动的，这使得不管是商家还是消费者都能在信息的流通中及时获得对方的反馈信息，通过互动增强了商家与客户之间的信任度。此外，通过互动商家或企业还能及时获取一系列商业数据，如每天客流量、客户感兴趣的商品以及客户资料等，进行有针对性的销售来增加销售机会。

（8）经济性

电子商务活动所需投资和运营成本相对传统的商务活动要低廉得多，通常只有传统方式费用的百分之几，同时网络贸易没有库存压力，不需要大量的批发商、零售商和商场，客户可以通过网络直接从厂家订购产品，交易成本大大降低。

（9）安全性

在电子商务中，安全性是一个至关重要的核心问题，它要求网络能提供一种端到端的安全解决方案，如：加密机制、安全管理、认证技术等。

对于客户而言，无论网上的商品如何具有吸引力，如果他们对交易的安全性没有把握，他们根本就不敢在网上进行买卖。企业和企业之间的交易更是如此，为了帮助企业解决安全交易的问题，国际上多家公司联合开展了安全交易的技术标准和方案，并制定了

SET（安全电子交易协议）和SSL（安全套阶层协议）等标准，为企业和消费者创建了一个安全的电子商务环境。

（10）协调性

商务活动本身就是一个协调的过程，它需要客户、公司内部、生产商、供应商、批发商和零售商之间协调，在电子商务环境中，它要求银行、物流配送中心、通信部门、技术服务等多个部门通力合作完成。

1.3 电子商务的分类

按照不同的标准可以将电子商务划分为不同的类型。

（1）按参与对象的不同分类

1）企业与企业之间的电子商务（简称之为B2B）

B2B电子商务主要是指企业与企业之间通过专用网络或Internet进行数据信息传递，开展商务活动的运行模式。

它包括采购商与供应商之间通过互联网谈判、订货、签约、付款以及索赔处理、商品运输等相关活动，并实现整个商务过程的电子化。

企业之间的电子商务是电子商务模式中最值得关注和探讨的，因为它最具有发展的潜力。企业间的电子商务活动将以三倍于企业与消费者之间电子商务的速度发展，这是因为，在现实世界里，企业间商务贸易额是消费者直接购买的10倍。由于企业间交易额在整个流通交易中所占比例大，因此，它是电子商务发展的重点，有利于降低流通成本和提高流通效率。

这一类电子商务已经存在很多年了，其中企业通过专用网或增值网（VAN）采用EDI的方式所进行的商务活动最为典型。这种类型从未来的发展看是电子商务的主流，也是企业面临激烈的市场竞争、改善竞争条件、建立竞争优势的主要方法。

企业之间电子商务可以是一家企业对几家企业，也可以是多对多模式，这就需要有一个行业的中介平台和机构使企业之间有沟通的渠道，实现若干家企业的合作和交易。

这类电子商务除当事人双方之外，更需要涉及相关的银行、认证、税务、保险、物流配送、通信等行业部门；对于国际的B2B，还要涉及海关、商检、担保、外运、外汇等行业部门。总之，必须有各参与方的有机配合和实时响应。可以说，这些行业部门也都是参与对象。

2）企业与消费者之间的电子商务（简称之为B2C）

B2C电子商务是指企业通过Internet为消费者提供一个全新的购物环境——网上商店，消费者通过网络在网上购物、支付，基本等同于电子零售商业。这类电子商务是以Internet为主要服务手段，为公众消费提供服务，并保证与其相关的付款方式的电子化。

企业或商业机构借助于互联网开展在线销售，为广大客户提供很好的搜索与浏览功能，使消费者很容易了解所需商品的品质及价格；在网上直接订购，支付手段通常采用信用卡、网上银行、电子现金及电子支票等。

这种模式节省了消费者与企业双方的时间和空间，大大提高了交易效率，节省了不必要的开支，因此网上购物成为电子商务的一个热门。

近年来，随着Internet为企业和消费者开辟了新的交易平台以及全球网民数量的增多，这类电子商务得到了较快的发展。Internet提供的搜索浏览功能和多媒体界面，又使消费者更容易寻找和深入了解所需产品。因此，开展B2C电子商务有着巨大的潜力，是今后电子商务的主要动力。

目前，Internet上已经遍布各种类型的商业网站，提供各种商品和服务。通过网上商店买卖的商品可以是实体化的：书籍、服装、食品、电器等；也可以是数字化的：新闻、音乐、电影、软件以及各类基于知识的产品；还有提供的各种服务：旅游、在线医疗、远程教育等。

3）消费者与消费者之间的电子商务（简称之为C2C）

C2C电子商务模式是指消费者之间通过网上商务平台实现交易的一种电子商务模式。

C2C电子商务主要通过网上收藏物品展示、旧货市场或跳蚤市场等场所实施的交易，最为典型的为拍卖网站。卖方将商品的介绍、图片、定价等信息放到拍卖网站上，通过网络的信息交流平台进行讨价还价完成交易过程。在此，网站充当第三者的角色，对买卖双方进行监督、确保交易的公平。

网络服务提供商利用计算机和网络技术，提供有偿或无偿使用的电子商务平台和交易程序，允许交易双方（主要为个人用户）在其平台上独立开展以竞价、议价、一口价为主的在线交易模式。

4）企业与政府之间的电子商务（简称之为B2G）

B2G电子商务模式即企业与政府之间的电子商务，这种商务活动覆盖了企业与政府组织之间的各项事务。政府通过网上服务，为企业创造良好的电子商务空间。诸如网上报批、网上报税、电子缴税、网上报关、EDI报关、电子通关等；企业对政府发布的采购清单，以电子化方式回应；企业对政府的工程招标，进行投标及竞标；政府可经过网络实施行政事务的管理，诸如政府管理条例和各类信息的发布；涉及经贸的电子化管理；价格管理信息系统的查询；工商登记信息、统计信息、社会保障信息的获取；咨询服务、政策指导；政策法规和议案制定中的意见收集；网上产权交易，各种经济法政策的推行等。

5）消费者与政府之间的电子商务（简称之为C2G）

C2G电子商务模式即消费者与政府之间的电子商务，其主要运作方式为政府职能上网，在网站上实现一个虚拟的政府，实现政府的职能工作。政府在网上公布政府部门的名称、职能、机构组成、工作章程，公开政府部门的各项活动，增强了办事执法的透明度，为公众与政府打交道提供了方便，同时也接受公众的民主监督。

C2G电子商务是政府工作透明化的重要窗口，也是公民了解政府发布各种信息和政策的重要渠道。

（2）按信息网络范围分类

1）本地电子商务

通常是指利用本城市或本地区的信息网络实现的电子商务活动，电子交易地域范围较小；是利用Internet、内联网和专用增值网将交易各方、金融机构、保险公司、税务部门、本地区的EDI中心等部门的信息系统连接一起的网络。本地电子商务系统是开展有远程国内电子商务和全球电子商务的基础系统，因此，建立和完善本地电子商务信息系统是企业实现全球电子商务的关键。

2）国内电子商务

国内电子商务是指在本国范围内进行的网上电子交易活动，其交易的地域范围较大，对软硬件和技术要求较高，要求在全国范围内实现商业电子化、自动化，实现金融电子化，交易各方具备一定的电子商务知识、经济能力和技术能力，并具有一定的管理水平和能力等。

3）全球电子商务

全球电子商务是指在全世界范围内进行的电子交易活动，参加电子交易各方通过网络进行贸易，涉及有关交易各方的相关系统（如买卖双方国家进出口公司系统、海关系统、银行金融系统、税务系统、运输系统、保险系统等）。全球电子商务业务内容繁杂，数据来往频繁，要求电子商务系统严格、准确、安全、可靠，应制定出世界统一的电子商务标准和电子商务（贸易）协议，使全球电子商务得到顺利发展。

（3）按使用网络类型分类

1）基于EDI专用网络的电子商务

这种类型已有30多年的历史，EDI主要应用于企业与企业、企业与批发商、批发商与零售商之间的批发业务。相对于传统的订货和付款方式，EDI大大节约了时间和费用。相对于因特网，EDI较好地解决了安全保障问题。这是因为，使用者均有较可靠的信用保证，并有严格的登记手续和准入制度，加之多级权限的安全防范措施，从而实现了包括付款在内的全部交易工作电脑化。

2）基于内联网（Intranet）的电子商务

主要是利用电子技术和网络环境，实现企业的内部管理、商务活动、工作流程等，通过实现办公自动化来提高企业内部生产活动的效率。

通过企业内联网可以实现企业内部信息共享和快速反应，增加商业活动处理的敏捷性，对市场状况做出更加快速的反应。

3）基于外联网（Extranet）的电子商务

企业外部的电子商务是利用企业的外联网来进行的电子商务活动，实现企业之间项目的合作，同时提高商务运作的效率、降低交易成本。企业借助Extranet商务上下游协作厂家建立更加紧密的伙伴关系。

4）基于因特网（Internet）的电子商务

这是国际现代商业的最新形式。它以计算机、通信、多媒体、数据库技术为基础，通过互联网在网上实现营销、购物服务。它突破了传统的商业、生产、批发、零售及进、销、存、调的流转程序与营销模式，有利于实现少投入、低成本、零库存、高效率，避免了商品的无效转移及搬运，从而实现了社会资源的高效运作和最大节余。

对于消费者来说，则可不受时空和厂商的限制，进行广泛的比较和选择，能以较低的价格获得所需的更好的商品和服务。

（4）按应用电子化程度分类

1）完全电子商务模式

完全电子商务是指完全可以通过电子方式实现和完成整个交易的交易行为。

完全电子商务可以直接在网络上实现，使得交易双方能够跨越地理空间的障碍进行电子交易，可以充分挖掘全球市场潜力。主要适合那些能直接在计算机网络上传输的商品和服务的交易，例如：计算机软件、数码音乐、电子图书和各种咨询服务等。

2）不完全电子商务模式

不完全电子商务是指无法完全依靠电子方式实现和完成完整个交易过程的交易，它需要依靠一些外部要素，如运输系统来完成。

有形商品指的是占有三维空间的实体类商品。这类商品的交易过程中所包含的信息流和资金流可以完全实现网上传输，但交易的商品必须由卖方通过某种运输方式送达买方指定地点，所以有形商品电子商务还必须解决好货物配送的问题。

1.4 电子商务的四流

电子商务的任何一笔交易，都包含了四个基本的"流"，即商流、信息流、资金流和物流，其中商流是目的和动机、信息流是基础、资金流是实现手段、物流是保障。

（1）电子商务活动的起点——商流

商流是一种买卖或者说是一种交易活动过程，通过商流活动发生商品所有权的转移。商流是物流、资金流和信息流的起点，也可以说是后"三流"的前提，一般情况下，没有商流就不太可能发生物流、资金流和信息流。反过来，没有物流、资金流和信息流的匹配和支撑，商流也不可能达到目的。

（2）电子商务系统的基础——信息流

信息流主要包括商品信息的提供，促销行销、技术支持、支付服务、物流配送、售后服务等内容信息的有效流动，企业管理的基础就是对企业信息流实施有效控制。电子商务活动相对于传统的商务活动的最大优势是在电子商务环境下，企业借助于现代信息网络技术，使得信息流的流动变得更为通畅。信息流的产生伴随着整个业务的流转过程，信息流的不完整将直接影响到物流和资金流的作用结果。传统企业一般呈"金字塔"状的等级结构，机构臃肿，调度不灵。建立在这种组织结构体系和管理模式之上的企业信息流，必然存在以下的种种问题：信息传递速度慢；信息流不能有效支持客户服务等。在电子商务环境下，企业通过企业的流程重组，利用先进的通信网络技术，建立起通畅的企业信息网络，包括企业内部的信息网和企业外部的信息网，从而大大加快了企业信息流的流动速度，增加了信息的共享程度，为企业提供高质量的客户服务打下了坚实的基础。

（3）电子商务的实现手段——资金流

资金流主要是指资金的转移过程，它包括付款、转账、结算、兑换等过程，在电子商务中，银行是连接企业和消费者的纽带，起着至关重要的作用。银行是否能有效地实现电子支付已成为电子商务成败的关键。以一个简单的网上交易流程为例：首先持卡人向商家发出购物请求；商家将持卡人的支付指令通过支付网关送往银行；银行通过银行卡网络从发卡行获得批准，并将确认信息再通过支付网关送回商家；商家取得确认后，向持卡人发出购物完成信息；银行与银行之间通过支付系统完成最后的行间结算。从上述交易流程中不难发现，网上交易可以分为交易环节和支付结算环节两大部分，其中支付结算环节是由包括支付网关、银行和发卡行在内的金融专业网络完成的。因此，离开了银行，便无法完成网上交易的支付，从而也谈不上真正的电子商务。

（4）电子商务的保障——物流

物流是指商品在空间和时间上的位移，包括采购配送、产品加工和仓储包装等流通环节中的流通情况，它以满足顾客的需求服务为目标，尽量消除物流过程中各种形式的浪费，追求物流过程的持续改进和创新。它包括5"R"，即以最少的成本，在正确的时间（right time）、正确的地点（right location）、以正确的条件（right condition）、将正确的商品（right goods）送到正确的顾客（right customer）手中。物流虽然只是商品交易的一个组成部分，但却是商品和服务价值的最终体现。电子商务的最终价值，在于最大程度上方便最终消费者，"以顾客为中心"的价值实现最终体现在物流上。它既是企业保持可持续生产的保障，也是商品价值实现的载体，更是电子商务核心优势的体现。

在电子商务中，信息流、资金流和物流一直是其重要的要素，被人们广泛重视和研究，研究"三流"的作用和关系旨在指导人们正确地运用电子商务，更快捷、高效地服务于现在商务，更进一步地降低成本、提高竞争力。

1.5 电子商务和传统商务活动的区别

随着电子商务的普及和电子商务相对传统商务模式的优势，电子商务已日渐流行。电子商务市场份额快速增长对传统商务造成了很大的冲击。

1.5.1 电子商务和传统商务活动的区别

（1）传统商务与电子商务的运作过程不同

传统商务的运作过程是：传统商务的交易过程中的实务操作由交易前的准备、贸易协商、合同与执行、支付与清算等环节组成。其中交易前的准备就是交易双方都了解有关产品或服务的供需信息后，就开始进入具体的交易协商过程。交易协商实际上是交易双方进行口头协商或书面单据的传递过程。书面单据包括询价单、订购合同、发货单、运输单、发票、验收单等。合同与执行过程，在传统商务活动中，交易协商过程经常是通过口头协议来完成的，但在协商后，交易双方必须要以书面形式签订具有法律效应的商贸合同，来确定协商的结果和监督执行，并在产生纠纷时通过合同由相应机构进行仲裁。最后是支付过程，传统的商务活动的支付一般有支票和现金两种方式，支票方式多用于企业的交易过程。

电子商务的运作过程虽然也有交易前的准备、贸易的协商、合同的签订与执行以及资金的支付等环节，但是交易具体使用的运作方法是完全不同的。在电子商务的模式中，交易前的准备、交易的供需信息一般都是通过网络来获取的，这样双方信息的沟通具有快速和高效率的特点。交易的协商，电子商务中双方的协商过程是将书面单据变成了电子单据并且实现在网络上的传递。合同的签订与执行，电子商务环境下的网络协议和电子商务应用系统的功能保证了交易双方所有的交易协商文件的正确性和可靠性，并且在第三方授权的情况下具有法律效应，可以作为在执行过程产生纠纷的仲裁依据。资金的支付，电子商务中交易的资金支付一般采取网上支付的方式。

（2）传统商务与电子商务的模式不同

电子商务是因特网快速发展的产物，是网络技术应用的全新发展方向。电子商务不仅会改变企业本身的生产、经营、管理活动，而且将影响到整个社会的经济运行与结构。

① 电子商务将传统的商务流程电子化、数字化，一方面以电子流代替了实物流，可以大量减少人力、物力，降低了成本；另一方面突破了时间和空间的限制，使得交易活动可以在任何时间、任何地点进行，从而大大提高了效率。

② 电子商务所具有的开放性和全球性的特点，为企业创造了更多的贸易机会，企业所面对的市场不是本地和本国的市场，而是全球性的市场。

③ 电子商务使企业可以以相近的成本进入全球电子化市场，使得中小企业有可能拥有和大企业一样的信息资源，提高了中小企业的竞争能力。

④ 电子商务重新定义了传统的流通模式，减少了中间环节，使得生产者和消费者的直接交易成为可能，从而在一定程度上改变了整个社会经济运行的方式。

⑤ 电子商务一方面破除了时空的壁垒，另一方面又提供了丰富的信息资源，为各种社会经济要素的重新组合提供了更多的可能，这将影响到社会的经济布局和结构。

电子商务将传统商业活动中信息流、资金流、物流的传递方式利用网络技术整合，企业将重要的信息以互联网直接与分布在各地的客户、员工、经销商及供应商连接，创造更具竞争力的经营优势。电子商务与传统的商务活动方式相比，具有以下几个优势。

（1）交易虚拟化

通过因特网为代表的计算机网络系统进行的贸易，贸易双方从贸易磋商、签订合同到支付等贸易活动，无须当面进行，均通过计算机网络完成，整个交易完全虚拟化。对卖方来说，可以到网络管理机构申请域名，制作自己的网站，将产品信息上网。买方可以根据自己的需要选择产品，通过网络聊天工具与卖家进行交流沟通，将自己的需求信息反馈给卖方。通过信息的交流互动，签订电子合同，进行电子支付并完成交易。整个交易都在网络这个虚拟的环境中进行。

（2）交易成本低

电子商务可以大大降低买卖双方的交易成本。在远距离的情况下，网络上进行信息传递相对于其他方式而言要低得多，时间缩短和减少数据的重复录入在一定程度上也降低了信息成本。电子商务不必像传统商务那样一般商品要经历好几个环节才能到达消费者手中，这样既增加了产品的实效也降低了交易双方的成本，而且卖方在网络上进行产品介绍的成本要远低于传统方式下的宣传费用，降低库存成本，还可以提高企业内部信息传递的效率，节省时间和管理成本。另一方面，电子商务贸易平台的费用相对于传统的地面店铺来说是大大降低了。同时企业利用内部网可实现"无纸办公"，提高了内部信息传递的效率，节省时间，并降低管理成本。通过互联网络把其公司总部、代理商以及分布在其他国家的子公司、分公司联系在一起，及时对各地市场情况做出反应，即时生产，即时销售，降低存货费用，采用快捷的配送公司提供交货服务，从而降低产品成本。

（3）交易效率高

由于互联网络将贸易中的商业报文标准化，使商业报文能在世界各地瞬间完成传递与计算机自动处理，实现了原材料采购，产品生产、需求与销售，银行汇兑、保险，货物托运及申报等过程无须人员干预，而且在最短的时间内完成。传统贸易方式中，用信件、电话和传真传递信息必须有人的参与，且每个环节都要花不少时间。有时由于人员合作和工作时间的问题，会延误传输时间，失去最佳商机。电子商务克服了传统贸易方式费用高、易出错、处理速度慢等缺点，极大地缩短了交易时间，使整个交易变得快捷与方便。

（4）交易透明化

电子商务使得交易信息更加公开与透明，买卖双方从交易的洽谈、签约以及货款的支付、交货通知等整个交易过程都在网络上进行。通畅、快捷的信息传输可以保证各种信息之间互相核对，防止伪造信息的流通。例如：在典型的许可证EDI系统中，由于加强了发证单位和验证单位的通信、核对，假的许可证就不易漏网。

1.5.2 电子商务对社会的意义

随着电子商务影响力的日渐显露，虚拟企业、网上银行、网络营销、网上购物、网上支付、网络广告等一大批前所未闻的新词汇正在被人们所熟悉和认同，这些词汇同时也从另一个侧面反映了电子商务正在对社会和经济产生的改变。

（1）电子商务改变了传统商务活动的方式

传统的商务活动最典型的情景就是"推销员满天飞""采购员遍地跑""说破了嘴、跑断了腿"，消费者在商场中筋疲力尽地寻找自己所需要的商品。现在，通过互联网只要动动手就可以了，人们可以进入网上商场浏览，采购各类产品，而且还能得到在线服务，不仅能购买到实体商品，如：衣服、电器、书籍；也能购买到数字类产品，如：信息、软件等。此外还能获得各种服务，如：安排旅游行程、远程教育等。商家们可以在网上与客户联系，利用网络进行货款结算服务，政府还可以方便地进行电子招标、政府采购等活动。

（2）电子商务改变了人们的消费方式

网上购物足不出户，网上的搜索功能可以方便地带着顾客货比多家。网上购物的最大特征是消费者的主导性，购物意愿掌握在消费者手中，同时消费者还能以一种轻松自由的自我服务的方式来完成交易，消费者主权可以在网络购物中充分体现出来，从而使客户对服务的满意程度大大提高。

（3）电子商务改变了企业的生产方式

由于电子商务提供了一种快捷、方便的购物手段，消费者的个性化、特殊化需要可以完全通过网络展示在生产商面前，为了取悦顾客，突出产品的设计风格，制造业中的许多企业纷纷发展和普及电子商务。

（4）电子商务给传统行业带来了一场革命

电子商务在商务活动的全过程中，通过人与电子通信技术的结合，极大地提高商务活动的效率，减少不必要的中间环节，传统的制造业借此进入小批量、多品种的时代，使得"零库存"成为可能；传统的零售业和批发业开创了"无店铺""网上营销"的新模式；各种线上服务为传统服务业提供了全新的服务方式。

（5）电子商务将影响全球金融状态

由于在线电子支付是电子商务的关键环节，也是电子商务得以顺利发展的基础条件，随着电子商务在电子交易环节上的突破，网上银行、银行卡支付网络、银行电子支付系统以及电子支票、电子现金等服务将传统的金融业带入一个全新的领域。

（6）电子商务改变政府行为

政府承担着大量的社会、经济、文化的管理和服务的功能，在电子商务时代，当企业应用电子商务进行生产经营，银行金融电子化以及消费者实现网上消费的同时，将同样对政府管理行为提出新的要求，电子政府或称网上政府，将随着电子商务发展而成为一个重要的社会角色。

（7）电子商务影响了国民经济信息化，加快了社会信息化速度

① 促进了信息硬件、软件和相关信息服务的发展；

② 促进信息基础设施的建设和完善；

③ 促进电信网、计算机网、广播电视网一体化；

④ 促进信息产业与金融、教育、医疗相关产业的融合。

（8）电子商务引发了新行业的出现

在电子商务条件下，原来的业务模式发生了变化，许多不同类型业务过程由原来集中管理变为分散管理，社会分工逐步细化，因而产生了大量新兴行业，以配合电子商务的顺利运转。例如：由于销售方式和消费方式的改变，打破了原有模式，使送货上门等业务成为一项重要服务业务，像配送中心这类专门送货的行业就是电子商务所带来的。

（9）电子商务改变了国际流通业

电子商务加速了贸易全球化的进程，极大地提高了流通领域的科技含量，扩宽了国际贸易的空间和场所，简化了国际贸易的程序和过程。

总而言之，作为一种商务活动过程，电子商务将带来一场史无前例的革命，其对社会经济的影响远远超过了商务的本身。

本章小结

本章主要介绍了电子商务的产生和发展，电子商务的定义、功能和特点，电子商务根据不同分类方法分成的不同类型；电子商务的"四流"；电子商务与传统商务的区别，电子商务对社会的意义。电子商务相对于传统经济活动是一场革命，对企业的发展起到了巨大的推动作用。未来电子商务在我国乃至全世界会得到更深远的发展，并推动人类社会的不断进步。通过本章的学习，可以对电子商务的概念有个基本了解，为进一步学习电子商务的基本理论知识奠定基础。

复习思考题

1. 简要叙述电子商务的概念。
2. 简述狭义和广义电子商务的区别。
3. 简述电子商务的功能。
4. 简述电子商务的类型。
5. 电子商务和传统商务活动有哪些区别？

案例分析

十堰农村电商年交易25亿元　十万农民借"网"突围

"老李，你准备一下，下午我来你家逮鸡、宰杀，搞直播。"2018年2月27日上午，竹溪县汇湾镇李家河村民李保民接到京东竹溪馆负责人柯善海的电话。

直播出镜，李保民一点也不紧张。春节前，他养的1000多只土鸡被京东竹溪馆订购，通过网上直播营销，每只卖到200元，除去成本，养鸡收入5万多元。"去年（2017年），京东竹溪馆从农户手里收购了400多万元农特产品。"柯善海说，这些特产原汁原味，在网上很抢手。

群山环抱的秦巴腹地，越来越多十堰农民借网突围。截至2017年年底，十堰有农村电商企业及商户3000余家，带动逾10万农民脱贫、增收，全年农村电商交易额达25亿元。其中，绿松石电商交易额超过3亿元，房县黄酒在淘宝网上黄酒类销量仅次于绍兴黄酒，十堰香菇、木耳、茶叶、丹江鱼等特产借网热销。

该市乡村电子商务服务站建成率近100%，通过"农户+合作社+企业（电商）""农户+电商+冷链物流+智能菜柜"等农产品采购销售模式，培育一批农特产品生产加工企业，十堰市湖北顺溪生物食品股份有限公司、十堰渝川食品有限公司生产的4种产品，分别被评为"荆楚美味之湖北十佳地标好网货""荆楚美味之湖北好网货"。

为构建农村电商销售渠道，该市在充分利用淘宝、京东等全国知名电商平台的基础上，建成老家网、水都大集、新农人网等10余家本地农村电商平台。其中，竹溪老家网是全国首个扶贫公益性网络交易平台，吸引渝、鄂、豫、川、陕、甘六省市76个县（市）300多家电商入驻。

通过政策支持、品牌创建、人才培养等措施，该市农村电子商务迅速发展，郧西县下营村被授予全省唯一的"淘宝村"，丹江口、竹溪、郧西、竹山先后被评为"全国电子商务进农村综合示范县"。

思考

1. 十堰的农村电商属于哪种电子商务交易模式？运用了哪些推广方法？
2. 试分析本案例中农村电商模式取得成功的因素。

第2章 电子商务的商业模式

本章提要

本章对 B2B、B2C、C2C、O2O 等常见的电子商务模式进行了介绍，对其基本概念、交易流程和主要特征等进行了系统的分析，使读者对常见的电子商务模式有个初步的、整体的认识，掌握常见模式的交易方法和技巧。

项目目标

（一）知识目标

1. 掌握 B2B 电子商务模式的主要特征、交易流程和商品特点。
2. 掌握 B2C 电子商务模式的主要特征、交易流程和商品特点。
3. 掌握 C2C 电子商务模式的主要特征、交易流程和商品特点。
4. 了解 O2O 电子商务模式的基本概念、发展现状和存在的问题。
5. 了解电子商务创新模式的基本概念和主要特征。

（二）技能目标

1. 掌握电子商务的基本运作模式。
2. 基本学会电子商务常规业务的操作方法。

引导案例

2018还是电商天下？不，线上商家说要线下铺店！

一想起"双11网购狂欢节"的热度，众传统的线下商家们都备觉前途茫茫，然而世邦魏理仕在日前发布的零售物业展望中却认为传统线下商家们的好日子来了，2018年中国的零售市场将迎来线上商家向线下铺店的密集期。

2018年春节，全国零售和餐饮消费破9000亿元，品质消费成为亮点。在中国经济回暖和消费升级的带动下，中国消费市场保持快速发展，消费者信心指数和预期指数创出历史新高。在此背景下，世邦魏理仕发布《2018中国房地产市场展望——零售物业篇》，预测2018年中国零售物业市场的走势和热点。

线上全面接入线下，体验业态站上风口

2017年是新零售元年，电商巨头纷纷加码实体商业，同时风险资本亦不断推进线上向线下融合和拓展。全年285起零售娱乐领域的风投案例中有86笔资金将全部或部分用于铺设线下门店。餐饮、运动设施和生活方式等顺应消费升级趋势且对线下体验依赖度高的业态最为资本所青睐，2018年将迎来这些线上商家向线下铺店的密集期。

从拓店区域来看，北上广深最具吸引力，杭州、南京、苏州、成都、武汉等消费力强、市场活跃的二线核心城市亦受青睐。在选址方面，购物中心是绝大多数品牌意欲入驻之地，而此类品牌的互联网属性所具备的自带客流能力也令其受到购物中心业主的喜爱。百货、街铺、商务区写字楼的裙楼也各自与部分品牌的需求所契合，例如商务区的写字楼裙楼和街铺之于咖啡简餐和运动健身设施。

值得注意的是，经过数年电商冲击下的业态调整，目前购物中心的零售和餐饮休闲娱乐等体验业态的比例已经接近5∶5，体验业态占比进一步提升的空间正在逐步压缩。这意味着在互联网+资本的推动下，2018年购物中心的体验业态将进入加速洗牌阶段。

奢侈品购买者又年轻了，比美国、日本和西欧国家都小

得益于人民币汇率上升和大中华区品牌定价调整，2017年中国奢侈品销售继续复苏，多个奢侈品集团获得中国地区销售的增长。中国城市奢侈品购买者平均年龄36.7岁，明显年轻于美国、日本和其他西欧国家，且这一年龄阶段正处于收入增长和消费升级的快速发展期。在中国的奢侈品销售中，7%来自线上渠道，有16%的富裕客群在2017年增加线上奢侈品支出。尽管目前线上销售转化率并不高，但数字化服务平台日益受到中国消费者喜爱，有35%的消费者每天都会在线"制造"内容。

预计2018年奢侈品消费将在年轻化和数字化的带领下继续温和增长，购物体验、现有门店优化升级以及线上社交和销售平台仍将是奢侈品牌在华策略的重心，不排除部分品牌重启在核心城市增设门店的计划。

2018年将有790万平方米新项目入市

中国17个主要城市零售物业供应总量在2017年迎来940万平方米的历史峰值,预计2018年将有790万平方米的新项目入市,同比减少15.9%,且2020年以前供应总量将呈下跌趋势。尽管中国仍是全球购物中心建设最为活跃的国家,伴随着实体商业需求的持续改善,零售物业市场将迎来供需平衡修复的窗口期,供应过剩的风险将逐步减弱。

与此同时,购物中心的首层租金仍将是小涨小落的格局,波幅在-2%至2%区间内。一线城市中,北上广的租金将继续小幅增长;沈阳、苏州有望迎来三年内的租金首次上涨,成渝两地租金也将出现止跌企稳的迹象。深圳、武汉、无锡预计平均租金将出现小幅下滑。

世邦魏理仕中国区顾问及交易商业部主管瑞贝卡表示:"2018年中国消费升级将继续推进,随着80后90后逐步成为消费升级主力,品牌服装、化妆品、体育娱乐用品消费进一步增加,文化娱乐健康相关的服务型消费将保持快速增长,购买商品的支出结构向'享受型'倾斜。品牌应积极调整策略,迎合消费者求新求变、重体验和数字化的趋势。购物中心业主应不断提升运营能力,在供应水平总体充沛的情况下,保证租金增长。"

思考
1. 本案例中提到了哪种电子商务模式?
2. 你认为世邦魏理仕对零售物业未来的展望是否合理?为什么?

电子商务简单地说可以看成是传统的商业服务借助于现代信息技术,包括互联网、电子数据交换(EDI)、电视、电话等工具开拓出来的一种新的商务运行模式,其核心内容依然是满足消费者的需求,通过信息流、资金流、物流等活动实现了商流。

我们从电子商务活动的主体来看,电子商务运行模式可分为以下几种:企业与企业间的电子商务(B2B),企业与消费者之间的电子商务(B2C),消费者与消费者之间的电子商务(C2C),企业与政府间的电子商务(B2G),消费者与政府间的电子商务(C2G)等。

2.1 B2B 电子商务模式

2.1.1 B2B交易模式的特点

B2B是企业与企业间的电子商务,是指企业与企业间通过互联网进行信息、服务、产品的交换的商务活动。

B2B英文全称Business To Business，可简写为BtoB，又为英文中的2的发音同to，所以又简写为B2B。它通过企业内部网，或B2B网站与客户紧密结合起来，通过网络的快速反应，为客户提供更好的服务，从而促进企业的业务发展。

总体而言，B2B交易模式有如下特点。

（1）交易次数少，交易金额大，远大于B2C和C2C

由于B2B交易主体是企业，通常涉及是大批量货物交易或大宗商品采购。

（2）交易对象广泛

可以是任何一种产品，可以是原材料，也可以是半成品或产成品，如戴尔公司的芯片和主板等零配件的采购。

（3）交易操作规范

最复杂（查询、谈判、结算），也最严格（合同、EDI标准）。B2B是企业与企业之间通过互联网进行产品、服务及信息的交换。

传统的企业间的交易往往要耗费企业的大量资源和时间，无论是销售和分销还是采购都要占用产品成本。通过B2B的交易方式买卖双方能够在网上完成整个业务流程，从建立最初印象，到货比三家，再到讨价还价、签单和交货，最后到客户服务。B2B使企业之间的交易减少许多事务性的工作流程和管理费用，降低了企业经营成本。网络的便利及延伸性使企业扩大了活动范围，企业发展跨地区跨国界更方便，成本更低廉。

B2B不仅仅是建立一个网上的买卖者群体，它也为企业之间的战略合作提供了基础。任何一家企业，不论它具有多强的技术实力或多好的经营战略，要想单独实现B2B是完全不可能的。单打独斗的时代已经过去，企业间建立合作联盟逐渐成为发展趋势。网络使得信息通行无阻，企业之间可以通过网络在市场、产品或经营等方面建立互补互惠的合作，形成水平或垂直形式的业务整合，以更大的规模、更强的实力、更经济的运作真正达到全球运筹管理的模式。

（4）主要解决的是信息流的问题

从目前中国的电子商务发展来看，主要是在解决信息流的问题。正是因为需求方和供应方的信息不对称所以电子商务平台蓬勃发展。它们以"拉郎配"的方式进行撮合，帮助双方解决这个不平衡的局面，同时也造就了自己。

目前的B2B就是一个大集市，主要解决了信息对接的问题。当有一天这些企业对互联网更熟悉，可以自己将信息推广出去的时候，B2B的作用就会削弱，B2C会成为主流。

（5）B2B具备服务业的特征

B2B具备服务业的基本属性，而反应速度，特别是客服的反应速度就成为其最需要具备的一个特性。当年淘宝打倒ebay，除了淘宝一开始是免费的网络交易平台，还有第三方支付概念（支付宝）保障了买家的利益这些因素外，另一个因素就是客服的反应速度。淘宝网有专门的客户服务部，提供全天候不间断的电话和在线服务，解决卖家和买家的问题。与此相反，eBay.cn没有一个独立的客户服务部门，只有一个热线电话。它很有可能留下用户自己去解决问题。淘宝网的在线留言系统允许用户提出问题和抱怨，并等待淘宝网的工作人员的直接答复，eBay客户只能通过电子邮件查询和咨询问题。

2.1.2　B2B交易模式的基本流程

企业与企业之间通过互联网进行商品、服务信息的交换，大致可分为以下八个步骤：

第一步，企业客户向销售商订货，首先要选择商品，发出"用户订单"，该订单应包括产品名称、数量等一系列有关产品问题；

第二步，销售商收到"用户订单"后，进行"订单审核"，即根据"用户订单"的要求查询商品信息及库存情况；

第三步，经销商确定有货的情况下，与客户商定商品价格、付款方式等，最终"确定订单"；

第四步，企业客户在金融机构办理电子支付手续；

第五步，经销商确认支付后，通知物流部组织运输配送，要求给销售商返回运输安排的回答。如：有无能力完成运输及有关运输的日期、线路、方式等要求；

第六步，在确认运输无问题后，销售商即刻给企业客户的"用户订单"一个满意的回答，同时要给供货商发出"发货通知"，并通知运输商运输；

第七步，运输商接到"运输通知"后开始发货。接着商业客户向支付网关发出"付款通知"。支付网关和银行结算票据等；

第八步，支付网关向销售商发出交易成功的"转账通知"，如图2-1所示。

2.1.3　B2B交易平台商品特点

目前中国比较成功的B2B网站却并非所有都是在线交易模式，尤其是B2B行业网站，许多都没有做在线交易，更多是以基于交易为目的的网络营销推广和打造品牌知名度。根据对目前比较成功的B2B行业网站的分析研究，本书总结了10种B2B交易平台商品的特点。

（1）以提供产品供应采购信息服务为主的B2B行业网站

这类网站要建立分类齐、产品品种多、产品参数完善、产品介绍详细的产品数据库，尤其是要注重产品信息的质量，要有更多最新、最真实、最准确的产品信息，全面提升采

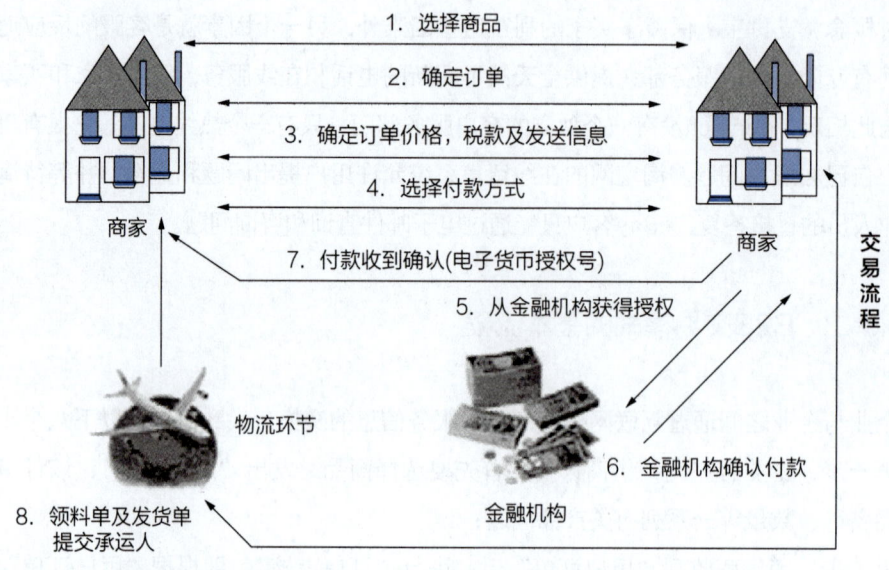

图2-1　B2B模式交易流程图

购体验，吸引更多采购商和供应商来网站发布信息、浏览查找信息。主要是向中小供应商企业收取会员费、广告费，以及竞价排名费、网络营销基础服务费等，代表网站有：中国化工网（2006年已上市）、全球五金网、中国纺织网、全球纺织网、中国设备网、中国建材网、维库电子市场网等。

（2）以提供加盟代理服务为主的B2B行业网站

产品直接面对消费者的企业，一般会找加盟商、代理商来销售产品，一般这种企业的经营模式为设计+销售类型或设计+生产+销售类型。此类网站都是围绕品牌公司、经销商的需求来设计功能和页面，比如服装网站，就要做好动态、图库、流行趋势等行业资讯内容，全面收集服装品牌信息，建立数量大、准确度高的加盟商、代理商数据库。这类网站的盈利模式主要是收品牌企业的广告费、会员费，尤其是广告费会占大部分比例。代表性的网站有：中国服装网、中国家纺网、医药招商网、中国化妆品网、食品招商网、糖酒快讯等。

（3）以提供生产代工信息服务为主的B2B行业网站

以生产外包服务为主的行业具有的特点：此类B2B行业网站盈利模式为收工厂的钱，为工厂寻找更好的订单，可以提供实地看厂拍照，确保收费的主推工厂生产实力信息的真实、丰富和准确性。代表性外贸综合型网站：阿里巴巴中国供应商、环球资源、中国制造网（3个网站都已上市）等，内贸行业型网站为：我要印、软件项目交易网等。

（4）以提供小额在线批发交易服务为主的B2B行业网站

经营这类网站，要非常了解零售商的需求，要建立完善的在线诚信体系，完善的支付体系，产品种类丰富、信息详细，目前综合、大行业的网站更易成功。内贸代表性网站有阿里巴巴1688、衣联网等，外贸代表性网站有：敦煌网、全球速卖通等，这个行业目前门槛比较高，内贸领域阿里巴巴1688具有很大的优势，有支付宝、淘宝店主支持，由于零售商非常分散，推广需要广撒网，阿里巴巴有充足资金支持。

（5）以提供大宗商品在线交易服务为主的B2B行业网站

这类网站的盈利模式主要就是收取交易佣金、提供行业分析报告、举办行业会议等。买卖双方诚信审核，支付的安全性、物流的快捷等可采用第三方合作伙伴来解决，要进入这类网站首先要选好行业，其次门槛也比较高，可以在一些新兴的市场发展。代表性的网站有：金银岛网交所、浙江塑料城网上交易市场。

（6）以提供企业竞争性情报服务为主的B2B行业网站

团队核心管理层里要有行业背景，否则找不到信息来源，大型企业不愿意买账。适合那些从这类网站辞职的分析员，以及行业协会、商会、贸易商等懂行业，具有一定行业背景的人来开办，市场需求比较大，很多行业都允许几个网站生存。盈利模式包括：会员费、报告销售、咨询、期刊、会议、广告费等。最具代表性的网站有：我的钢铁网（2011年已上市）、卓创资讯、东方油气网、煤炭网、中农网、中华粮网、第一纺织网等。

（7）以商机频道+技术社区服务为主的B2B行业网站

技术社区的盈利模式包括：招聘求职服务、技术会议服务、培训学校广告、软件广告服务、设备广告等。更重要的是为商机栏目增加用户黏性，运营时要服务好技术新手和技术高手，让高手在社区展示自己和产品，并能获得精神满足，让新手在这里能学知识，向技术高手提问，这样技术社区才能有内在的推动力，获得长远的、持续不断的发展。一般包括：问答、博客、图库、招聘求职、下载、个人空间、微博、会议等栏目。目前代表性的网站有：中华工控网、中国工控网、华人螺丝网、中国水泥网、猪易网等。

（8）以B2B行业网站+《商情期刊》《行业大全》服务为主

一定要注意控制成本，开始不要印刷的太多，同时多采用线下的渠道来推广，一般都是参加全国各地的展会免费派发，以及通过快递免费派发给目标的读者和广告客户，找到更认可纸媒的客户，发行一定要精准。盈利模式为：封面、前彩页广告，内插页、页眉、页脚、书签、总目录右边等广告位，都可以赠送给购买前彩页及封面、封底的客户，包括访谈、软文等推广服务，还能提高网站的诚信度。代表性网站有：环球资源、空调制冷大市场、华人螺丝网、化妆品网、中国服装网、中华液晶网等。

（9）以B2B行业网站+《商情期刊》《行业大全》+展览、会议服务为主

一般这类网站在举办会议的时候，需要与行业高层建立好关系，包括：协会、地方政府、高校、科研院所，举办会议的时候，需要他们捧场，会议才能变得更高端一些，才有更多企业高层参会。可以结合B2B行业社区来运营，通过社区吸引行业用户的关注，然后将这些用户集中在一起开会，解决一些问题。代表性的网站有：空调制冷大市

场（冷博会）、华人螺丝网（上海紧固件展）、中国化工网（精细化工展）、化妆品网、中国纱线网、国际内衣网等。

（10）以B2B行业网站+域名空间+网站建设+搜索引擎优化服务为主

要做好这类网站，要求团队有企业网站建设操作经验、行业网站运营经验、企业网站搜索引擎优化排名经验。一些有企业网站建设背景、企业网络营销推广服务背景的公司在选择这种模式来建设B2B行业网站时，赢利模式也比较成熟。只是很多公司由于缺少B2B行业网站运营背景，结果B2B行业网站就成了一个摆设，并未发挥实质性的推广作用。成功运营B2B行业网站的公司选择这样的经营模式更能成功。代表性的网站为：中国化工仪器网、仪表网、中国化工网、中国纺织网等，中国化工仪器网、仪表网都是浙江兴旺宝明通网络有限公司旗下的网站，同样服务模式的网站有24家。

2.1.4 B2B网站实例

（1）Hc360（慧聪网）

慧聪网是国内贸易行业第二大的中文B2B网站，作为国内工业品行业排名第一工艺品行业第二的慧聪，目前有服务200万家会员的经历，在内贸方面，慧聪网是国内唯一一家可以和阿里巴巴竞争的内贸网站，其网站域名也称得上是一个创意域名，域名注册于2003年，有8年注册史，域名已被续费至2019年，慧聪网对于域名保护意识性很强，早在2003年就已经在香港成功上市，是国内首家网络贸易上市企业，2011年市场份额增长率达到80%的数据让人看到了慧聪新的形象！

（2）Alibaba（阿里巴巴国际）

阿里巴巴网站是目前世界上最大的、基于Internet的国际贸易供求交流市场，提供来自全球178个国家（地区）的最新商业机会信息和一个高速发展的商人社区。用户可以获得来自全球范围各行各业的即时商业机会、公司产品展示、信用管理等贸易服务。这里囊括32个行业700多个产品分类的商业机会，每天都有大量来自全球范围的最新供求信息，会员可以分类订阅，并通过网络建立自己私人的"样品房"，展示产品。

（3）GlobalSource（环球资源）

环球资源植根中国大陆达27年，于全国设有44个办事机构并拥有超过2000位团队成员，为专业买家提供采购信息，并为供货商提供综合的市场推广服务。但是环球资源基本不涉猎内贸，在内贸推广上处于弱势。

（4）EC21

EC21是一个全世界范围的电子商务平台，提供商业机会发布、搜索，公司、产品的搜索查询服务，还有相关国家的经济概况、投资环境等的介绍，其贸易机会分为两个板块：一个是贸易机会搜索，可按交易类型和关键字来组合搜索；另一个板块是浏览和发布商机，又分为商品需求、供应、商业新闻组、商机发布四部分内容。

（5）made-in-china（中国制造网）

面向全球提供中国产品的电子商务服务，致力于通过互联网将中国制造的产品介绍给全球采购商，全面促进中国企业的对外贸易业务。

（6）GlobalTrade（环球贸易网）

环球贸易网是一家为全球企业提供面对面贸易服务的诚信供需平台，于2007年注册成立，为香港闽孚科技公司下属企业福州希尔达信息技术有限公司开发运营。专业的服务及先进的网络技术为中小企业搭建诚信的供需平台，提供全方位的企业电子商务服务。作为国内领先的互联网企业，环球贸易网不仅依托以互联网技术为核心的B2B企业贸易平台为用户提供周到的解决方案，还充分利用雄厚的传统营销渠道和各类展会开展多渠道的、线上为主线下辅助的全方位服务，这种优势互补，纵横立体的架构，已成为中国B2B行业的典范。

2.2 B2C 电子商务模式

2.2.1 B2C交易模式的特点

B2C是英文Business-to-Customer（商家对顾客）的缩写，是企业直接对消费者，而其中文简称为"商对客"。B2C是企业对消费者的电子商务模式。企业直接对消费者在网络上销售产品省去了传统直销中的层层剥利渠道和环节，也去掉了中间的广告费用和店面租金、人力物力等费用，所以产品是最便宜的。

"商对客"是电子商务的一种模式，也就是通常说的商业零售，直接面向消费者销售产品和服务。这种形式的电子商务一般以网络零售业为主，主要借助于互联网开展在线销售活动。B2C即企业通过互联网为消费者提供一个新型的购物环境——网上商店，消费者通过网络在网上购物、在网上支付。由于这种模式节省了客户和企业的时间和空间，大大提高了交易效率，特别对于工作忙碌的上班族，这种模式可以为其节省宝贵的时间。

我们向厂商购买商品，就是一种B2C的交易行为，而应用在电子商务上，目前最常见的就是网络购物。与一般传统交易方式不同之处在于你只要在家里通过网络，连到提供网络购物的网站，就可以进行消费的行为，不用亲自到商店购买，省去许多时间和麻烦，而且价格是最便宜的。

总体而言，B2C交易模式有如下特点：

① 用户群数量巨大，所采用的商务、身份认证、信息安全等方面的技术和管理办法必须方便、简洁、成本低廉、易于大面积推广；

② 安全技术应能够确认客户，避免冒名顶替和非法操作；

③ 经常会出现"一次性"客户，即不注册、不连续使用，只希望可以在方便的时候使用一下B2C的服务；

④ 网络上传输的信息可能涉到个人机密，例如账号和操作金额；

⑤ 商务活动涉及的支付或转账金额较低（小额支付）。

B2C电子商务的种类较多，应用系统的构成、工作方式和安全技术方案不尽相同。无线通信和无线网络技术支持下的移动电子商务对一部分B2C服务非常适用，并且使用的设备简单，客户群异常巨大，发展前景无限。

2.2.2　B2C交易模式的基本流程

① 客户通过Internet找到网上商厦或商店，访问商家主页。

② 通过浏览商家主页或电子商品目录，找到所需商品。

③ 选择所需商品放入购物车。

④ 电子收银台结账，客户填写订单内容，包括送货地点，支付方式等。

⑤ 根据不同支付方式，客户支付货款。

⑥ 商家送货到指定地点。

⑦ 客户购物完成。

2.2.3　B2C交易平台商品特点

随着电商消费环境的不断成熟，B2C也根据市场竞争的微观化、聚焦化，逐渐细分为门户类B2C、行业类B2C、垂直B2C。随着B2C运营模式的细分，网民对网购平台的各种要求也越来越近乎苛刻。特别是作为中国电子商务的核心盈利模式——B2C，由于网民受众集中、市场竞争激烈、商品同质化严重、价格过于透明化，发展步伐必将放缓。那么作为B2C交易平台的商品，具备哪些特点呢？下面以时尚B2C为例来进行分析。

（1）具备资深的时尚行业背景

B2C的最大核心价值，在于能满足国内时尚人群和职业白领们的综合时尚需求，能在第一时间传递国外的流行趋势和信息，将各类时尚商品及时呈现给网民。要求商城的营销团队有着极强的时尚节奏感和社会使命感。否则将国外已经流行了1年多的商品，无论如何降价销售，也失去了其"时尚"的真正价值与意义。

也就要求专业的时尚B2C的运营公司，要真正具备资深的时尚行业背景或有专业的时尚人士把关。只有充分掌握了时尚的节奏和要素，才能准确把握国内时尚商品的市场需求，满足人们对于时尚的追求。也自然就使网站形成了巨大的品牌影响和行业壁垒，这比投放几千万元的广告将更加有效。

（2）具备丰富多样的商品

受到资金、货源、库房、物流等影响，很多时尚B2C的商品种类并不齐全。虽然从精准化营销和专业化运营角度来讲，专注于某一领域进行细致营销，也是有效的市场战略。但随着互联网的信息过剩，网民对多家网站进行商品对比已经形成疲劳。网民将更倾向于时尚B2C的商品种类更加多样化、丰富化、针对化、品牌化，可以登录一家网站就轻松解决所有时尚购物需求，并且可以实现同类商品的综合比较，购买到自己最心仪的商品。以下列举时尚类商品种类来供大家参考比较：

① 护肤美体类：唇部护理、护肤套装、护肤工具、染发美发、洗发护发、清洁沐浴、精油芳疗、美白防晒、脸部护理、身体护理、男士洗护、眼部护理等产品。

② 彩妆香氛：唇部妆容、彩妆套装、彩妆工具、眼部妆容、经典香水、脸部妆容、身体彩妆等产品。

③ 营销保健：关节骨骼、养肝护肝、加强免疫力、呼吸系统、综合保养、女性健康、心脑血管、改善抑郁、改善睡眠、改善记忆、泌尿系统、消化系统、男性健康、瘦身塑形、眼耳口鼻、美容养颜、身体排毒、运动补剂、抗氧化和延缓等产品。

④ 母婴家居：婴幼儿日常护理、婴幼儿营养、孕妇护理、家居用品、益智玩具、婴幼儿洗护、婴幼儿辅食等产品。

⑤ 鞋包衣饰：手表、时尚包袋、服装眼镜、腰带鞋子、饰品、户外上下装、专业运动服饰、休闲鞋、双肩背包、篮球鞋、足球鞋、跑步鞋、电脑包、其他箱包等产品。

（3）具备成熟的国外商品供货渠道

国内的各类商品，大多是外国传到中国，或是受国外商品影响的翻版，而时尚B2C要避免墨守成规地销售低品质时尚产品，就必须能保证国外商品的正规货源和品质，也就要求要在美国、法国、英国、德国等众多世界时尚国家建立专业采购渠道，并且能充分整合目前国外最流行、最时尚、最个性的品牌商品，在进行潮流分析和趋势判断后，将最优质商品引入国内，让国内网民在第一时间和国际时尚趋势、流行风格接轨，享受到最具时代魅力的商品。

（4）具备多家知名品牌的合作授权

人们对商品的品牌化选择已经越来越重视，同品质同种类的商品，因为其品牌不同其市场价格将相差几倍甚至几十倍。品牌是吸引用户消费的关键，也是流行风尚的标志。品牌消费已经成为时尚人群的主要消费方式，也要求时尚B2C必须要尽力与多家知名品牌开展合作，而不是为了获得较高的返点就仅限于某几款品牌的经营。因为当网民觉得选择范围过小或者找不到心仪品牌，在失去了品牌可比性的时候，也就是商城失去网民的时候。

要求时尚B2C在品牌化运营中确实有着独特优势，有着众多的合作品牌供货商，寻找合作品牌时，经过了严格的筛选，通过层层比较后只选择行业影响力大、美誉度高、性价比强的知名品牌进行合作。

（5）具备最人性化的购物售后流程

网上购物最让网民担心的就是购物流程复杂、支付麻烦、物流速度慢、售后服务差，高端时尚类商品由于价格不菲，网民在购买高端时尚商品的时候，更是备感忧虑。时尚B2C必须让网民能够开心购物、放心消费，将购物流程设计的简单便捷、轻松易懂。不仅提供网银、第三方支付等多种付款方式，还应该针对全国主要城市提供货到付款业务。所有服务要实现人性化、标准化、优质化，在保证高效快速的物流服务基础上，还要支持用户开箱验货、14天退换货，让用户真正实现无后顾之忧。

2.2.4　B2C网站实例

（1）综合商城

如同传统商城一样，它有庞大的购物群体，有稳定的网站平台，有完备的支付体系，诚信安全体系（尽管目前仍然有很多不足），促进了卖家进驻卖东西，买家进去买东西。而线上的商城，在人气足够，产品丰富，物流便捷的情况下，其成本优势，二十四小时不间断，无区域限制，更丰富的产品等优势，体现着网上综合商城即将获得交易市场的一个角色。

例如：天猫商城（http://www.tmall.com）。

（2）当当网（http://www.dangdang.com）。

(2) 百货商店

商店，谓之店，说明卖家只有一个；而百货，即是满足日常消费需求的丰富产品线。这种商店是有自有仓库，有库存系列产品，以备更快的物流配送和客户服务。这种店甚至会有自己的品牌。

例如：中百商网（www.zon100.com）。

（3）垂直商店

这种商城的产品存在着更多的相似性，要么都是满足于某一人群的，要么是满足于某种需要，抑或某种平台的（如电器）。

例如：苏宁红孩子（http://redbaby.suning.com/）。

(4)复合品牌店

类似这种店,随着电子商务的成熟,会有越来越多的传统品牌商加入电商战场。

例如:1号店(http://www.yihaodian.com)。

(5)服务型网店

服务型网店越来越多,都是为了满足人们不同的个性需求,甚至是帮你排队买电影票都有人交易,很期待见到更多的服务形式的网店。估计网店未来竞争会朝这个方向发展。

(6)导购引擎型

导购类型的网站使购物的趣味性、便捷性大大增加。同时诸多购物网站都推出了购物返现,少部分推出了联合购物返现,这些都用来满足大部分消费者的需求,许多消费者已经不单单满足直接进入B2C网站购物了。购物前都会通过一些网购导购网站。

例如：（1）返利网（http://www.fanhuan.com）。

（2）一淘网（http：//www.etao.com）。

（7）在线商品定制型

商品定制是一条走长尾的产业，很多客户看中商品的可能仅仅是商品的某一点，但是却不得不花钱去购买整个商品，而商品定制就恰恰能解决这一问题，让消费者参与商品的设计中，能够得到自己真正需要和喜欢的商品。

例如：DELL中国官方直销网站（www1.ap.dell.com）。

（8）在线礼品送礼型

如今传统的送礼方式已经越走越窄，价格越来越透明，各个礼品企业产生的利润也越来越少。但中国是礼仪之邦，重礼仪，尚往来。据不完全统计，全国每年各种送礼达到五千亿元以上，且每年增长率达12%左右。这引发了传统的送礼企业都往电子商务网站方向发展，以另一种"收礼自选"礼品册的模式，完成了从做礼品到做送礼服务的转变。

例如：山东文化礼品商城（http://www.sdwhlp.com/）。

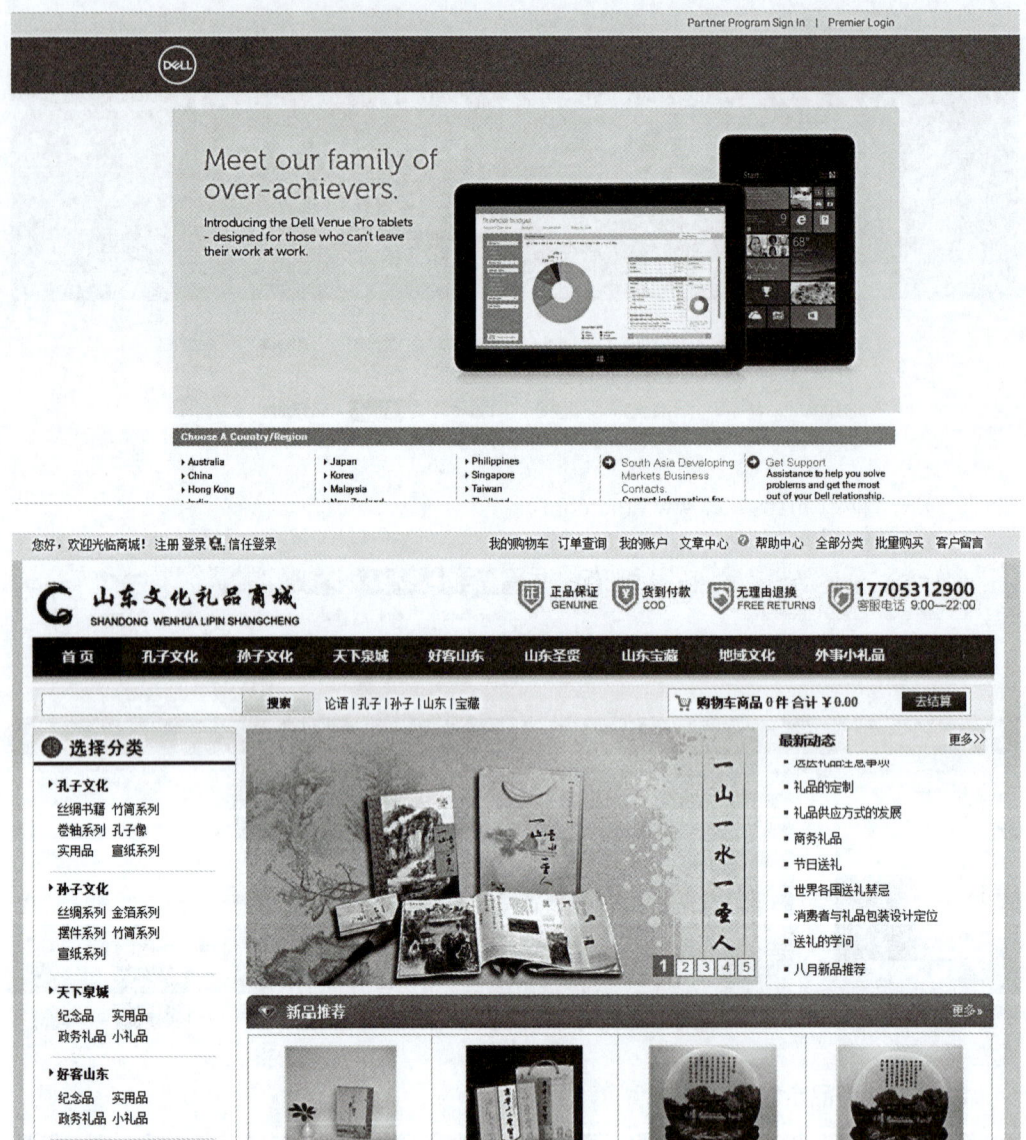

2.3　C2C 电子商务模式

2.3.1　C2C交易模式的特点

C2C（Consumer To Consumer / Customer to Customer）是电子商务的专业用语，

即消费者间，因为英文中的2的发音同to，C指的是消费者，因为消费者的英文单词是consumer/customer，所以简写为C，故C to C简写为C2C。C2C的意思就是个人与个人之间的电子商务。比如一个消费者有一台旧电脑，通过网络进行交易，把它出售给另外一个消费者，此种交易类型就称为C2C电子商务。

C2C是消费者对消费者的交易模式，其特点类似于现实商务世界中的跳蚤市场，其构成要素，除了包括买卖双方外，还包括电子交易平台供应商，也即类似于现实中的跳蚤市场场地提供者和管理员。

在C2C模式中，电子交易平台供应商扮演着举足轻重的作用。

首先，网络的范围如此广阔，如果没有一个知名的、受买卖双方信任的供应商提供平台，将买卖双方聚集在一起，那么双方单靠在网络上漫无目的地搜索是很难发现彼此的，并且也会失去很多机会。

其次，电子交易平台提供商往往还履行着监督和管理的职责，负责对买卖双方的诚信进行监督和管理，负责对交易行为进行监控，最大限度地避免欺诈等行为的发生，保障买卖双方的权益。

再次，电子交易平台提供商还能够为买卖双方提供技术支持服务。包括帮助卖方建立个人店铺，发布产品信息，制定定价策略等；帮助买方比较和选择产品以及电子支付等。正是由于有了这样的技术支持，C2C的模式才能够短时间内迅速为广大普通用户所接受。

最后，随着C2C模式的不断成熟发展，电子交易平台供应商还能够为买卖双方提供保险、借贷等金融类服务，更好地为买卖双方服务。

可以说，在C2C模式中，电子交易平台提供商是至关重要的一个角色，它直接影响这个商务模式存在的前提和基础。人们在讨论C2C电子商务模式的时候，总会从商品拍卖的角度分析该模式存在的合理性和发展潜力，但是往往忽略了电子交易平台供应商的地位和作用。可以说，单纯从C2C模式本身来说，买卖双方只要能够进行交易，就有盈利的可能，该模式也就能够继续存在和发展；但是，这个前提是必须保证电子交易平台供应商实现盈利，否则这个模式就会失去存在发展的基础。

因此，我们分析C2C模式，应当更加关注电子交易平台供应商的盈利模式和能力，这才是C2C模式的重点，也是C2C模式区别于其他模式的重要特点。

2.3.2　C2C交易模式的基本流程

以淘宝网为例，介绍C2C平台购物的基本流程。

（1）寻找商品

寻找商品有两种方式：一是搜索，在任何页面的搜索框里，输入要查询的若干与商品有关的关键字，即能得到所有相关商品的列表；二是通过商品分类查询商品，在首页的商品分类结构或者买东西页面的商品分类，一层一层地往下找。

（2）竞标商品

点击你所要购买的商品的"详细信息"按钮，便进入该商品的买卖页面。买卖页面包括3个模块：商品描述：是对该商品的交易情况及基本商品信息作简介；竞价过程：点击"竞价过程"进入出价页面；在出价框内填入比原始价高的价格，然后点击"出价"；到确定页面，你如果肯定出价便点击"确定"，否定则点击"取消出价"；出现成功页面后，点击"返回"，你的出价信息便出现在竞标状态栏中，完成出价。

（3）进入洽谈阶段

选择"留言"或选择与当前角色相符的状态按钮（此时你是买家），点击"买家提问"；在提问框中填入你所想要向卖家提出的问题，进行提交。

（4）网上成交

网上成交有2种方式：一是只设起始价，即无底价竞标卖法，起始价就等于底价，有买家竞标可成交；二是"起始价+底价"模式，即有底价竞标卖法，底价设置应大于等于起始价，当竞标结束，有买家出价达到底价，即告竞标成功。竞标成功的买家按购买数量，出价高低依次与卖家网上成交，价高者得到所需数量的商品。

2.3.3　C2C交易平台商品特点

通过对网上出售的商品进行统计可以发现，适合网络销售的商品大类包括旅游类产品、计算机硬件和软件、电子消费品、办公设备、运动器材等。C2C交易平台的商品，一般具备以下特点：

① 体积较小，运输难度小。体积小、不易碎的商品，其包装、运输的成本比较低。

② 附加值较高。价值低过运费的单件商品是不适合在网上销售的。

③ 具备独特性或时尚性。网店销售不错的商品往往都是独具特色或者十分时尚的物品。

④ 价格优惠。如果商品在网下可以用相同的价格买到，就不会有人在网上购买。

⑤ 通过网站了解就可以激起消费者的购买欲。如果消费者必须要亲自见到商品才可以达到购买所需要的信任度，那么该商品就不适合在网上销售了。

⑥ 网下没有，只有网上才能买到。比如外贸订单产品或者直接从国外带回来的商品等。

2.3.4 C2C网站实例

（1）艺术品电子商务的C2C模式：中国书法超市

艺术品电子商务的C2C模式，是指个人与个人之间的艺术品电子商务模式。在艺术品电子商务的C2C模式中，电子商务平台扮演着举足轻重的角色。

以中国书法家网站为例，它是面向国内外书法家和书法爱好者的一个专业性学术网站，是中国书法家协会重大书法活动、展事活动的网络发布媒体和合作伙伴，同时也是一个书法相关艺术品的交易平台。由于艺术品属于特殊商品，中国书法家网站从以下三个方面来保障交易过程的顺利进行：

第一，买卖双方素未谋面，假如没有一个具有一定知名度和可信度的艺术品电子商务将交易双方汇集到一起，那么，单靠客户漫无目地搜索，是很难发现交易机会的。假如在"中国书法超市"开店的话，专卖一区第一年的价格是10000元（有老店家介绍者收8000元），第二年开始与老店家年租金保持一致（4000元或者略有微调）。专卖二区第一年的价格是5000元，第二年开始与老店家年租金保持一致（2500元或略有微调）。正如地理位置对店铺经营的重要影响一样，即使在互联网上，位置也是吸引眼球的重要因素。

第二，艺术品电子商务担负监督和管理的职责，负责对交易双方的诚信进行监督管理，负责对交易行为进行监控，最大限度地避免欺诈行为的发生，从而保障交易双方的权益，实现电子商务平台的可持续健康发展。"中国书法超市"要求各专卖店必须严格遵守诚信规则，不得欺诈、坑害消费者，不得以次充好，照片与实物不符等，否则视同违规。各专卖店不得出售赝品。对其他人指出的有争议作品或物品，须经"中国书法超市"组织相关人员审议，并要求双方服从审议结果。对于被其他消费者和网友投诉3次违规现象者，"中国书法超市"将取消专卖店资格并不退款，其造成的后果和相关经济损失由该专卖店自负。尽管上述解决方案谈不上完善，但流程清晰，且方案可行。

第三，艺术品电子商务还能为交易双方提供一定的技术支持服务。例如，帮助卖家开设个人店铺，发布产品信息，制定定价策略，等等。又如，帮助买家搜索、比较和选择艺术品，等等。正是由于有了类似的基础性技术支持，C2C模式才能够在短时间内迅速被广大客户所接受。"中国书法超市"从宏观上为各专卖店提供相关市场信息和导向，供专卖店参考。同时有权管理"中国书法超市"的整体布局、栏目设置、版面设置等技术问题，并且有权根据发展需要和网络技术发展的趋势对各专卖店进行必要的调整。此外，还有义务为各专卖店提供基本的技术服务和技术支持。

（2）中国C2C发展历程分析

1999年8月：易趣网（邵亦波创立）正式上线。

2002年3月：eBay注资易趣网3000万美元。

2003年5月：阿里巴巴4.5亿成立C2C网站——淘宝网。

2003年7月：eBay斥资1.5亿美元全资收购易趣网。

2004年4月：一拍网正式上线，新浪占33%的股份，原雅虎中国占67%的股份。

2004年6月：易趣网进入与美国eBay平台的对接整合。

2005年9月：腾讯推出拍拍网，2006年3月13日开始运营。

2006年2月：一拍网彻底关闭，阿里收购一拍网全部股份，原属一拍网用户将导入淘宝。

2006年12月：TOM在线与eBay合资，更名为TOM易趣。

2007年10月：搜索引擎公司百度宣布进军电子商务，筹建C2C平台，预计2008年年初推出。

2008年05月：易趣宣布任何用户只要在易趣开店，无论是普通店铺、高级店铺还是超级店铺，都将终身免费。

2008年6月：百度网络交易平台正式在北京启动其在全国范围的巡回招商活动。

2008年10月：淘宝对外宣布，阿里集团未来5年将对淘宝投资50亿元，并将继续沿用免费政策。

2008年10：百度电子商务网站"有啊"正式上线。

2011年4月：百度电子商务网站"有啊"宣布关闭C2C平台，转型提供生活服务。

2.4　O2O 电子商务模式

2.4.1　O2O交易模式的基本概念

O2O即Online To Offline，是一种将线下的经济活动与互联网相结合的商业模式，让互联网成为线下交易的前台。这样线下服务就可以用线上来揽客，消费者可以用线上来筛选服务，成交可以在线结算，很快达到规模。该模式最重要的特点是：推广效果可查，每笔交易可跟踪。国内首家社区电子商务开创者九社区是鼻祖。

随着互联网上本地化电子商务的发展，信息和实物之间、线上和线下之间的联系变得愈加紧密，O2O被看好会成为电子商务网站的下一个掘金点。实际上，O2O是将线下商务的机会与互联网的技术结合在一起，让互联网成为线下交易的前台，同时起到推广和成交的作用。

O2O最早的提出者Rampel认为O2O模式的关键是"它发现了线上的顾客并且把他们带入

到真实世界的店铺中"。为了支撑O2O商业模式，企业需要借助O2O平台实现商业模式的数字化转型过程。

O2O平台是连接线下空间和线上空间的网络平台。从线上和线下两方面来讲，O2O平台可以实现"线上到线下"和"线下到线上"两项功能，顾客可以在线上浏览商品和完成交易，再到线下完成消费活动；顾客还可以在线下浏览商品的同时，通过搜索结果再决定是否购买，或者再通过线上完成支付活动和评价活动。总的来说，O2O平台是人们将商务活动虚拟化（线下到线上）和现实化（线上到线下）的一种电子工具。

2.4.2　O2O交易模式的特征

O2O营销模式又称离线商务模式，是指线上营销线上购买带动线下经营和线下消费。O2O通过打折、提供信息、服务预订等方式，把线下商店的消息推送给互联网用户，从而将他们转换为自己的线下客户，这就特别适合必须到店消费的商品和服务，比如餐饮、健身、看电影和演出、美容美发等。

O2O并没有创造一个全新的产业链条。它的核心在于商家获得用户的方式从线下变到了线上，但是由于线下获得用户的渠道仍然存在，而且这些渠道往往已经形成很大的规模甚至成为一个产业，所以O2O的先行者必须建立新的产业秩序。

O2O的关键似乎是网络上的信息发布，因为只有互联网才能把商家信息传播得更快、更远、更广，可以瞬间聚集强大的消费能力。但实际上，O2O的核心不在于是把货品塞进箱子里面，而是让客人到线下体验，主要适合服务型企业。

2.4.3　O2O交易模式的发展现状

O2O交易数量的迅速增长，带动了共享经济的发展，而在共享经济的影响下，又促进了O2O交易模式的发展。

（1）线上产业发展迅速

共享经济的重点在于"共享"二字，通过对一些资源的共享来实现资源的合理配置，自从O2O模式建设以来，共享经济的发展得到了更进一步的攀升，这主要体现在线上产业的发展方面。在我国，共享经济发展的例子有很多，并不仅仅局限于大家耳熟能详的"共享单车""共享汽车"等，只要是整合资源共同利用的，都属于共享经济。比如阿里集团的"菜鸟驿站"，将多家快递公司的包裹集中在一个地方进行收发货，大大节约了人力资源和空间资源，是共享经济的一个典型代表，还有"滴滴顺风车"业务，将同线路上的人集合到一辆车内，不仅节约了汽车的有关资源，还提升了时间效率，对于降低污染也有着不小的益处。在共享经济模式中，O2O主要负责资源整合的部分，将有需要的人或者要共享的资源整合在一起，推动共享经济有效率地快速运营。

(2) 共享经济在生活中的优势十分显著

在我们的日常生活中，常常会有一些使用次数不多的闲置商品，这些商品有大有小，闲置的原因也各不相同，有些可能是单次需要，也有些是我们只需要使用该商品的部分功能，但相同的是这些闲置的商品带来了极大的浪费，共享经济推广之后，我们可以在相应的O2O平台上发布这些闲置商品的信息，为其寻找到需要该商品的新主人，使闲置资源再一次进入流通市场，对于那些仅需使用部分功能的产品，消费者同样可以在O2O平台上使用其他的功能，二者结合利用，充分发挥一个商品的最大价值。据实际调查显示，共享经济可以让人们家中的闲置商品再次得到利用，给人们带来额外的收入，同时也使需求者的开支降低，如此明显的优势使共享经济在生活中受到了广泛欢迎。

(3) 出现了产业创新的潮流

当前，我国共享经济商业模式建设已经取得了初步的成就，要想取得持续的发展，就不能固步不前，必须不断创新，才能保障共享经济可以在复杂多变的社会环境中立足向前。共享经济发展初期，大部分人只是进行产品的交换，共享经济得到推广之后，人们开始关注身边的闲置物品，尝试着开发这些产品的新用途、新功能，以推动这些产品实现其最大化的价值。在这个过程中，人们会对共享经济本身有更清楚的认识，共享经济产业本身也会开启创新的潮流。

2.4.4　O2O交易模式存在的问题

经过研究及数据的分析不难发现，目前我国O2O网站正处于快速成长的阶段，但是真正实现盈利的企业寥寥无几，这说明我国的O2O网站在商业模式上还存在着一些瓶颈，从O2O网站出发，当前该模式中主要还存在以下六点问题。

(1) 诚信问题

O2O网站作为一个平台会给商家带来可观的现金流，这会吸引商家的加盟，但是也难以保证商家面对诱惑做出违规不诚信的行为。对于商家存在着网上产品与实际不符、高标低价、发表虚假折扣信息、服务缩水等诚信问题，同时作为网站平台的企业也同样面临诚信问题，以团购为例，2012年发生的"欺诈门"和"跑路门"暴露出O2O网站的诚信问题，这其中还涉及大型O2O网站，比如团宝网，库街网等。

(2) 商家资质存疑

作为连接线上和线下资源的O2O网站，谁拥有大量优质的线下商家资源将具有更强的竞争力，所以为了获取大量的商家，O2O网站可能会降低对商家资质的审核标准，这也给了那些资质不够的商家充数的机会。有些刚起步的网站为了增加用户数量，扩大经营范围，跨地区扩张，虽然可以为消费者提供更多产品和服务，但是在提升数量的时候却忽略了质量的保证，最终还是会影响消费者的利益。

（3）网站与商家的合作模式不健全

O2O网站是O2O商业模式的核心部分，它处于商家和消费者之间，起着沟通桥梁的作用，为消费者寻找最优质的商家是O2O网站重要的任务，因此O2O网站必须与合作的商家建立起长期良好的合作关系。就我国O2O行业来看，目前的O2O网站还是缺乏这部分意识，这说明合作模式还需要改进。主要原因是目前的O2O网站与商家合作更像是替商家进行网络营销，而不是真正的合作共赢的模式，网站往往保留了用户的信息，商家没有了消费者信息无法进行CRM管理，参与合作的商家提供的产品和服务大部分也是短期，这样难以获得长期顾客。美国的Groupon网站在这点上就值得国内的O2O网站学习，它们把商家真正当成合作伙伴，从而提高了行业内创造的价值，这就是为什么它们可以向商家收取30%~40%高额的佣金，商家还是愿意选择和Groupon合作的原因。反观国内只能收取10%左右的佣金商家才愿意合作，盈利空间很有限。

（4）创新能力不足

O2O的盈利模式相对清晰，但是也容易造成发展模式的千篇一律。团购网站就是典型案例，国内团购的发展是一哄而上，小本经营，用相同的模式圈钱，最后造成所谓"千团大战"，同质化竞争太过严重，以至于团购行业的冬天提前到来。目前的团购网站文字图片排版几乎相近，不加以仔细区分还以为是同一个网站，给消费者带来了视觉上的疲劳，难以形成新的刺激。

（5）售后服务不到位

O2O网站数量众多，质量也是各有差别，对于大型的网站资金充足还能控制和把握售后服务，但是对于小规模的网站来说资金的缺乏往往会使得它们忽略掉售后服务的建设。目前的O2O网站的投诉纠纷时常发生，许多消费者面对问题时经常是束手无策。由于O2O网站和商家的权责不明确，通常出现的情况是网站与商家之间互相踢皮球推脱责任，导致解决问题过程漫长效率低，消费者在售后服务中浪费了自己大量的时间和精力，很容易造成顾客流失。

（6）消费者忠诚度低，用户黏度不足

传统的企业需要稳定的客源才能获利，O2O网站则是需要稳定的消费者流量才能维持企业健康发展，更加重视争取目标群体的流量和回头率。以团购为例，目前我国的团购网站除了美团等垄断网站，其他大都难以盈利，处于赔本赚人气烧钱的状态。目前的团购网站还是将重心放在价格和折扣上面，并未考虑这低价折扣高的产品和服务性价比问题，在互联网信息时代，消费者可以通过团800类似信息聚集网站进行比价，一旦还有更加优惠价格的网站消费者很容易流失,所以想通过打价格战来留住消费者的方式已经不再适用目前O2O行业的发展。同时有些网站通过优惠活动吸引新顾客进行注册,但是这些注册的用户对企业来说不一定是价值顾客,他们的消费更多的是一次性消费,甚至是借助活动注册个号进行体验,如何留住这部分新顾客和老顾客成为众多O2O网站必须要解决的难题。

2.5 电子商务模式的创新

2.5.1 C2B交易模式

(1) C2B基本概念

C2B是电子商务模式的一种,即消费者对企业(customer to business),是指消费者聚集起来进行集体议价,把价格主导权从厂商转移到自身,以便同厂商进行讨价还价。这种商业模式等于是由公司提供产品或服务予消费者的传统商业模式的180度大逆转。C2B模式的核心是通过聚合分散分布但数量庞大的用户形成一个强大的采购集团,以此来改变B2C模式中用户一对一出价的弱势地位,使之享受到以大批发商的价格购买单件商品的利益。目前国内很少有厂家真正完全采用这种模式。

C2B对企业的发展具有一定的积极意义。目前原材料价格普遍上扬的情况下,采用电子商务C2B模式,不仅可以降低中小企业成本,而且可以打通虚拟市场,扩大交易份额,进行企业结构性转变,使中小企业向半虚拟企业发展。同时我们也可以了解到,虚拟市场不同于现实市场,每个企业无法与其他企业进行绝对性比较,这种虚拟市场是每个企业都无法预估的,可以提高企业的服务质量。

(2) C2B的运行机制

主要运行流程是需求动议的发起、消费者群体自觉聚集、消费者群体内部审议、制订出明确的需求计划、根据需求选择合适的核心商家或者企业群体、展开集体议价谈判、进行联合购买、消费者群体对结果进行分配、消费者群体对于本次交易结果的评价、消费者群体解散或者对抗。

(3) C2B模式的特性

① C2B营销概念,即将庞大的人气和用户资源(Customer)转化为对企业(Business)产品和品牌的注意力,转化为企业所迫切需要的营销价值,并从用户的角度出发,通过有效的整合与策划,改变企业营销的内容及形式,从而形成与用户的深度沟通与交流。

② 召集众商家联合合作营销，给顾客更多的选择。

③ 要约——买家发布要什么样的商品、价格、大小、样式等构成要约成立的条件，让企业来找你，从而促成双赢的局面。

2.5.2　B2B2C交易模式

（1）B2B2C基本概念

所谓B2B2C是一种新的网络通信销售方式，是英文"Business to Business to Customer"的简称。第一个B指广义的卖方（即成品、半成品、材料提供商等），第二个B指交易平台，即提供卖方与买方的联系平台，同时提供优质的附加服务，C即指买方。卖方不仅仅是公司，可以包括个人，即一种逻辑上的买卖关系中的卖方。平台绝非简单的中介，而是提供高附加值服务的渠道机构，拥有客户管理、信息反馈、数据库管理、决策支持等功能的服务平台。买方同样是逻辑上的关系，可以是内部也可以是外部的。B2B2C定义包括了现存的B2C和C2C平台的商业模式，更加综合化，可以提供更优质的服务。

（2）B2B2C的运行机制

B2B2C把"供应商→生产商→经销商→消费者"各个产业链紧密连接在一起。整个供应链是一个从创造增值到价值变现的过程，把从生产、分销到终端零售的资源进行全面整合，不仅大大增强了网商的服务能力，更有利于客户获得增加价值的机会。该平台将帮助商家直接充当卖方角色，把商家直接推到与消费者面对面的前台，让生产商获得更多的利润，使更多的资金投入到技术和产品创新上，最终让广大消费者获益。这是一类新型电子商务模式的网站，它的创新性在于：它为所有的消费者提供了新的电子交易规则。该平台颠覆了传统的电子商务模式，将企业与单个客户的不同需求完全地整合在一个平台上。B2B2C既省去了当当卓越式B2C的库存和物流，又拥有淘宝易趣式C2C欠缺的盈利能力。

B2B2C电子商务平台将企业、个人用户不同需求完全整合在一起，缩短了销售链，从营销学角度上来说，销售链条中环节越少越好，越是成熟的行业，销售链条越短；B2B2C通常没有库存，充分为客户节约了成本（其中成本包括时间、资金、风险等众多因素）；并建立了更完善的物流体系，根据客户需求选择合适的物流公司，加强与物流企业的协作，形成整套的物流解决方案。

随着技术进步，一个企业以后的发展趋势是需要越来越少的生产人员，但企业却永远无法不依赖于消费者而生存和发展。因此，把消费者放在核心地位，让消费者与消费者结合，让消费者与企业结合，这无疑是最具生命力的电子商务模式。在多种电子商务并行的今天，商家与商家，消费者与消费者，商家与消费者，直销与零售，商家、消费者与营销员逐渐融合，形成一个B2B2C联合创收平台。这也就是当今时代最先进的营销模式——B2B2C电子复合。显而易见，这种B2B2C电子商务模式是最具潮流性的，它符合商业发展的趋势，其商业价值不可估量。不仅可以实现商家与商家的直接网上交易，还可以借助其强大的平台特性，让更多的消费者寻找自己想要的交易目标。它改变了人们的生活方式和消费观念，从而利用一个新型商业模式的网站来实现自己的财务自由和时间自由。

2.5.3 $O2O^n$交易模式

$O2O^n$电子商务是一种把用户体验和用户服务纳入电子商务的新的电子商务模式，通常将其称为线上线下一体化电子商务。但是，$O2O^n$电子商务并不是简单的线上购买、线下体验，而是结合了已有的O2O电子商务与B2C电子商务，通过直接服务将这两者连接起来，突出了电子商务中"服务"的纽带作用。

$O2O^n$电子商务的实现基础是线上与线下信息的融合。首先是数据的一致性，线上的商城和线下的实体店数据要保持一致。在这一模式中存在若干复杂场景：用户可以选择线上下单，线下自行取货；现场体验，线上下单等方式。在这些复杂场景中，需要有一套完备的流程和检验机制来保证精确的产品服务和良好的用户体验。其次是资源的融合，最重要的就是线下的仓储资源和物流资源。京东的京东物流、阿里巴巴的菜鸟物流和亚马逊的直营物流都是仓储物流一体化的物流商业模式。这种模式大大提高了运输效率，是电子商务全校运营能力和用户体验提升的关键。

现在$O2O^n$电子商务的应用还没有大规模普及。比较接近的有苏宁易购。苏宁易购在线上做了翔实的介绍和丰富、生动的展示，而实体店则以服务和辅助为主，虚实互动，为消费者提供产品和服务，同时还可以作为新产品推广和新产品实验的前沿阵地，并根据消费者的反馈意见更新产品。随着大数据技术、云计算技术的发展，这种模式通过将消费者的用户数据反馈给供应商，使供应商可以做出相应的优化方案，从而提升整个供应链的柔性生产能力，并通过大规模定制的方式提高服务质量。

作为一种服务行业，电子商务的产生便是为了给用户提供更好的消费体验，从这个角度上看，$O2O^n$电子商务就显得比O2O电子商务更符合当前电子商务的发展趋势。从长远看，O2O电子商务很可能会被$O2O^n$电子商务所取代。

2.5.4 C2C微商交易模式

所谓C2C微商，简单来说就是基于朋友圈开店的微商，是一种源于微信生态而发展起来的、集移动与社交为一体的新型电商模式，它明显区别于由供货商、厂商、品牌商搭建的微信移动商城（B2C微商），是微信个人客户端通过商品的社交分享、朋友圈展示以及熟人推荐等方式，最终达成线上或线下销售。事实上，微信只是一种传播媒介，但由于微信的用户基数、影响力和黏性较大，因而成了微商的主要信息传播平台和营销阵地。据腾讯发布的《2017年微信用户数据报告》显示，2017年，微信日登录用户（9月）达9.02亿，较2016年增长17%；日发送消息次数380亿，较2016年增长25%；微信运动日活跃用户1.15亿，较2016年增长177%；公众号月活跃账号数350万，月活跃粉丝数7.97亿，微信因此被微商视为最具挖掘潜力的营销平台。

从所售商品来源看，C2C微商主要包括经销商代理人、海外代购、私人店铺销售者和自制商品销售者等，他们依靠已有人脉优势通过微信推销商品、推广品牌、招募代理，通过熟人经济和口碑营销有效消除商品与消费者之间的隔阂实现精准销售。

2016年，微信官方坚持微商的本质是分享、推荐而非销售，呼吁微商杜绝高频率刷屏和无亮点的呈现。在具体操作中，微信团队要求微商在广告推广中显著标明"广告"二字，使消费者能够辨明"软文"性质，避免混淆视听。同时，进一步强调对"原创"的保护力度，开通举报机制，加大对违规盗用"原创"产品、信息的惩处力度。此外，朋友圈本地推广广告正式上线，拥有实体店的微商可以选择在特定时段、对特定地域范围内的用户投放广告，更精准地将产品和活动内容推送给周边消费者。总的说来，与B2C微商相比，微信团队对于C2C微商在内容上的约束力较弱。

与拥有较强售后服务和品质保障的B2C微商相比，C2C微商最为人所诟病的问题就是售后维权、媒介监管混乱。在功能和革新上，微信团队除了与微店商家开通诚信联盟认证外，还通过技术排查和举报机制，关停了多家涉嫌多级分销欺诈行为、诱导消费行为的微店。同时，微信推出微信电子发票和微信支付凭证，用户可直接从卡包中调用发票报销，也可通过"扫一扫"辨别商品真伪，为消费者提供了更多的保障。总的说来，微信目前的监管方向更侧重于微信移动商城（B2C微商），对C2C微商的监管因从业人数众多、人员分散而有所不足。

自2016年起，微信推出新成员进群需验证、用户在拉取群二维码时需识别有效期等功能，进一步保证了用户体验，防止乱加好友情况的出现，净化了群空间。同时，微信用户还可在订阅号中"搜索文章"，提升阅读乐趣，也便于微商了解用户的兴趣方向，实现精准服务。此外，微信团队宣布"微信小程序"正式开放，这意味着越来越多的APP会融入微信中，增加用户黏性。在传播效果方面，微信加大了受众的维权和举报机制，用户的举报更为便捷、简单，微信电子凭证的开通、微店的系统优化也为售后维权提供了更大的便利。

2017年，微信团队在吸取过去经验和教训的基础上大小动作不断，大到企业服务，小到功能更新都进行了更为合理化的设计，制定了更为严格的封号、解封政策，整个微信生态圈也变得越来越庞大，越来越丰富。微信团队的这一轮改革，更加侧重于使B2C微商拥有更加稳定的货源和完备的售后服务能力，同时，也看到了个体C2C微商所拥有的能量，为C2C微商带来了全新的冲击。

2017年，微商的主体人群正在发生着变化，更多的人和企业进入到微商的发展领域，这也是微商泛在化的一大体现。在此背景下，微信团队从交易体系保障、人员的自我发展、使用人群的提升上做出了很多努力，为微商的发展提供了更多的可能。

总的说来，微信的新功能、新应用都在向着高效、便捷的方向发展，在增加用户黏性的同时，适应用户习惯和隐性需求，更好地体现出人情味。然而也应看到，微商恶意刷屏、虚假信息现象仍屡禁不止，不断影响着用户的使用体验，市场还需进一步规范。

本章小结

本章主要介绍了B2B、B2C、C2C，以及C2B、O2O等创新性电子商务交易模式。通过介绍这些交易模式的基本概念、特征和分类，引导学生了解电子商务各类交易模式的流程，为后续学习打下基础。

复习思考题

1. 简述B2B电子商务模式的主要特征、交易流程和商品特点。
2. 简述B2C电子商务模式的主要特征、交易流程和商品特点。
3. 简述C2C电子商务模式的主要特征、交易流程和商品特点。
4. 简述O2O电子商务模式的发展现状及存在的问题。
5. 你还知道哪些创新的电子商务模式？

案例分析

打破人货场的空间局限，开拓"送商"的中坚模式

2018年，中国传统电商市场第一次陷入了一种恐慌，这一恐慌，并不是垂直电商、跨境电商、微商等技术冲击所致。这种恐慌，是对行业发展陌路的恐惧。

为了解决这一恐慌，很多大的电商平台在开发新的业务模式，比如无人机送货，希望

将部分物流压力降低。又或者开拓以某个平台为核心的"新零售"模式，开发全新的市场。

但是，行业寿命终有时，一代新人替旧人。电商模式缩短了人与货物之间的距离，创造了一个长达十年左右的电商时代，这个时期里，以阿里巴巴为代表的电商企业无人能缨其锋芒。

全新的时代里，也将会有全新的传奇缔造者，上一个时代的传奇，终将会落幕。而这种落幕，才是各类电商惶恐的本身。

在探讨电商落幕之前，先分析清楚电商盛行的原因，它通过信息互联网的沟通效用，将用户与货物的距离拉近，同时，借助便利的现代物流体系，削弱了线下商场的价值。归根结底，电商是对货物卖场的削弱，是一种补充和创新。

面对送商模式，无论是传统卖场，或者电商都充满了恐惧，根本原因是，送商模式完全取代了"人货场"三维结构的模式，它从根本上消除了"场所"对现代商业的影响。

在送商模式中，人们依靠移动互联网的便捷，在任一场所实现自己的商业关系建设，并且，通过现代化物流、服务体系，将产品直接对接给需求方。在这个过程中，实现的是人与人的对接，不再需要一个实体的卖场或者平台。

企业在进行送商培训时，一再强调一点，就是未来的世界是信用社会，是人与人直接沟通的社会。很多人看不到这一未来，还以为所有人都会依赖于卖场、平台建立的信用中，却忘记了，人与人的信任才是商品交易的根本。

正是这样一个社会发展的趋势，造就了送商模式的无限可能。未来，依靠人与人之间的信用，移动互联网之间的便捷化，以及移动支付的无限可能。在任一场所、任意时间，甚至，任意关系结构中，都可以建立一个完善、全面、可行的商业交流世界。

思考

1. 什么是"送商模式"？
2. 你认为"送商模式"会改变现代商业结构模式吗？

第3章
电子商务网络营销

本章提要

伴随着互联网的迅速发展,网民的消费观念转变、网络营销受到重视等因素的影响下,不少商家纷纷打破原有的经营模式,不断寻求新的营销渠道,采用丰富多样的营销策略。本章简单介绍了网络营销的定义,网络营销和传统营销的区别以及优点,如何制定网络营销策略,网络营销市场调研的优点和方法,网络营销常用的技术手段。通过本章的学习,应该对网络营销的重要性有所了解,并学习到基本的网络营销操作方法以及如何开展网络营销市场调研工作。

项目目标

(一)知识目标
1. 理解网络营销的定义,网络营销和传统营销的区别。
2. 了解网络营销市场调研的定义,网络营销市场调研和传统营销市场调研的区别。

(二)技能目标
1. 能够根据某个营销目标,制定简单的网络营销策略。
2. 能够根据某个调研目标,规划网络市场调研的步骤、方法。
3. 掌握几种网络营销常用的技术手段。

引导案例

小米——网络营销创新之路

小米手机于2011年11月份正式上市，售价1999元，采用线上销售模式，这种销售模式在当时的手机销售模式里是非常少见的，小米手机的定位是发烧友手机，因此小米设计出世界上首款双核1.5GHz的智能手机。ID设计全部由小米团队自主完成，手机操作系统采用小米自主研发的MIUI操作系统。并宣称其搭载的Scorpion双核引擎比其他单核1GHz处理器手机的性能提升了200%，和双核智能手机相比也提升了25%。经过系统优化后还能提高30%的性能。

小米手机的董事长兼CEO雷军介绍过小米名字的由来，表示小米拼音是mi，首先是Mobile Internet，小米要做移动互联网公司；其次是mission impossible，小米要完成不能完成的任务；当然，我们希望用小米和步枪来征服世界。最后我们希望"小米"这个亲切可爱的名字成为大家的朋友。另外，小米全新的Logo倒过来是一个心字，少一个点，意味着让用户省一点心。

小米公司对市场和自身产品精准的定位，让小米团队策划了一系列独特的网络营销行为：

（1）小米手机采用网络销售的模式，站点提供必要的资源与工具。小米手机官网页面提供有价值的工具和资源供查询者使用。站点内容经常更新，提供的信息有一定的新鲜感。小米官网首页设有小米播报，及时为访问者呈现小米手机的动态。通过小米网站开展站点活动。例如，开展了小米手机创意秀、米聊首届校园PK大赛、晒照片赢手机等站点活动，众多米粉参与并及时在论坛发帖交流。站点实现超值服务。在小米手机官网站点上有免费软件下载、电子书区、影音动漫区、主题壁纸区、游戏区、软件区，为公众提供了超值服务，吸引公众浏览该站点。

（2）小米对手机的销售方式主要采用饥饿营销，通过媒体曝出小米手机硬件采购的细节，让消费者发现小米手机第一批产能只有1万台，如此优秀的手机居然第一批产量只有一万台？这则消息让消费者神经绷紧，媒体方面也出现了诸多猜测，有的说小米实力不足、有的说小米搞饥饿营销等，小米官方辟谣否定这些消息的真实性，其实小米并不是做饥饿营销，但是这一万台的营销效果，直接引发了在网络上更广泛的讨论。

（3）销售公测工程机，丰富网络上各种声音。在业内工程机就是测试机，是不允许销售的，不过小米破例销售工程机，效果等同于网络游戏公测或免费试用一样。这种公测模式与权威媒体测评不一样，因为每个人使用习惯不一样，关注的功能就不一样，这样的测试除了可以更快更广泛地知道产品的优劣性，而且还能获得更多更全面的评价和信息。丰富了网络上对小米手机评价的各种声音，从而让大家更好更深入地了解这款产品。

（4）自主开发操作系统和手机APP。小米手机的操作系统MIUI是小米公司自主开发深度定制的一款Android手机操作系统，MIUI针对原生Android系统超过100项改进，从2010年6月1日正式发布开始，用户已覆盖23个国家，极受手机发烧友追捧。MIUI致力于智能手机中最极致的电话及短信使用体验，原创特色的MIUI界面体系，完美地匹配了中国用户的使用习惯，根据MIUI社区发烧友的反馈意见改进，每周更新迭代。MIUI拥有全球最大的手机主题库，百变的个性主题和锁屏方式，可进行灵活的局部自定义。小米公司是中国首个互联网开发模式进行手机操作系统开发的团队。

除此之外，小米手机还推出了一款跨iPhone、Android、Symbian手机平台、跨移动、联通、电信运营商的手机端免费即时通信工具——米聊，通过手机网络，可以跟你的米聊联系人进行实时的信息沟通，收发图片和音频。

思考题

1. 小米手机采用了哪些网络营销策略？
2. 马云曾说过小米的成功主要是营销创新，而营销创新很容易被模仿。请问如果要做到难以模仿的营销方法，小米应该怎么去做？

案例分析

2018年小米手机又为米粉们推出了一项新的手机应用——模拟门禁卡，这是继公交卡、地铁卡等功能推出之后，又推出的小米手机NFC功能的重要应用之一。小米手机通过价格策略、产品策略、销售策略、服务策略、渠道策略等一系列的营销手段，使小米手机迅速占领市场，并在市场获得了较多的关注。虽说创新营销容易被模仿，但通过创新性的营销活动，使公司形象和产品在消费者的头脑中深深扎根，得到消费者的关注，通过企业独特的特点和特有的资源，来强化产品的特色和注重消费者的需求来创新产品，能更加巩固在市场的份额。小米手机从最初尝试在网络上直销手机，大获成功之后，也开始通过各种手段强化这个营销方法,很快形成了对其他厂商的营销壁垒。因此,小米又在探索大店直营销售的模式,开局良好,未来小米之家模式真成气候,将又会构成对其他厂商的新壁垒。

3.1 网络营销基本概念

3.1.1 网络营销的定义

网络营销产生于20世纪90年代,有时也称为网上营销、互联网营销等。随着互联网技术的不断发展,网络营销的内涵一直在发生变化,并没有一个统一的说法来对网络营销下定义。但在电子商务行业内,普遍认同的是,网络营销就是以互联网为主要手段实现营销目标的营销活动。网络营销经常和电子商务联系在一起,它是电子商务的一部分,网络营销是整个电子商务活动的起点,网络营销是在网上实现营销目标的技术。

本书对网络营销下的定义:网络营销是企业整体营销战略的组成部分,是为了实现企业总体经营目标所进行的,以互联网为主要手段营造网上经营环境的各种营销活动。

3.1.2 网络营销和传统营销的区别

网络营销和传统营销本质上的区别,在于所依赖的媒介不同。

传统营销所依赖的媒体主要是报纸、广播、电视三大媒体,还有电影、户外广告、公交广告等,而网络营销所依赖的是互联网。网络营销和传统营销的区别和所依赖的媒体的特性息息相关。

互联网被称为继报纸、广播、电视三大传统媒体之后的"第四媒体"。基于互联网的网络媒体集三大传统媒体的诸多优势为一体,是"跨界"的数字化媒体。网络媒体新闻传播除具有三大传统媒体新闻传播的"共性"特点之外,还具有鲜明的"个性"特点,网络媒体的特点主要体现在以下几个方面。

(1)即时性

即时性是指在互联网上发布一条消息,其他浏览者马上能够看到,没有时间的限制,比如腾讯QQ,就是一种即时通信。

即时性是网络媒体在媒体竞争中脱颖而出的一大法宝。新闻是媒体的灵魂,新而不闻，闻而不新是媒体的天敌，当传统媒体由于各种各样的局限而不能及时、充分地满足受众的知情权的时候，网络媒体脱颖而出，在9·11事件、美国军事打击阿富汗以及伊拉克战争等重大国际突发事件的报道中，人民网、新华网、新浪、搜狐等网站均以其即时性的报道及时、迅速、全面地将事件动态性展示给读者，充分凸显了网络媒体的优势，也吸引了大量的受众，使网络媒体成为突发情况下人们获取信息的一条重要渠道。

即时性是互联网重要的特性之一，众多互联网企业已围绕此特点大力发展了诸如微博、SNS等具有很强即时性的新型互联网应用形式。

（2）海量性

互联网使信息的采集、传播的速度和规模达到了空前的水平，实现了信息的全球共享和交互，借助互联网技术的发展，海量的信息出现在网络上，这种近乎恐怖的信息增长速度被称为"信息爆炸"。信息爆炸导致了数据过剩，人们就算一天24小时看这些信息，也阅读不完，其中还存在大量的无用、虚假信息。因此信息管理和整理变得非常重要。由此产生了分类目录、搜索引擎、邮件订阅等工具，帮助用户整理、分类信息。

（3）全球性

互联网是全球性的、开放性的传媒，通过网络信息的传播，全世界任何人，不分国籍、种族、性别、年龄、贫富，互相传送经验与知识，发表意见和见解。

（4）互动性

互联网给用户提供了一个互动和交流信息的渠道，方便读者意见的表达和集合，网络媒体既可从这些信息中甄选出有价值的新闻线索，也可根据反馈的信息调整报道内容，组织更有针对性的报道。

营销大师、《定位》的作者阿尔·里斯曾说过："互联网是第一个完全受个体控制的大众传媒。"互联网的焦点不是信息的发送，而是信息的接收。传统媒体属于被动媒体，对用户是单向的传递信息，当你选定了一个频道，那么你只能接受这个频道的节目，不需要思考和分析。网络媒体属于主动媒体，用户根据自己的兴趣和爱好选择信息，搜索什么关键词，看哪个页面，点击哪个按钮，访问者有自己的判断和思考，能发挥更多的主观性，这意味着网络媒体可以给访问者更多的选择，双方有更多的互动。

（5）多媒体性

互联网具有新媒体的特性，传统媒体往往只有单媒体，而互联网是多种媒体的综合，是人的视觉、听觉和触觉能力的综合延伸。

与传统媒体相比，网络媒体不仅能在第一时间将有关信息提供给读者，还体现在它尽可能地提供最丰富多彩的信息给读者，从事件的发生、发展，到事件的背景资料、相关事件等；从文字、图片，到音频、视频、漫画、动画等，使读者在短时间内即可对事件有一个完整而清晰的了解，并可根据自己的兴趣有着重地关注一些问题，这是任何一种传统媒体都无法独立完成的。

从互联网的特点我们可以思考,网络营销基于互联网,相比传统营销,有哪些优势呢?

网络营销和传统营销的区别

(1)即时性

一个营销活动体现给消费者,网络营销所需要的时间更短,当消费者知道这个活动时,就能够从超链接进入到这个活动,并通过电子商务网站,参与到活动当中去。

(2)互动性

"在互联网上,互动性是主宰。""从长期来看,互动性将界定在互联网上做什么有效,做什么无效。""成功的互联网品牌不一定要有原创。""互联网上最成功的品牌将不会是抄袭老品牌的品牌,它们将是着重于'互动性'的全新品牌。""再重复一遍,网络和其他媒体的区别就在于互动性。除非你的网站具备这一关键元素,否则必然会在电子空间惨败。"

(3)过程可监控、可评估、可优化

哪些人在看报纸和电视,传统营销只能通过市场调查知道大致的结果,而网络营销则不同,什么人通过什么渠道看了几个页面,从哪个页面进入,又从哪个页面跳出,每个页面看了多久,这些都能通过网站统计工具记载下来。

可监测——用户量、曝光、点击、分布、用户接触广告后的去向,这些都是互联网广告比传统媒体有优势的地方。

可评估——传统媒体的效果评估是事后评估,而且缺乏准确性。互联网广告能够随时随地让客户度量(CPM、CPC、CPA、…),因此,互联网广告的销售方式应当和传统媒体有不同。

可优化——可以评估就有了优化的可能,更换广告素材、投放方式的改变成本远低于传统媒体。

(4)低成本

由于近些年来互联网的普及,上网费用降到了一个很低的程度,因此网络营销传递信息的成本很低,同样是市场调查,抛开设计和策划,传统营销需要发送纸质邮件,或者专人在户外做纸质调查,费用偏高,而网络营销做调查问卷的成本仅仅是网费;又或者是购物,传统营销需要门面或者发送纸质产品目录书,或者需要投入大量费用在电视购物上,以及需要人力来处理整个订单生成的流程,而网上购物的订单流程都可以在电脑上完成;而且同样的浏览量,相对于成熟的传统媒体广告,最近一些年才成长起来的网络广告,价格上要更有优势。互联网营销还节省了传统营销中的层层渠道的通路成本,使营销更加扁平化,免去了中间商环节,直接由卖方传递给买方,节约了铺租、库存等费用。

(5)精准性

网络媒体的群体更加分明,因此网络营销可以做到目标更精准。上文提到过网络媒体属于主动媒体,媒体的内容是访问者自己选择的,这也意味着被选择的营销模式是访问者更乐于接受的。通过互联网可以使市场细分到一对一的程度,卖方可以针对某一买方发E-mail,甚至量身订做广告。

网络营销相对于传统营销的不足

网络营销作为一种全新的营销手段,有着传统营销不可比拟的优点,但是可能成为网络营销人的我们也应当认识到,网络营销是企业整体营销的一部分,它并不是万能的,相比发展成熟的传统营销渠道,网络营销也有一些不足的地方:

(1)局限性

互联网作为五大媒体的一员,传播范围毕竟有限,传统媒体仍旧在我们生活中占据巨大的影响力,有一部分人至今不会上网,接受信息的方式还是报纸、电视、车身、站牌、户外广告等,以车身、站牌广告为例,只要外出的人必然会接受这种信息传播,而互联网则不然,因此在营销的过程中,需要考虑营销目标群体的特性。

(2)缺少真实感

网络营销相对于面对面的营销来说,只有视觉、听觉,对商品的感受缺少现实感,在网络这种虚拟的环境中,网民很容易责任感下降,因此传递信息和下订单时使信息的真实性下降。

(3)物流配送落后

中国的物流业刚刚兴起,尚待完善。物流配送的安全性、成本、速度离消费者满意都还有一段距离。

(4)支付受限

互联网在中国发展的时间有限,尤其是支付方式和支付安全性都使网上支付难以保障,同时网络支付的流程也比现金交易复杂,一部分人接受网上支付还需要过程。

3.1.3 网络营销改变生活

1984年,一个名叫麦克尔·戴尔的年轻人突发奇想,他要创办公司,按照客户的要求来制造微机并向客户直接发货。这一天才的想法使得该公司迅速跻身为业内最大的制造商。戴尔的互联网营销是贯彻这一营销理念的重要手段。戴尔的顾客通过戴尔公司的网站和戴尔在线商店可以评价多种电脑配置模式,了解各款电脑和各种电脑零配件的即时报价，自己设计和订制产品，然后通过互联网将这些信息传递给戴尔公司。戴尔公司再按订单设计、生产，最后通过物流配送体系直接将货发送到消费者手中。回款通过信用卡或上门收取。这就是戴尔电脑的互联网直销模式。

戴尔电脑的网络直销模式使得1999年，戴尔电脑在服务器市场上排名全美第二，超过IBM和HP，市场占有率达19%；2004年，戴尔电脑成为世界上最大的TI硬件提供商，2005年，戴尔现有员工60000人，个人PC/笔记本电脑和服务器市场全球占有率第一。

戴尔的网络直销模式应用互联网加强对供应链和生产及销售的管理，通过互联网收集顾客的需求，围绕着市场和顾客转，为市场和顾客提供超值的服务，这是戴尔成功的秘诀。从戴尔成功的案例中我们也能发现，网络营销是如何对传统营销形成巨大的冲击，改变人们的生活的。

互联网使销售环节变得简化，分销渠道扁平化，而物流配送取代传统分销渠道成了重要环节，顾客通过互联网设计和订制产品，厂家按订单生产，然后通过物流体系直接将货物发送到消费者手中。

商家不再占据主体，传统模式中，商家调研、制造，然后进行定价，最后推销给用户，而在网络营销中，由于互联网技术的互动性，目标客户与企业直接沟通，企业只能贴切满足用户的需求，甚至让消费者通过互联网自己设计和定制产品，企业才能在竞争中取胜。

互联网信息的全球性和透明性使得同等产品价格差异趋于零，定价由市场决定。用户事实上成为市场探测和营销战略实施的主体，使得厂家生产的产品接近甚至等于市场需要，这是互联网技术相对于传统营销质的变化。

3.2 网络营销策略

网络营销相对于传统营销，持续性更强，网站与电视广告、杂志广告不同，电视广告和杂志广告通常制作一次就结束了，而网站需要定期定时更新内容，通过统计工具、邮件、短信跟踪回访顾客的行为意向。所以网站营销的策略，不能单看短期目标，需要从中长期的角度，制定网络营销的策略。

3.2.1 市场及竞争对手调查

（1）市场以及竞争对手分析

俗话说，"不打无准备之仗"，网络营销也是如此，广告做得再好，走错了方向，进错了市场，面对的是无法越过的竞争壁垒，后面的努力都是无用功。实际上市场和竞争对手分析应该在网络营销活动进行之前就有一个大致的概念。先研发一种自己觉得不错的产品，再琢磨市场在哪，实际上这是一种很可怕的行为，在考虑产品、进入某个市场前，一定要搞清楚下面这些问题：

- 目标市场规模？
- 目标用户需不需要你的产品？
- 目标用户在什么地方购买这些产品？
- 目标用户在什么地方？会浏览什么网页，搜索什么关键词？
- 竞争对手有哪些？
- 竞争对手的营销手段有哪些？
- 竞争对手的优缺点有哪些？
- 超越竞争对手需要付出什么？
- 产品利润率大概有多少？
- 根据市场规模和竞争壁垒判断，这个市场是否值得进入？

前期所有市场和竞争对手分析都是为了得到最后这个问题的答案，市场是否值得进入？需要付出多少精力和财力，收获是否与付出成正比，利润率是多少。这些问题通过市场调查工作要得到一个整体概念。

（2）如何进行市场调查

1）目标市场和用户调查

足够的市场需求、一定的购买力、项目能够满足目标市场、能拥有一定的市场占有率，是理性市场的四个条件。如何了解这些数据？

最直观的网上市场需求调查就是在搜索引擎上搜索行业关键词被搜索的次数。关键词被搜索的次数越多则说明市场需求越大。可以参考百度指数、谷歌趋势的数据，通过论坛、博客、微博、行业或垂直等网站，了解用户在讨论什么，关注什么，利用社交网站的调查问卷系统，了解用户对产品的态度。

2）竞争对手调查

任何一个企业都难以有足够的资源和能力，也没有必要与整个行业内的竞争对手为敌。企业必须处理好主要的竞争关系，界定企业的直接竞争对手。直接竞争对手，即对相同的顾客群体提供基本相同的产品或服务的企业。

界定对手之后，要对竞争对手做一个详细的调查分析。

① 观察竞争对手的官方网站或网店，通过设计风格、销售额、用户体验，使用工具查询网站PR、快照、域名年龄、外链数、估计流量等，从多个角度了解竞争对手的营销实力。

② 从搜索引擎入手，搜索主要关键词，看竞争对手的排名，查询竞争对手的品牌关键词的搜索量，了解竞争对手的市场占有率。

③ 收集竞争者网上发布的信息。在互联网上日益增多的信息中，商业信息的增长速度是最快的。调研者在考虑这些信息对企业的时效性时，应该注意它们的时效性和准确性。

通过对竞争对手的详细分析，总结竞争对手的优缺点，学习竞争对手的优点，规避其缺点。利用竞争对手不足的地方，找出超越对手的策略。

3.2.2 如何制定网络营销策略？

（1）企业目标定位

企业目标定位，简单地说，网络营销策划可以看作是一个计划书，那么做任何一个计划书之前，我们都需要明白，计划和实施为了达到的目的是什么。目标制定，要能够用一句话概括，详细目标必须是有具体数据的、可量化的、可执行的。明确了企业目标，接下来的网络营销策略就要围绕着实现这个目标而展开。

（2）用户群定位分析

"四四二"法则

四四二法则说明了营销活动效果的影响因素，具体如下：

- 40%的成功取决于营销对象；
- 40%取决于报价或产品；
- 20%取决于营销创意。

这条法则由直销大师艾德·梅尔（Ed Mayer）提出，并在20世纪60年代广泛采用，虽然不适合所有的情况，但是大部分的成功销售来源于把正确的信息传递给**恰当的人**。如果你能找到对你产品最感兴趣的人，那么成功销售的几率就很高。成功的营销并没有秘诀。

创意的确很重要，营销广告的设计、颜色、字体等都做得很出色，也不足以保证成功的营销。营销活动的针对性才是关键，这也是为什么大型的团购网站愿意花大量的金钱对此进行深入研究的原因。

明确谁是你的客户？你是否能对他们进行营销？以及是否能找到针对这些客户适当的营销途径？然后在恰当的时间，向他们传递正确的信息。这是网络营销的成功关键，准确应用四四二法则是实现成功的营销充分条件。

4Ps营销理论

4P理论产生于20世纪60年代的美国，随着营销组合理论的提出而出现。1953年，尼尔·博登（Neil Borden）在美国市场营销学会的就职演说中创造了"市场营销组合"（Marketing mix）这一术语，其意是指市场需求或多或少的在某种程度上受到所谓"营销变量"或"营销要素"的影响。为了寻求一定的市场反应，企业要对这些要素进行有效的组合，从而满足市场需求，获得最大利润。营销组合实际上有几十个要素（博登提出的市场营销组合原本就包括12个要素），杰罗姆·麦卡锡（McCarthy）于1960年在其《基础营销》（Basic Marketing）一书中将这些要素一般地概括为4类：产品（Product）、价格（Price）、渠道（Place）、促销（Promotion），即著名的4Ps。1967年，菲利普·科特勒在其畅销书《营销管理：分析、规划与控制》第一版进一步确认了以4Ps为核心的营销组合方法，即：

产品（Product）：注重开发的功能，要求产品有独特的卖点，把产品的功能诉求放在第一位。

价格（Price）：根据不同的市场定位，制定不同的价格策略，产品的定价依据是企业的品牌战略，注重品牌的含金量。

分销（Place）：企业并不直接面对消费者，而是注重经销商的培育和销售网络的建立，企业与消费者的联系是通过分销商来进行的。

促销（Promotion）：企业注重销售行为的改变来刺激消费者，以短期的行为（如让利，买一送一，营销现场气氛等）促成消费的增长，吸引其他品牌的消费者或导致提前消费来促进销售的增长。

（3）产品策略

在前文的市场和竞争对手分析中，提到了进入某个市场前，就需要考虑产品是否值得研发。在大致认定了产品可研发后，网络营销的策略和设计需要结合营销的角度，进一步考虑产品策略。**产品策略是市场营销4P组合的核心，是价格策略、分销策略和促销策略的基础。**产品策略需要明确企业提供什么样的产品和服务去满足消费者的要求。企业的一切经营活动，生产、营销都是围绕着产品而进行的，企业生产什么产品，产品的形象和定位，产品策略是否正确，是企业成功和发展的关键。

产品策略包括商标、品牌、包装、产品定位、产品组合、产品生命周期等方面的具体实施策略。网络营销产品的选择，应该充分考虑产品自身的性能、实体产品的营销区域和物流配送问题，产品市场生命周期策略。一般而言，有以下特性的产品比较适合网络营销：

① 市场需要覆盖较大地理范围的产品。
② 不太容易设店的特殊产品或传统市场不愿经常经营的小商品。
③ 网络营销费用远低于其他销售渠道费用的产品。
④ 消费者从网上取得的信息，即可做出购买决策的产品。
⑤ 网络群体目标市场容量较大的产品和服务。
⑥ 便于配送的产品。

（4）价格策略

网络上流行一个小段子，"一卖菜大婶，一摊菜，用手中间一划，分成两堆。买的问：这边的多少钱一斤？ 答：2块。再问：那边的呢？ 答：2块5。问：为什么？ 答：那个好一些。然后就买了2块5的。很快就把2块5一斤的卖光。然后，再用手一分，又变成两堆……"

这个生活中很常见的现象，其实就是一种原始的价格策略。价格策略就在于，企业通过对顾客需求的估量和成本分析，选择一种能吸引顾客、实现营销组合的定价方式。价格策略的目的最终是为了实现企业盈利，但是作为长期策略，盈利需要分步实现，定价会有多种目标：

- 利润最大化
- 占据市场份额
- 预期投资收益
- 企业的生存

如何选择定价方法？产品的定价取决于很多因素，如成本、预期利润、资金周转、供需情况、竞争对手价格、品牌形象、促销策略等，组合不同的因素可以产生不同的定价法，如：

成本导向定价法：成本导向定价法是以产品单位成本为基本依据，再加上预期利润来确定价格的定价方法。

需求价格弹性：需求价格弹性指商品的需求对于价格的变动的反应。如果价格发生微小变动，需求量几乎不动，称为这种商品需求无弹性；如果价格的微小变动使需求量变化较大或很大，称为需求有弹性。

竞争导向定价法：企业通过研究竞争对手的生产条件、服务状况、价格水平等因素，依据自身的竞争实力，参考成本和供求状况来确定商品价格的定价方法。

需求导向定价法：根据市场需求状况和消费者对产品的感觉差异来确定价格的方法，也叫市场导向定价法、顾客导向定价法。

撇脂定价：新产品初上市，定以高价格，在短期内获得厚利，尽快收回投资。就像从牛奶中撇取所含奶油一样，取其精华，称之为"撇脂定价"。

渗透定价：新产品初上市时，定以较低价格，以获得最高销售量和最大市场占有率为目标，称之为"渗透定价"。

价格折扣和折让：为鼓励顾客及早付清货款，大量购买或淡季购买，企业酌情调整其基本价格，这种价格调整称之为价格折扣和价格折让。

密封投标定价法：买方在报刊上登广告或发出函件，说明需采购的商品的品种、数量、规格等要求，邀请卖方在规定期限内投标。买方在规定的时间内开标，选择报价最低的，最有利的卖方成交，签订采购合同的定价方法。

认知价值定价法：主要依据消费者在观念上对该产品所理解的价值来定价的方法。

3.3　网络营销市场调研

市场调研在营销过程中扮演着重要的角色，市场调研是市场情报反馈的一部分，帮助决策者优化当前营销策略，市场调研是探索新的市场机会的基本工具，任何营销工作开展前，都应该通过调研考察市场是否值得进入。

对于企业来说，网络不仅仅是一种媒体，网络营销手段的介质，还可以通过互联网的特性，将其作为快速廉价的市场调研工具，作为最普遍的市场营销手段的一部分。

市场调研是指以科学的方法，系统地、有目的地收集、整理、分析和研究所有与市场有关的信息，特别是有关消费者的需求、购买动机和购买行为等方面的市场信息，从而提出解决问题的建议，以作为营销决策的基础。网络市场调研是指利用互联网有目的、有计划地收集、整理和分析与企业市场营销有关的各种情报、信息和资料，为企业市场营销提供依据的信息管理活动。

传统的市场调研一方面要投入大量的人力物力，如果调研范围较小，则不足以全面掌握市场信息，而调研范围较大，则时间周期长，调研费用大；另一方面，在传统的市场调研中，被调查者始终处于被动地位，企业不可能针对不同的消费者提供不同的调查问卷，而针对企业的调查，消费者一般也不予以反应和回复。而互联网上的海量信息大大丰富了市场调研的资料来源，使用互联网进行在线调查、定性调查和二手资料调查具有无可比拟的优势，网络市场调研还可以节省大量调查费用和人力，其费用主要集中在建立调查问卷网页的链接费用上。

3.3.1 传统调研和网络市场调研

网络市场调研虽然也存在这样那样的问题，但其优势是非常突出的，和传统调研手段比较起来，网络市场调研有以下几个特点。

(1) 调研费用低

网络市场调研的成本主要是设计和数据处理的费用，每份问卷所要支付的费用几乎为零，可以节省大量的调研费用和人力。

(2) 调研范围广

互联网是全球性的传媒，通过互联网的传播范围，调研对象可以是全国乃至全球任何人，样本数量庞大。

(3) 互动性

网络的最大优势是交互性。这种交互性也充分体现在网络市场调研中。网络市场调研某种程度上具有人员面访的优点，在网上调研时，被访问者可以及时就问卷相关的问题提出自己的看法和建议，可减少因问卷设计不合理而导致的调研结论出现偏差等问题。这种互动不仅表现在消费者对现有产品发表的意见和建议上，更表现在消费者对尚处于概念阶段产品的参与，这种参与将能够使企业更好地了解市场的需求，而且可以洞察市场的潜在需求。

(4) 调研的及时性

网络的传输速度快，一方面调研的信息传递到用户的速度加快，另一方面用户向调研者反馈的信息传递速度也加快了，这就保证了市场调研的及时性。

(5) 共享性

网上调研是开放的，任何网民都可以参加投票和查看结果。

(6) 便捷性

无论是对调研者还是被调研者，网络调研的便捷性都是非常明显的。调研者只要在其站点上发布调研问卷，而且在整个调研过程中，调研者还可以对问卷进行及时修改和补充，而被调研者只需要能够上网，就可以快速方便地反馈意见，可以在任何时间、地点回答问卷，非常便利。同时，对于反馈的数据，调研者也可以快速便捷地进行整理和分析，因为反馈的数据可以直接形成数据库。这种方便性和快捷性大大地降低了市场调研的人力和物力耗费。

(7) 调研结果的可信性高

企业站点的访问者一般都对企业产品有一定的兴趣，被调研者是在完全自愿的原则下参与调研的，调研的针对性强。而传统的市场调研中的拦截询问法，实质上是带有一定的"强制性"的。其次，被调研者主动填写调研问卷，证明填写者一般对调研内容有一定的兴趣，回答问题就会相对认真，所以答卷的可信性高。此外，网络市场调研可以避免传统市场调研中人为因素干扰所导致的调研结论的偏差，因为被调研者是在完全独立思考的环境中接受调研的，能最大限度地保证调研结果的客观性。

（8）适合长期大样本调研

网络调研周期快、范围广，更适合长期的大样本调研，适合要迅速得出结论的情况。

（9）调研信息的可检验性和可控制性

利用Internet进行网上调研收集信息，可以有效地对采集信息的质量实施系统的检验和控制。首先，网上市场调研问卷可以附加全面规范的指标解释，有利于消除被访者因对指标理解不清或调研员解释口径不一而造成的调研偏差。其次，问卷的复核检验由计算机依据设定的检验条件和控制措施自动实施，可以有效地保证对调研问卷100%的复核检验，保证检验与控制的客观公正性。最后，通过对被调研者的身份验证技术，可以有效地防止信息采集过程中的舞弊行为。

3.3.2 网络市场调研的步骤

网络市场调研应遵循一定的程序，一般而言，应经过五个步骤。

（1）确定目标

虽然网络市场调研的每一步都很重要，但是调研问题的界定和调研目标的确定却是最重要的一步。只有清楚地定义了网络市场调研的问题、确立了调研目标，方能正确地设计和实施调研。在确定调研目标的同时，还要确定调研对象，网络调研对象主要包括：企业产品的消费者，企业的竞争者，上网公众，企业所在行业的管理者和行业研究机构。

（2）设计调研方案

具体内容包括确定资料来源、调研方法、调研手段和接触方式。

（3）收集信息

在确定调查方案后，市场调研人员即可通过电子邮箱向互联网上的个人主页、新闻组或者邮箱清单发出相关查询，之后就进入收集信息阶段。与传统的调研方法相比，网络调研收集和录入信息更方便、快捷。

（4）信息整理和分析

收集得来的信息本身并没有太大意义，只有进行整理和分析后，信息才变得有用。整理和分析信息这一步非常关键，需要使用一些数据分析技术，如交叉列表分析技术、概况技术、综合指标分析和动态分析等。目前国际上较为通用的分析软件有SPSS、SAS、BMDP、MINITAB和电子表格软件。

(5) 撰写调研报告

这是整个调研活动的最后一个重要阶段。报告不能是数据和资料的简单堆积，调研人员不能把大量的数字和复杂的统计技术扔到管理人员面前。正确的做法是把与市场营销决策有关的主要调查结果报告出来，并遵循所有有关组织结构、格式和文笔流畅的写作原则。

3.3.3　网络市场调研的方法

网络市场调研分为网络市场直接调研和网络市场间接调研，网络直接调研是指利用互联网直接进行问卷调查等方式收集一手资料，主要采用站点法辅助以电子邮件法通过Internet直接进行。与传统的市场调查相同，进行网上调查首先要确定调查目标、方法、步骤，在实施调查后要分析调查的数据和结果，并进行相关的定量分析和定性分析，最后形成调研结论。

网络市场间接调研指的是网上二手资料的收集。二手资料的来源有很多，如政府出版物、公共图书馆、大学图书馆、贸易协会、市场调查公司、广告代理公司和媒体、专业团体、企业情报室等。其中许多单位和机构都已在互联网上建立了自己的网站，各种各样的信息都可通过访问其网站获得。再加上众多综合型ICP（互联网内容提供商）、专业型ICP，以及成千上万个搜索引擎网站，使得互联网上的二手资料的收集非常方便。

企业用得最多的还是网上间接调查方法，因为它的信息广泛，能满足企业管理决策需要，而网上直接调查一般只适合于针对特定问题进行专项调查。

（1）直接调研的方法

在线问卷法：通过用户填写调查问卷来进行调研，可以发布电子邮件调查问卷，在网站上设立调查问卷或讨论组，还可以利用很多社交网上自带的调查问卷工具进行调查。

专题讨论法：适用于需要进行深度或探索性研究的主题，通过网络会议、讨论组等方式获得目标群体描述某类问题的通常语言、思维模式以及理解目标问题的心理脉络。

观察法：在被调查者无察觉的情况下进行，通过计数器和cookie技术进行观察。

实验法：选择多个可比较变量，分别赋予不同方案，控制外部变量，检查所测要素是否具有统计学上的显著差异性。

（2）间接调研的方法

互联网网上存在着海量的二手资料，网络市场间接调研有三种方法：

① 搜索引擎。
② 访问相关的网站，如各种专题性或综合性网站。

③ 利用相关的网上数据库。

（3）如何有效地进行网络市场调研

① 科学地设计调查问卷，应遵循目的性原则、可接受性原则、简明性原则、匹配性原则。

② 监控在线服务。

③ 调研内容的组合。

④ 有针对性地跟踪目标顾客。

⑤ 以产品特色、网页内容的差别化赢得访问者。

⑥ 传统市场调研和网络市场调研相结合。

⑦ 通过产品的网上竞买掌握市场信息。

3.4 网络营销常用技术手段

3.4.1 企业网站

网站是网络营销实施的主要场所，企业网站是企业网络营销的平台。企业网站就相当于一个企业的网络名片，不但对企业的形象是一个良好的宣传，同时可以辅助企业的销售，甚至可以通过网络直接帮助企业实现产品的销售，企业可以利用网站来进行宣传、产品资讯发布、招聘等。企业网站的作用就是为展现公司形象，加强客户服务，完善网络业务，还可以与潜在客户建立商业联系。

根据企业不同的需求，企业网站可以分为以下几类。

（1）电子商务型

顾名思义，电子商务型网站支持网上交易。电子商务型网站直接面向企业的消费群体，以提供商品或服务的交易为主。

（2）多媒体广告型

这类网站不支持交易，主要以宣传企业的核心品牌形象或者主要产品为主。这种类型无论从目的上还是实际表现手法上相对于普通网站而言更像一个平面广告或者电视广告，因此用"多媒体广告"来称呼这种类型的网站更贴切一点。

（3）产品展示型

面向需求商，展示自己产品的详细情况，以及公司的实力。对产品的价格、生产、详细介绍等做最全面的介绍。

在实际应用中，很多网站往往不能简单地归为某一种类型，无论是建站目的还是表现形式都可能涵盖了两种或两种以上类型；对于这种企业网站，可以按上述类型的区别划分为不同的部分，每一个部分都基本上可以认为是一个较为完整的网站类型。注意：由于互联网公司的特殊性，在这里不包含互联网的信息提供商或者服务提供商的网站。

建立企业网站的步骤：

（1）制定战略

明确建站目的，找出存在的问题，需要解决的问题，解决问题的方法，相对竞争网站的优势，以及设定建立企业网站的目标。

（2）网站策划

策划内容需要服从战略需要，网站策划书包含以下内容：策划书的提案背景，明确需要解决的问题，解决这些问题的具体计划（内容规划），网站运营的大致方向、存在的风险，网站运营推广实现效果的预期数据，日程表以及预算。策划阶段就需要考虑到后期推广、网站SEO等问题。

（3）网站设计

网站设计之前需要先绘出线框图，也叫骨架图，是不考虑设计问题，仅列出构成网页元素的一种图示，网页元素包括框架、文字、图片、链接等。网站设计应该从用户的角度考虑问题，如浏览网页的人希望得到怎样的感觉，目标人群喜爱怎样的风格，页面的重点内容是否在第一屏显示，浏览者是否能在很短的时间内了解到网页的主题信息等。

（4）网站编程

最后进入建站的实施阶段，HTML编码，动画制作，建立数据库，使用asp、php、jsp等网络编程语言编码。编码完成之后还需要测试，测试过程需要重视对网站的链接检查，网站上出现不能点击的死链、错链是网站运营的大忌。

3.4.2 网络广告

网络广告的定义

网络广告就是在网络上做的广告，利用网站上的通栏广告、文本广告、动画广告、视频广告、邮件广告，告知用户商品或服务信息，并引导用户进入本公司网站。

与传统的四大传播媒体（报纸、杂志、电视、广播）广告及近来备受垂青的户外广告相比，网络广告具有得天独厚的优势，是实施现代营销媒体战略的重要一部分。

网络广告同网络营销一样，其优点具有互联网特性。

(1)网络广告的优点

①覆盖面广,观众数目庞大,有最广阔的传播范围。
②不受时间限制,广告效果持久。
③方式灵活,互动性强。
④可以分类检索,广告针对性强。
⑤制作简捷,广告费用低。
⑥可以准确地统计受众数量。

(2)如何有效使用网络广告

营销的AIDA法则

AIDA代表引起注意(Attention)、激发兴趣(Interest)、刺激购买欲(Desire)和促成购买(Action)。用创意的信息吸引潜在客户的注意力,当潜在客户开始关注企业提供的服务和解决方案时,就因此产生了兴趣。说服客户相信你的解决方案是最佳方案时,就成功地刺激了客户的购买欲望,最后促成购买。

AIDA模式是决定购买时的必经之路。根据你所在行业的特质,也许两秒钟或2年AIDA营销模式就会产生影响。实际上,AIDA属于一种用户体验(UX)。

1)明确用户群、广告目的

广告的最终目的是说服和诱导消费者产生消费行为,但是促进客户进行购买需要一定过程,不能一蹴而就。

而在这个过程中,网络广告本身的主题并不是最值得关注的,在进行广告投放之前,明确广告目的、用户群非常重要。读者可以回顾前面的"四四二法则",营销活动的效果40%取决于营销对象,广告词写得再出彩,针对的人群不对,没有搞清楚用户的心理,都是很难产生效果的。

2)广告的目的

网络广告有它的整个实施流程,广告吸引到用户,广告的诉求和用户的需求产生呼应,用户点击广告,进入到产品或服务页面后由于页面的可阅读性继续浏览本页,当页面能够让客户信任,并说服客户相信这个产品是有价值的,质量和价格值得购买,成功刺激了用户的购买欲,最后促成购买,这才完成了网络广告的基本流程。

网络广告操作手法复杂繁多,虽说不同目的的广告直接或间接都是为了实现增加销售这个目标,但是不同的广告目的对应不同的实施流程,所以明确"目的"十分重要。

- 宣传产品品牌?
- 让用户了解某个产品或服务?

- 促进用户购买？
- 引导用户注册？

3）结合预算选择广告形式

① 文字广告。文字广告即只有文字的广告，相对于图片广告，顾客更容易捕捉到广告的内容，企业更容易快速准确地传递信息。

② 图片广告。图片广告是传播商品信息，促进商品流通的一种宣传方式，在对客观外界具体可感的形式美和形态美的表现上，图片胜过了文字。相对于文字广告，图片广告更有视觉冲击力，能够吸引到更多用户。

③ 动画广告。Gif动画或者Flash动画广告，动画广告可以传达更多的信息，通过动画的方式表达更丰富的创意。

④ 网络视频广告。网络视频广告的特征决定了视频广告内容不宜过长，通常以不超过15秒为宜。网络广告的信息量相对于图文广告可以传达的信息更多，相对于电视广告有着成本低廉、目标精准的优势。

不同形式的广告价格会不一样，一般而言，文字广告价格最低，图片广告价格最高，广告投放要根据广告的目的和预算选择广告形式。

4）制作广告内容

首先网络广告具有所有广告的特性，营销功能是广告与生俱来的本质功能，营销离不开传播，传播功能是广告的最基本功能，广告通过信息的传播起到促进、劝服、增强、提示的作用。因此广告的策划也要遵守传统广告的一些要素：除了满足简单凝练、明白易懂、主题突出这些文案写作的基本要求，广告还要有能够打动用户、引发受众的情感反应的效果。

如何打动用户？广告策划时要了解用户的诉求，通过理性诉求、感情诉求、情理交融诉求等形式，触动用户的情感或理性诉求。

相对传统广告而言，网络广告更重要的功能是引导，网络广告除了告知用户信息以外，还具有引导用户进入产品或服务网站的目的和功能。

- **如何制作通栏广告**

通栏广告是指具有一定尺寸的横长式图片广告，这里为了简化，把正方形、长方形、摩天楼广告也包含在内。通栏广告通常可以是图片、gif动画、flash动画多种形式。

- **制作通栏广告要考虑的内容**

选择什么形式的表达方式，图片还是动画？

广告是交替显示还是固定显示？

按点击、还是按展示次数、展示时长收费？

- **如何制作文本广告**

文本广告即只有文字的广告，相对于图片广告，顾客更容易捕捉到广告的内容，企业更容易快速准确地传递信息。

- **制作文本广告要考虑的内容**

① 内容的表现力。

② 尽量写入具体的广告内容。

③ 考虑视觉性，可以使用一些符号。

5）链接网页的制作要点

前面说了网络广告的投放是一个整体流程，用户点击广告，并不代表网络广告的实施完成了，还要考虑点击后链接到哪里，即链接网页。所谓链接页就是承接广告的页面。链接页面的内容要与广告的内容相呼应，如果是品牌宣传的广告，链接页面就要对品牌形象的塑造进一步阐述，如果是产品宣传的广告，链接页面就要对产品优点通过丰富的页面信息来表现，如果是降价促销的广告，在链接页面上就要体现让人产生购买欲的降价促销的内容。总而言之，链接页面的内容一定要和广告的主题相呼应，并且利用页面更丰富的表达能力，对广告主题进行进一步的详细说明。

6）广告效果评估

上文提到网络营销的一个很大的优势就是可监控，网络的特殊性使网络广告的效果可监控、可评估、可优化，一轮网络广告投放结束了，还有下一轮，那么本期的广告效果统计数据的总结，将作为下期投放的重要标准。广告效果统计数据可以详细到每个时段、每个广告的点击率，广告承接页面的转化率，最后的总转化率，这些数据可以用于广告主题的吸引力评估、不同广告的性价比评估、链接页面的优化以及下一轮广告的投放参考等。如何对数据进行统计和分析，这又是电子商务中一门重要的学问，叫作数据分析。

3.4.3 电子邮件营销

许可式电子邮件营销，是指在用户的主动要求或同意下，发送邮件给目标用户。凡是非许可式的电子邮件营销，都可以称作垃圾邮件，本书不推荐使用。电子邮件营销是互联网上最古老的网络营销手法，但是网络营销发展至今，电子邮件营销仍然是有效而完美的营销渠道。

相比其他网络营销，电子营销非常迅速，SEO优化需要几个月甚至几年时间才能发挥效用，博客和论坛营销需要大量的文章发布，大量的时间来参与互动，而邮件营销只需要发送邮件，就可能产生订单。许可式电子营销的目标用户是最精准的，凡是主动索取或同意发送邮件的，往往是对产品感兴趣，有需求的用户，这部分用户是最容易转化的。电子邮件营销还能够起到加强和维护用户合作关系，促进老用户重复购买的作用，这是其他营销方式不能达到的。对于网络营销来说，要两手抓，一手抓潜在客户，一手追销老客户。

花费大量精力和金钱，让用户来到你的网站，但是电子商务网站的转化率往往在1%左右，那么有99%的用户没有产生任何利润就离开了网站，这个时候，通过设计好的网站交互，如赠送优惠券、发送电子杂志、电子书、购物指南等活动，让用户主动留下邮箱，拿到了这些潜在客户的邮件地址，才有后续沟通的机会，这种许可式电子邮件营销是转化潜在用户的最佳方式。

（1）电子邮件营销的作用

1）信息宣传

企业可以利用电子邮箱巨大的用户资源来销售软件、音像制品、电子图书等数字产品。这些产品不需要利用传统的物流渠道进行配送，可以使商品销售和相关费用大大降低。用户付款后销售商就可以把数字产品资料发送到用户的邮箱里。

2）广告作用

利用电子邮件发布广告信息具有比其他网络营销手法更显著的优势。电子邮件有更强的用户针对性和更高的转化率，并且更容易管理和控制，使得电子邮件广告得到更明显的收益。

3）客户意见反馈

电子邮件是吸引重复购买的有力工具，而重复购买率又是电子商务获得成功的关键所在。电子邮件在网络营销中最经常的应用就是建立与用户客户互动的渠道，实现企业和客户一对一的直接联系，接受用户的意见反馈，拉近企业与客户之间的关系。但必须及时处理客户的邮件，否则无法实现促进营销的目的。

（2）电子邮件营销的特点

1）范围广、操作简单效率高

根据中国互联网信息中心的统计，截至2011年12月底，中国网民数量突破5亿，达到5.13亿，全年新增网民5580万。互联网普及率较2010年年底提升4个百分点，达到38.3%。只要有邮件服务器和带宽，就能联系成千上万的用户。

2）营销效果精准

许可式的邮件营销是营销效果非常精准的一种方式，凡是主动索取或同意发送邮件的，往往是对产品感兴趣，有需求的用户，这部分用户是最有可能转化成付费用户的群体。

3）成本低廉

每个电子邮件信息的成本约为传统的直邮广告、优惠卡以及其他营销方式成本的1/4左右。特别是，电子邮件的成本和接受者的数量没有对应的关系。

（3）电子邮件营销步骤

电子邮件营销可以分为四大步骤：获取用户邮箱、设计邮件、发送邮件、检测效果。

1）如何获取用户邮箱

电子邮件营销的第一步，最重要的一步，也是最困难的一步，就是吸引用户主动订阅邮件，没有用户主动订阅，设计电子邮件的内容毫无意义。垃圾邮件越来越多，大部分互联网的使用者对留下联系方式都有一定的抗拒心理，没有一个有力的理由，用户是不会留下联系方式的。站在用户的角度，邮件营销的策划者要告诉用户，订阅邮件会获得什么，而且这个好处必须足够强烈，不是千篇一律，可有可无的。

- 能够给予用户额外的好处或奖励。
- 额外的赠予或者邮件本身都是有价值但是免费的。
- 注册的过程要简洁，不要给用户侵犯隐私权的感受，比如不要询问过多的个人信息。
- 隐私权申明，告知用户不会将邮箱出售或作他用。
- 注册入口位置醒目且视觉效果突出。

2）如何设计营销邮件

- **标题**

在现今垃圾邮件越来越多的情况下，邮件进入到用户的邮箱中，并不代表一定会被用户打开阅读，如何吸引用户打开浏览邮件，首先标题要正规，保持连贯性，不要轻易改动，这能够让用户产生信任感。邮件标题要与内容相符，不要和垃圾邮件一样过于浮夸，但是还要有个性化。在可能的情况下，标题要足够醒目，让用户知道这是他们关心的内容。

- **内容规划**

首先用户在注册之后立即收到欢迎信是必需的，成熟的电子营销计划必须确定好邮件的发送频率，同时每期发送的邮件内容要保持一致的格式和风格，这也是能获得用户信任感的基础。为了达到长期营销的目的，建立信任是非常关键的。

邮件设计应尽量简洁，主题明确，版头显示网站Logo，版尾插入统计代码，宽度最好限制在400~500像素以内，邮件的代码设计最好使用传统的table表格而不是CSS样式表，避免因为系统不同而出现错位的情况。

尊重用户感受，邮件中插入退订链接，给予用户退订的选择。

3）电子邮件的批量发送

给客户发送电子邮件是企业网络营销人员的常规工作，企业客户数量大，如果仅靠人工一封一封地发送电子邮件，其效率非常低，为了提高电子邮件的发送速度常采用电子邮件批量发送。

4）跟踪与监测电子邮件营销效果

可检测和优化是网络营销手段的独特优势，任何营销手段都要经过数据分析和统计，计算投资回报率，才能把时间和金钱放在有效的营销方式上，电子邮件营销同样如此。

电子邮件的注册率，电子邮件的送达率，电子邮件的退订率，用户收到电子邮件后的打开率/阅读率，链接点击率、直接销售率和投资回报率等指标都要做分析并在数据库中记录在案。只有在不断尝试和学习的过程中，企业才能把握对自己客户最有吸引力、最能提高销售和利润的优惠和内容是什么，最佳投递的时机是何时。

3.4.4 搜索引擎营销

搜索引擎营销，英文Search Engine Marketing，简称为SEM。搜索引擎营销指基于搜索引擎的网络营销，利用人们对搜索引擎的依赖，使网站在搜索引擎的关键词排名提高，将营销信息传达给目标用户。

搜索引擎优化，英文Search Engine Optimization，简称为SEO，指通过站内优化和站外优化两个方面来对网页进行相关的优化，提高网站的搜索引擎排名，从而提高网站访问量，最终提升网站的销售能力或宣传能力的技术。

SEM主要包含SEO和关键词广告两种，SEM所做的就是全面而有效地利用搜索引擎来进行网络营销和推广。SEM追求最高的性价比，以最小的投入，获得最大的来自搜索引擎的访问量，并产生营销价值。

搜索引擎优化通过对网站优化设计，使得网站在搜索结果中靠前。搜索引擎优化（SEO）又包括网站内容优化、关键词优化、外部链接优化、内部链接优化、代码优化、图片优化、搜索引擎登录等。值得提出的是搜索引擎优化并不是钻搜索引擎的空子，提高关键词排名，而是站在和搜索引擎一致的角度，增强用户体验，做强网站。搜索引擎优化的技术含量从传统意义上说并不高，但是做优化需要考虑诸多因素，从某种意义上来说，搜索引擎优化是技术和艺术的结合。

搜索引擎广告也可称为关键词广告，属于PPC，英文全称Pay Per Click，按点击付费广告的一种。早期的搜索引擎广告叫作竞价排名广告，顾名思义就是网站付费后才能获得搜索引擎排名，从字面意思上来看，针对某个关键词出价越高排名越好，实际上早期的竞价排名付费越高关键词排名越靠前，而现在的搜索引擎广告不仅考虑出价，还会考虑到广告词和关键词的契合度，关键词广告的点击率，同样的出价，高素质的网站排名更好。这也意味着搜索引擎越来越重视用户体验。SEO工作者往往会认为付费的搜索引擎关键词广告没有技术含量，实际上SEO也好，SEM也好，都是为了实现企业的盈利目标，对于企业来说，性价比最高、有效的营销模式才是最好的，同时关键词广告也需要做大量的数据统计和数据分析工作，注重关键词广告撰写才能成功，而不是简单地出高价。

（1）搜索引擎PPC广告

国内付费搜索引擎广告有百度、谷歌、雅虎、搜狗、搜搜等多种，2011年10月艾瑞发布市场报告，报告显示第三季度百度在中国搜索引擎市场中的份额达77.7%，因此这里主要讲述百度搜索广告如何操作。

2009年4月20日，全球最大的中文搜索引擎百度正式推出搜索推广专业版，即此前受业界广泛关注的"凤巢"推广系统。2009年12月1日，百度按照原定计划全面启用搜索营销专业版（即凤巢系统），凤巢将全面接管百度所有的推广位置，而原有的搜索营销经典版（即竞价排名）将从此告别历史舞台。"搜索营销专业版会进一步强化对于搜索用户的需求分析。"百度搜索营销专业版相关负责人指出，根据用户使用搜索引擎的需求可以发现，有相当一部分人通过搜索引擎来寻找产品信息，对于这部分人群来讲，直接有效的搜索推广恰恰能够满足他们的搜索需求，内容既有针对性，用户又不用好像大海捞针一样浪费时间。他表示，"搜索营销专业版的推广信息将因分析技术的加强而更具针对性，因此这些推广的信息不仅不会打扰用户，反而是对用户信息需求的一种有效补充。"

——以上内容摘自百度官方

相比早期的百度竞价排名系统，新的凤巢系统操作号称更重视用户体验，且能为企业带来更好的营销效果，同时操作也更为复杂。那么凤巢系统如何操作呢？以下分为几步来介绍。

1）搜索推广方案制作

搜索推广方案制作包含几个步骤，设计账户结构、选择关键词、创意写作，匹配关键词和创意。

在进行推广方案制作之前，SEMer需要明确推广定位、推广目标两点，要打品牌还是卖产品？要让公司网站获得更多的流量、注册，还是带来更多的订单？从这两个方面，你就可以为此次推广活动制定一个大致的方向。

- **设计账户结构**

百度凤巢系统为了方便用户管理关键词，将关键词设置了推广计划、推广单元两个层级，一个百度推广账户最多可包含100个推广计划，每个推广计划最多可包含1000个推广单元，每个推广单元最多可包含5000个关键词和50个创意。同一个单元的关键词和创意是多对多的关系，如下图所示。

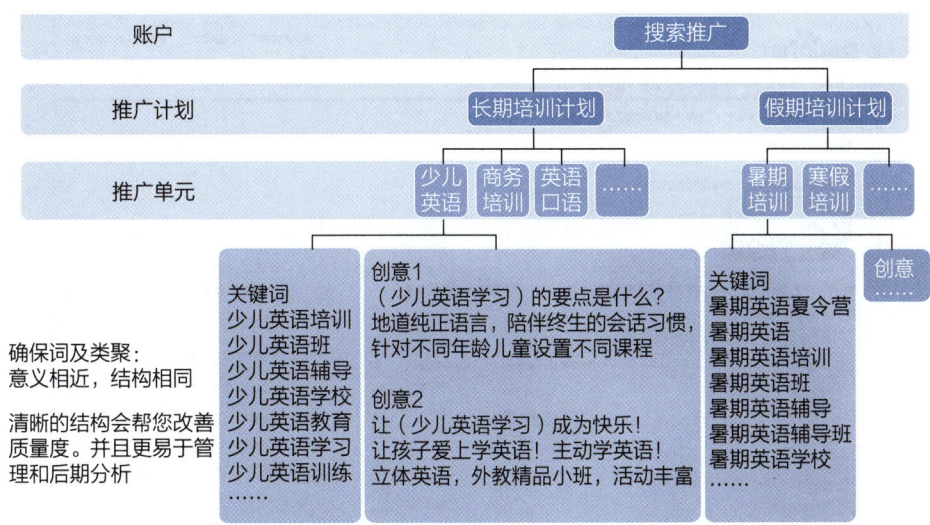

为了达到好的效果，一个推广账户的关键词很可能是海量的，因此，将这些海量的关键词进行分组管理，是达到推广效果良好的前提。关键词的分组取决于关键词的研究，可以将能够吸引目标用户群的关键词分为多类，如包含公司名称、公司品牌、公司产品名称的品牌关键词，用户关注的细分产品关键词，目标用户感兴趣搜索的通用关键词等，在具体的操作中，要在保持管理方便的前提下尽量细化。

如何分组，以品牌关键词为例，品牌关键词，可以作为一个推广计划，而公司名称、品牌、不同的产品型号，又可以各作为一个推广单元，每个单元至少写三个创意，和关键词进行匹配。

- **推广关键词的选择**

首先确定公司的主营业务，得到核心关键词，如武汉一家出售鲜花的公司，可以将核心关键词定位武汉鲜花，然后进行关键词拓展，百度官方推荐的关键词拓展的思路：

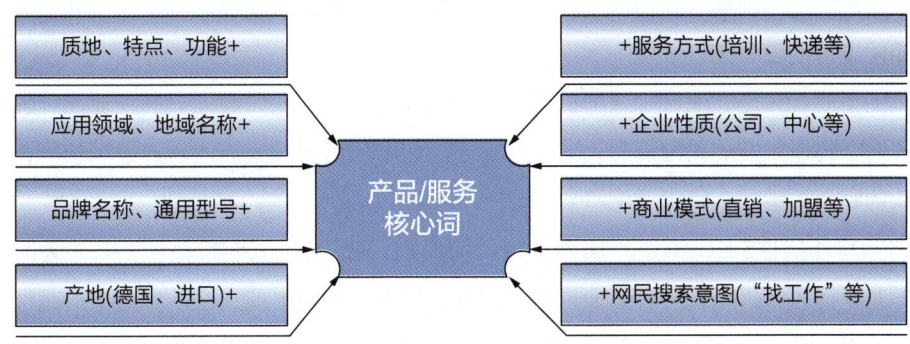

凤巢系统还有自己的关键词推荐工具，在工具中输入一个关键词，百度会给用户推荐多个相关关键词：

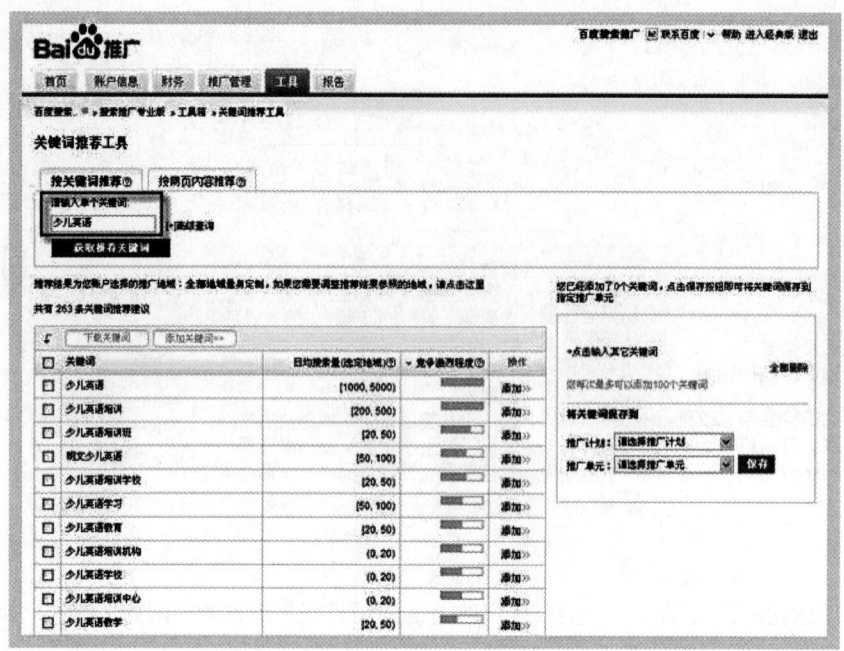

- 创意写作

什么是创意写作？简单地说就是关键词广告写作。搜索关键词"武汉鲜花速递"，可以在搜索结果中看到凤巢系统推荐的广告：

武汉鲜花速递 武汉市本地实体鲜花店 送花上门
武汉鲜花速递最快2小时送达,城区免费送花,24小时在线订花服务,武汉市区内免费送花上门,武汉鲜花速递服务电话:4006863020
www.songhuaren.cn 2012-05 - 推广

可以看到URL后的日期，带有推广两个字，表示这是付费广告，以上这些内容就是在凤巢系统中进行创意写作的结果，创意写作包含三个部分：标题、内容、URL。

如何进行创意写作？

首先了解什么是通配符。通配符可以帮助你在创意中插入关键词。插入通配符的创意在展现时，将以触发的关键词替代通配符标志。如替代后标题或描述超过限制长度，将以你输入的默认关键词来替代通配符展现。

创意写作抓住5点，飘红，通顺，相关，卖点，吸引力。飘红就是使用关键词通配符，标题里面可以出现，内容里面也可以出现，尽量自然地出现几次。相关指的是标题与内容要相关，并且整个关键词创意要跟核心关键词相关，跟单元推广的词相关。卖点，关键词创意突出的是什么，比如价格，或者质量，更或者服务。吸引力，因为每个人的想法不一样，要吸引客户，必须分析客户关注这个词的什么。

URL设置

这是比较容易忽略的一点，在前文中我们提到过链接页面，广告的承接页面，这里的URL对应的就是链接页面，创意写得再好，广告承接页面粗制滥造，文不对题，也无法收到效果。

- **关键词匹配**

当搜索者使用的搜索词与推广账户里设置的关键词匹配条件符合时，推广信息就有可能被触发并出现在搜索结果页上。

百度搜索推广提供精确匹配、短语匹配、广泛匹配和否定匹配。

不同匹配方式被展现的概率不同：广泛匹配>广泛+否定>短语匹配>短语+否定>精确匹配。

商户可以组合使用多个匹配方式，通常，广泛匹配和短语匹配能够让创意展现在更多的潜在受众面前，从而带来更多曝光机会。

——以上内容摘自百度推广学习

什么是关键词匹配？

推广方案制作的第二步就是关键词选择，SEMer选择的关键词和目标用户搜索的关键词如何对应，在推广账户中就称为关键词匹配。

当目标用户搜索的关键词完全等于SEMer选择的关键词时，例如SEMer选择投放"武汉鲜花速递"这个关键词，而用户恰好搜索的也是"武汉鲜花速递"，这称为精准匹配；当目标用户搜索的关键词包含SEMer选择的关键词时，称为短语匹配，比如SEMer选择投放"武汉鲜花"这个关键词，而用户搜索的是"武汉鲜花速递"；广泛匹配是搜索关键词完全包含推广关键词，允许包含部分字面顺序颠倒或有间隔，是最宽泛的匹配方式，也是默认的匹配方式。否定匹配用于一些可能被匹配但与推广意图不相符合的关键词，比如一家数码公司只出售苹果手机而不出售苹果电脑，可以将"苹果电脑"定位否定关键词。

关键词匹配的具体操作，在凤巢系统中，同样的关键词可以以不同的匹配方式出现，如下。

关键词　　　= 广泛匹配

"关键词"　　= 短语匹配

［关键词］　= 精确匹配

"［关键词］"　=　仅匹配完全包含关键词字面的短语匹配

实例：

2）实际操作
- **关键词出价**

大家都知道，能够排名第一肯定能够得到最好的广告效果，但是在实际操作过程中，不是所有企业都能承受第一位的价格，关键词出价的核心，就在于考虑关键词的性价比，如何在企业的承受范围内、预算范围内，投放最少的费用达到最好的效果，这个主要是由后期的数据统计和分析来决定的。SEMer需要在投放的过程中观察，同一个关键词如何出价可以达到某个排名，这可能是个范围值，在这个范围内选择最低价。同时，SEMer需要统计哪些关键词最容易带来产出，并将费用集中在这些关键词上，或者是哪类关键词最容易带来产出，将费用集中在这类关键词上。

- **投放地域限制、投放时段设置、IP地址屏蔽**

百度凤巢系统还可以在操作中选择地域、时段、屏蔽IP这些功能。投放地域限制，用于用户群的地区限制，例如武汉的一家鲜花速递店，经营范围是武汉，那么在地域中可以限制广告投放地区；投放时段设置，当企业在晚上不营业的时候，可以将广告投放时段制定为白天营业的时间段；IP地址屏蔽主要防止恶意点击。

3）推广统计分析数据

搜索关键词广告的关键就在于广告的优化，初步推广方案的制定都是SEMer自己的设想，这和实际肯定是有一段距离的。如何让广告产生效果，或者更好的效果，更高的投放性价比？广告投放后必须对数据进行统计以及分析，通过这些数据对推广账户进行优化。百度的凤巢系统提供了数据下载这个功能，读者可以在具体使用过程中尝试一下。

如何进行数据分析？

数据分析和优化是一门系统的科学，可以作为一门课程单独阐述，这里简单地讲述一下。百度凤巢系统提供关键词的展示量、点击量、点击价格这些数据。SEMer可以分析这些数据，当关键词的点击率偏低时，即有展示但是没有点击，需要考虑是否创意没有吸引力，排名是否过低这些因素，当点击价格偏高时，需要考虑关键词的质量度问题，例如创意展示没有飘红，关键词是否和创意不匹配，创意和链接页面内容是否不匹配？SEMer还需要统计关键词带来的产出，这是系统不提供但却是数据统计和分析中最重要的一环，盈利才是企业最关注的点，关键词点击多，但是没有产出，关键词可以带来产出，但是成本太高，高于了企业的利润率，这些都是需要关注和优化的问题。

(2) 搜索引擎优化

1) 搜索引擎排名的原理

了解搜索引擎排名原理是搜索引擎优化的第一步，只有了解搜索引擎是如何工作，如何给予网站排名的，才能通过合理的优化手段提高网站排名。

搜索引擎的工作过程大体上可以分成三个阶段：

① 爬行和抓取。爬行和抓取是搜索引擎工作的第一个阶段，在这个阶段工作的搜索引擎程序我们称为网络蜘蛛。

搜索引擎蜘蛛通过跟踪链接访问网页，获得页面HTML代码存入数据库。搜索引擎访问网页这个阶段通常称为爬行，网络蜘蛛即Web Spider，是一个很形象的名字。把互联网比喻成一个蜘蛛网，那么Spider就是在网上爬来爬去的蜘蛛。蜘蛛访问网页后，将页面存入搜索引擎的海量网页数据库，这个步骤称为抓取。

② 预处理。搜索引擎蜘蛛抓取的原始页面，并不能直接用于查询排名处理，搜索引擎工作的第二大阶段叫作预处理。

提取文字：首先要做的是提取文字，从抓取来的HTML文件中去除标签、程序，提取出可以用于排名处理的网页文字内容。

中文分词：将提取后的文字进行一定的处理，去除语气词、连接词等，得到网页对应的关键词。

索引：将中文分词得到的数据建立成网页、关键词的对应表，这个对应表又叫作正向索引，以备排名程序调用。

③ 排名。用户输入关键词后，排名程序调用索引库数据，计算相关性，然后按一定格式生成搜索结果页面。经过搜索引擎蜘蛛抓取页面，索引程序计算得到倒排索引后，搜索引擎就准备好可以随时处理用户搜索了。

用户在搜索框填入关键词后，排名程序调用索引库数据，计算排名显示给用户，排名过程是与用户直接互动的。搜索词处理搜索引擎接收到用户输入的搜索词后，需要对搜索关键词做一些处理，才能进入排名过程。

2) 关键词分析和策略

① 什么是关键词？

关键词源于英文"keywords"，起源于图书馆学。图书馆学中的关键词能够表达文献主题内容。

而SEO中的关键字是描述你的产品及服务的词语。选择适当的关键字是SEO的第一步，是SEO围绕的核心。

② 关键词的分类

a. 按关键词的热度

热门关键词：搜索量、关注度十分大的词。

例如：房产，租房，购房等

一般关键词：搜索量、关注度一般的词。

例如：房源信息，天河租房，房地产新政策等

冷门关键词：基本没被搜索或关注的词。

例如：透风短信，武汉房屋出租市场调查报告等

b. 按关键词的功能

核心关键词：指可以描述网站的核心内容、主要服务、基本特色等方面特征的词。

例如：武汉房产网，房产信息门户，家居等

目标关键词：网站产品和服务的目标客户可能用来搜索的关键词。（一般用作网站首页、频道栏目页、文章内容页的标题）

例如：武汉搜房网，洪山新楼盘，保利心语等

辅助关键词：指与核心关键词相关的解释、术语、名称等，是对核心关键词的补充。

例如：房产网有哪些，买房注意事项，家居装修效果图等

c. 按关键词的长短

短尾关键词：比较短，往往是2~4个字组成。

例如：装修，别墅，写字楼等

长尾关键词：比较长，往往是2~3个词组成，甚至是短语。

例如：房屋装修，广州家居建材等

一般来说，越长的关键词转化率越高。

③ 关键词优化三步走。

第一步：选择关键词

选择恰当的关键词，是SEO最具技巧的环节，选择关键词要注意以下几点：

内容相关性：一般来说，搜索次数越多的关键词越好，但是选择的关键词要和业务相关，而不可一味追求流量。

搜索次数多，竞争小：即关键词的性价比，选择关键词的时候就要注意，选择搜索次数多，但是优化的网站少的关键词，才能付出最少的优化力度，得到最好的优化排名。

不可太宽泛、不可太特定：太宽泛的关键词虽然流量多，但是往往价值不大，太特定的关键词搜索次数太小，没有优化的意义。

商业价值：不管流量大小，能够给网站带来产出的关键词才是最好的。在选择关键词

时，要考虑关键词的商业价值。

网上有很多关键词拓展工具，都可以用于来选择关键词，如百度指数、谷歌关键词工具、百度凤巢系统的关键词推荐，以及一些付费的工具，都可以用来拓展海量的关键词，作为SEO的基础。

第二步：关键词布局

一个页面，往往可以用来优化3~5个关键词，那么通过关键词的选择得到了一个至成千上百个的关键词，如何合理分布在网站的各个页面上？这是关键词布局的论题。

选好关键词后，就要把关键词有序地排列分布。一个网站比较合理的关键词的分布应该符合金字塔结构。网站的核心关键词应该用首页来优化，也就是塔尖部分。次一级的关键词放在频道页、类目页，每个页面可以放2~3个意思相近的词，这是塔身；大量的长尾关键词可以放在文章、帖子、产品等详细页，组成金字塔的底部。

关键词分布在符合金字塔形结构的前提下，还要注意以下几点：

- 每个页面只针对2~3个关键词；
- 避免内部竞争，每个关键词只能在一个页面优化；
- 关键词研究决定内容策划，将关键词从逻辑上分成几个大类，对应不同栏目，明确每个栏目的关键词，网站的内容再围绕栏目主题实际上也就是栏目关键词，详细有序地增多。
- 建立关键词-URL对应表，关键词的布局要使用文档形式记载下来，即关键词-URL对应表，方便优化管理以及后期查询优化效果。

第三步：针对关键词的内容制作及优化

- **内容制作与优化**

建立好关键词和页面对应的表格后，就要考虑这个页面如果针对关键词展开优化，一般来说以关键词在网页上出现的总次数乘以总长度与其他文字的比例，即关键词密度达到2%~8%为佳，这种密度并不是生硬地堆砌，而是自然、有规律地出现。

关键词分布：关键词如何在页面中出现？

出现关键词的地方可以是title标签、元标签、H标签、链接、文本正文，或任何有文字出现的地方，比如alt标签甚至是注释。

title标签：是一个网页最重要的搜索关键词放置的位置，也是搜索引擎给予权重最高的位置。最重要的关键字应放置在网页title标签的开头部分。

元标签：是使用在网页的head标签之间的一种HTML标签，主要包括关键词标签和描述标签，现在最常用的也是这两类。早期的搜索引擎给予此处比较高的权重，现在已经被降低，甚至被忽略，但是对正文有提纲性的关键词、描述标签能给用户带来比较好的体验，也是搜索引擎所提倡的。

H标签：即正文中的标题，和title的区别在于页面可见和不可见，H标签是可见的，title标签在页面上是不可见的，而是出现在浏览器的标题上，H标签按层级分为h1、h2、h3、h4、…H标签可以说是除了title标签以外最重要的优化位置，最好也出现关键词。

正文：正文中必须出现关键词，还可以加粗形式出现，这是搜索引擎所注重且用户体验必需的。正文中没有出现关键词，说明文章和关键词没有相关性，这肯定是不可取的。

Alt标签：即图片的注释，结合alt属性中的锚文本和主页中的其他元素告诉搜索引擎该网页的主题，对搜索引擎优化有一定的好处。

- 关键词出现的形式

关键词可以完整出现，也可以拆分出现，完全匹配的形式权重最高，但是多种形式出现更加自然，能达到比较好的效果。

为什么上文强调了几次关键词要自然出现？SEO的前提需要保证用户体验，如果为了提高关键词密度，关键词和内容相关性，生硬地插入关键词，这是不符合搜索引擎的初衷的，也是不符合用户体验的，不仅容易受到搜索引擎处罚，也对网页转化不利，会损害页面的商业价值，同时就算能获取流量，如果页面的跳出率太高，搜索引擎会认为这个页面没有阅读价值，也会给予页面降权，这需要SEO操作者在实际过程中权衡取舍。

本章小结

网络营销具有很强的实战性，从实践中发现网络营销的一般方法和规律，比浮泛的理论讨论更有实际意义。如何定义网络营销并不是最重要的，关键是要理解网络营销的真正意义和目的，也就是充分熟悉互联网这种新的营销环境，利用各种互联网工具为企业营销活动提供有效的支持。没有执行力的网络营销毫无意义，对于网络营销而言，一流的创意加三流的执行力，不如三流的创意加一流的执行力！

网络营销是一门实践性很强的科学，它的理论根底深扎在网络营销实践的沃土中。网络营销的每一步发展，都呼唤着网络经济理论研究的深入。但是，这种呼唤，只有在网络营销的实践中攀登和开拓的人，才可以听到，才可以感受到、体验到。

复习思考题

1. 简述网络营销的定义，以及网络营销的特点。
2. 简述网络营销与传统营销的区别，以及网络营销的优点。
3. 简单地说明如何进行市场调研。

4. 请表述SEM和SEO的区别，以及SEO的实际运用。
5. 简述关键词的定义，以及关键词的分类和优化。

实训内容

1. 在网上找一个感兴趣的产品或企业，在问卷星网站（https：www.wjx.cn）上，针对消费者对产品的需求，做一份网络消费者营销调查问卷，并请在自己的朋友圈、好友圈、微信、微博进行发布，评测样本不少于50人，最后针对问卷调查结论，写出一份问卷调查的总结。

2. 登录新浪网，看看网页上哪些内容是广告，按照本章节的内容分析这些广告为什么要这样做，如放在页面的什么位置，什么形式，广告策划的主题。结合本章节学习的内容以及假设自己是目标用户，站在用户的角度上，对这些广告做一个鉴定，好还是不好，好处在哪里，不好的地方在哪里？如何修改？

第4章
电子商务支付系统

本章提要

电子商务是以交易双方为主体,通过互联网,将商业信息、支付结算体系和物流系统整合构成的新型商务模式。电子支付与网络银行是电子商务发展的关键环节。本章介绍了电子支付的定义、特点以及电子支付工具的使用,电子银行和网上银行的功能和支付流程,第三方支付平台的优缺点和支付流程。通过本章学习,能熟练掌握电子支付的方式、网上银行和第三方支付平台的使用。

项目目标

(一)知识目标

1. 了解电子支付的定义、特点和分类。
2. 掌握主要电子支付工具及其使用方法。
3. 理解电子银行和网上银行的定义、功能和支付流程。
4. 了解手机银行的定义和功能。
5. 掌握第三方支付平台的定义、优缺点及支付流程。

(二)技能目标

1. 能够掌握各种电子支付工具的特点和支付流程。
2. 能够利用一种或几种支付工具进行网上支付。
3. 能够熟练运用个人网上银行的常用功能。
4. 能够熟练掌握第三方支付平台的使用。

引导案例

PayPal支付平台

一、PayPal平台的基本介绍

PayPal（即贝宝）是美国电商企业eBay的全资子公司，是由Peter Th iel和Max Levch in两人在1998年12月建立的因特网服务商。PayPal公司的总部设在美国加利福尼亚州圣荷西市，它的主要功能是允许用户用标识自己身份的电子邮件来进行资产转移，有效地减少了使用传统的邮寄支票或者汇款的方式所带来的不安全和不方便。

PayPal的业务之一就是与网络上的一些电子商务网站合作，成为它们的货款支付方式之一，但是在使用这种支付方式进行款项收付时，PayPal会从中收取相应数额的手续费。到目前为止PayPal已经可以支持两百多个国家和地区之间的贸易往来，主要支持使用的币种有二十六种，PayPal所具有的快速、安全和便捷的特点帮助其成为消费者在进行跨国交易时的首选方案。

PayPal的其中一个特点就是只要即时支付就能够即时到账，而这一特点使其成为备受全球亿万客户追捧的商业交易支付工具，对于中国客户来说，PayPal网页上面全汉字的使用界面，可以帮助他们直接通过中国内地银行进行钱款的收付，解决了可能存在的外贸收付款不便的问题，并且对于他们开拓外贸业务也有很大的帮助。

PayPal对顾客账户集成的高级管理功能使顾客随时轻松地掌控每一笔业务交易的详细情况。同时其作为eBay的全资子公司，在eBay公司的跨国业务贸易中，为顾客提供一条龙式的支付方案，帮助进行交易的双方解决在买卖过程中有可能会出现的各种各样的支付难题。

二、从买家卖家方面对PayPal的介绍

首先从买家的角度，对于他们来说使用PayPal可以保证自己个人信息方面和其他方面的安全，能够享受PayPal的买家保护政策；付款的时候不用像商家提供任何金融信息；使用方法简单，没有多余的复杂步骤；同时PayPal包含多种支付途径，中间不收取任何的支付费用；买家可以在两分钟内完成账户的注册，并且它具有多国语言的操作界面，可以随意切换，使用时非常便捷；全球众多网站的支持和包括国际信用卡在内的多种支付方式的支持，使顾客可以通过一个账号就能全球购物。

然后从卖家的角度，PayPal的高效性能够使网络卖家的业务交易更快地完成，同时它还能够实现在网上自动支付清算，可以快速有效地提高运营率；通过对以前的数据查看，可以发现商家因为欺骗而受到的平均损失都不超过其收入的 0.27%，同时它还设有商家防欺诈模式，商家所有的个人财务信息资料均是不会被泄露的；卖家成功的每一笔业务交易

PayPal内部都会从中收取一定的费用,但是对没有成功的交易是不会收费的,并且中间再没有任何其他需要支付的开户费以及年费,这一点给卖家节省了好多在实体店面需要支付的一些租赁费、业务费等。

三、软件业务流程

付款人主要有以下的几个步骤需要进行,如果想要通过PayPal将款项支付给商家或者收款人的话:第一,付款人使用自己的电子邮件地址注册登录并开设一个PayPal账户,然后通过本人的身份验证就可以成为它的用户,同时绑定自己的信用卡或者其他相关的银行卡,将一定量数额的款项从自己信用卡账户或其他银行卡账户转移到自己的PayPal账户下。第二,付款人通过PayPal对收款人付款时,需要先进入自己的账户,把收款人的电子邮件账号提供给PayPal,然后指定需要汇出的金额就行。第三,付款人发出特定汇款金额以后,PayPal就会通过付款人提供的电子邮件账号给收款人发送邮件,通知他们准备领取或者接收转账的款项。第四,如果接受款项的收款人也是PayPal的使用者,那么在接受款项后,这笔钱就会即刻转至收款人的PayPal账户中。第五,如果收款人没有PayPal账户,那么他们就需要根据PayPal电子邮件的内容提示先注册一个PayPal账户,然后就可以按照之前的步骤接收款项,同时收款人还能够根据自己的个人意愿选择将收到的款项转入到自己的信用卡或者其他的银行账户,另外还支持将收到的款项转换成支票邮寄到自己指定的地方。

思考题

1. PayPal与支付宝的区别是什么?
2. PayPal能够取得快速发展的原因是什么?
3. PayPal的面向客户是哪些人群,为什么会选择PayPal支付平台?

4.1 电子支付概述

4.1.1 电子支付的概念

(1)电子支付的定义

电子支付是指电子交易的当事人,包括消费者、商家和金融机构,使用安全电子支付手段,通过网络进行的货币支付或资金流转。

（2）电子支付的特点

支付过程在整个商业交易中是很重要的一个环节，传统支付方式和电子支付都是解决流通活动中的"资金流问题"，从而实现商品的所有权的转移。但是传统支付与电子支付在付款方式、工作效率等方面是有很大区别的，如表4-1所示。

表4-1　传统支付与电子支付区别

比较项目 支付方式	传统支付	电子支付
款项支付方式	现金、票据的流转或通过银行的汇兑等物理实体完成	采用网络信息技术等虚拟方式完成信息传输和款项汇兑
工作环境	在较为封闭的系统中运作	在开放的网络平台中运作
设备要求	使用传统的通信媒介	使用先进的通信手段，对软、硬件要求较高
支付效率	支付时间较长、效率低、费用高	在很短的时间内完成，效率高、费用低

根据上述表格，我们不难看出电子支付是通过电子信息化的手段实现了电子商务活动中的资金流问题，不仅能够提高结算效率，更重要的是加快了资金周转速度，降低了企业资金成本。与传统支付方式相比较，它有以下特点：

① 电子支付是采用先进的技术通过数字流转来完成信息传输的，其各种支付方式都是采用数字化的方式进行款项支付的。

② 电子支付的工作环境是基于一个开放的系统平台Internet。

③ 电子支付使用的是最先进的通信手段，对软、硬件设施的要求很高，一般要求有联网的计算机、相关的软件及其他一些配套设施。

④ 电子支付具有方便、快捷、高效、经济的优势。用户只需要有一台联网的计算机，就可以完全突破时间、空间限制，满足每周7天，每天24小时的工作模式，其效率之高是传统支付望尘莫及的，同时可以在很短时间内完成支付过程，支付费用却只有传统支付的几十分之一。

4.1.2　电子支付的诞生与发展

近年来电子商务的快速发展，为了完成电子商务交易，解决交易中的"资金流"问题，使得客户和商家透明地进行安全交易，其中电子支付系统的可靠安全是整个电子商务框架的基础和保障。

电子支付技术最早起源于美国，其后迅速蔓延到互联网所涉及的国家。当时美国安全第一网络银行（SFNB）从1996年就开始了网上金融服务，美国银行有6%的客户使用了网上银行系统。在我国，中国银行在1997年以"网上银行服务系统"在国内开了网上银行的先河，而后中国建设银行和招商银行也都推出了网上银行服务。

总体说来，电子支付系统的发展是与电子银行业务的发展密切相关的，从历史角度看，它经历了五个发展阶段：

第一阶段是银行利用计算机及网络处理银行之间的业务，办理结算；

第二阶段是银行计算机与其他机构计算机之间资金的结算，如：代发工资等业务；

第三阶段是利用网络终端向客户提供各项银行服务，如：为客户在自动柜员机（ATM）上提供的取存款服务等；

第四阶段是利用银行销售点终端（POS）向客户提供自动的扣款服务，这是现阶段电子支付的主要方式；

第五阶段是可以随时随地通过互联网络进行直接转账结算。这是电子支付发展的最新阶段。

4.1.3 电子支付业务类型

电子支付的手段多种多样，它的业务类型按电子支付指令发起方式分为网上支付、电话支付、移动支付、销售点终端交易、自动柜员机交易和其他电子支付。

（1）网上支付

网上支付是电子支付的一种形式。网上支付是以互联网为基础，利用银行所支持的某种数字金融工具，发生在购买者和销售者之间的金融交换，而实现从买者到金融机构、商家之间的在线货币支付、现金流转、资金清算、查询统计等过程，由此为电子商务服务和其他服务提供金融支持。

网络支付具有轻便性和低成本性。而传统支付中货币的搬运费就很高，美国每年搬运有形货币的费用高达60亿美元，英国需要2亿英镑，世界银行体系之间的货币结算和搬运费用占其全部管理费的5%。网络支付的安全性高。它可以保护交易双方不被非法支付和抵赖，也可以避免双方被冒名顶替。而且，由于支付的全过程使用的都是数字货币，这也有效地防止了假币的产生。另外，网络支付还可以使人们不再携带大量现金，从而保证了人身安全。网络支付还有方便快捷的优势。用户只要有一台上网的计算机，就可以足不出户在很短的时间里完成整个支付过程，而不像传统支付那样会造成大量的在途资金。

（2）电话支付

电话支付是电子支付的一种线下实现形式，是指消费者使用电话（固定电话、手机）

或其他类似电话的终端设备,通过银行系统就能从个人银行账户里直接完成付款的方式。

(3)移动支付

移动支付是使用移动设备通过无线方式完成支付行为的一种新型的支付方式。移动支付所使用的移动终端可以是手机、PDA、移动PC等。

(4)销售点终端交易

销售点终端交易是指通过网络与银行主机系统连接,工作时,将银行卡在POS机上"刷卡"并输入有关业务信息(交易种类、交易金额、密码等),由POS机将获得的信息通过网络送给银行主机进行相应处理后,向POS机返回处理结果,从而完成一笔交易。

(5)自动柜员机交易

自动柜员机交易是指银行在不同地点设置一种小型机器,利用一张信用卡大小的胶卡上的磁带记录客户的基本户口资料(通常就是银行卡),让客户可以通过该机器进行查询、提款、存款、转账等银行柜台服务。

4.2 电子货币

电子商务资金流的基础是电子货币,这是一种新型的货币形式,人类社会发展,货币作为交易的媒介相应发生了形态上的变化。货币的表现形式经历了商品货币、金属货币、纸币和电子货币几次大的变革。

电子货币是现代商品经济高速发展、要求资金快速流通的产物。电子货币借助银行的电子清算系统记录和转移资金,它使纸币和金属货币在整个货币流通中所占比例越来越小。电子货币的出现彻底改变了银行传统的手工记账操作方式。同时,电子货币的广泛使用也给消费者在购物、旅游、娱乐等方面的付款带来了更多便利。总之,电子货币是货币史上一次重大的变革。

4.2.1 电子货币的基本概念

(1)电子货币的定义

电子货币是使用者以一定的现金和存款,从发行者处兑换并获得代表相同金额的数据,以电子数据形式存储在银行的计算机系统中,并通过计算机网络系统以电子信息传递形式实现流通和支付功能的货币。

它的本质是以金融电子化网络为基础，以商用电子化机具和各类交易卡为媒介，以电子计算机技术和通信技术为手段，在消费者或企业之间能够以在线方式提供信息来交换为货币本身进行转移，简单地讲，就是在通信网络或金融网络中流通的"货币"是通过网络进行的金融电子信息的交换。

（2）电子货币的特征

在现实世界里，消费者使用现金、支票和银行卡进行购物，在电子商务结算中，由于因特网的虚拟性，信息传递需要依靠电子化的方式，传统的结算方式已经发生了变化，一些可以在网络上传输的货币（即电子货币）就成为电子商务结算的最重要的载体。电子货币与传统货币相比较具有以下特征。

1）形式方面的特征

电子货币是以计算机技术手段为依托，通常以各类电子设备及计算机存储器为价值载体的货币。电子货币主要有卡类和计算机两种载体。以卡类为载体的电子货币，卡中的芯片能够根据事先存储在里面的程序和外部销售终端或其他设备（如电子钱包）的指令存储和处理信息。借助特殊的设备和终端，卡中代表金钱的信息可以被识别，并且按照指令进行转移。而以计算机为载体的电子货币进行交易时，需要借助个人计算机和互联网，交易前要先下载或从发行人那里获得专门的软件，通过特殊的软件和计算机的处理能力，实现电子货币数额的计算和转移。这种强大的存储和处理能力是传统的提款卡所不具备的。提款卡主要是通过输入密码同中央数据库相联系，通过中央数据库增减相应的金额，卡本身不存在代表电子货币信息的增减。

2）技术方面的特征

电子货币采用了电子化的方法并且采用了安全对策。电子货币的发行、流通、回收过程是采用电子化的方法进行的。为了防止对电子货币的伪造、复制和非正当使用，电子货币不依靠普通的防伪技术，而是通过用户密码和软硬件的加/解密系统等安全保护技术，电子货币在技术方面的特征体现了安全性。

3）电子货币价值传送的无纸化

电子货币是现实货币价值尺度和支付手段职能的虚拟化，是一种没有货币实体的货币。电子货币是在电子化技术高度发达的基础上出现的一种无形货币。一般来说，电子货币的价值通过销售终端从消费者手里传送到商家手中，商家再回赎其手里的货币。商家将其手里持有的电子货币传送给电子货币发行人从其手里回赎货币，或者传送给银行，银行在其账户上借记相应金额，银行再通过清算机构同发行人进行结算。整个过程是无纸化的。所谓无纸化是与票据、信用卡相比较而言。而且，电子货币可以在各个持有者之间直接转移货币价值，不需要第三方如银行的介入，这也是电子货币同传统的提款卡和转账卡的本质区别。

4）使用上的特征

电子货币在使用和结算上特别方便流通，电子货币的使用和结算不受资金金额限制，不受地理位置限制，不受使用对象限制，且使用极为方便。

（3）电子货币的优势

人类开始使用电子货币也不过50多年历史，电子货币是在传统货币的基础上伴随着计算机快速发展而逐步成长起来的，它与传统货币在职能和作用方面有许多共同之处，但是作为一个全新的货币形式，电子货币在如下方面优越于传统货币。

1）降低银行的经营成本

发行电子货币必定减少了现金的使用，节省了现金流量，实现了无纸化交易，从而大大降低了商业银行的经营成本。新的在线支付手段的更新将不断削弱银行在货币流通过程中的费用，传统银行以存款、取款为主的资金功能逐渐被弱化。

2）加速资金周转速度，提高资金使用效益

采用电子货币进行存取款、消费、结算以及各种商贸金融活动时，资金清算是通过银行计算机转账系统和电子信息通信网络的流通进行的，其流通形式表现为电子流而不是纸张，高速运行的电子流可以最大限度缩短资金的在途时间，使商业贷款回笼速度加快。同时，电子货币具有一定消费信贷能力，这是传统货币所不具备的。

3）简化结算手续，提高效益

电子货币采取转账形式，既可以省去现金烦琐手续，又可以免除客户携带现金安全风险大的顾虑。其次，由于POS、ATM等高技术银行作业产生，使得结算不再受银行营业时间、场所的限制，客户可以得到全天候、全方位的服务。采用电子货币结算，无须填写各类凭证，可以省去很多麻烦，节省更多时间。电子货币通过现代化信息网络设施来流通，能达到更准确、更迅速的目的，无论是技术还是效率，都是传统银行所不能比拟的。

（4）电子货币的类型

电子货币发展到现在，种类越来越多，数量越来越大，流通范围也更加广阔。对电子货币的划分，不同国家、不同机构都有不同的分类。按照不同分类标准，可将电子货币分为以下几类：

1）按照载体的不同分

根据电子货币的载体不同，分为卡基电子货币和数基电子货币。卡基电子货币包括智能卡和储值卡，二者都是具有购买力的塑料卡片，其中所含有的电子价值已经由持卡人预先支付。"卡基"产品主要是被设计用于零售交易的小额支付，并且在此领域表现出取代纸币和硬币的潜力。例如，电信201电话卡、移动的手机充值卡、公交IC卡、中百仓储购物卡等。数基电子货币是基于计算机软件的产品，这种产品需要在电脑上安装特制的软件，使得电子价值能够通过电信网络传递。基于软件的系统主要通过计算机网络与银行、商家通信，实现远程支付，它们也已具备取代现金的实力，并在一定程度上将取代其他无纸化支付工具。例如，电子现金。

2）按照使用方式和条件的不同分

根据电子货币的使用条件不同，可以分为认证电子货币和匿名电子货币；在线电子货币和离线电子货币。认证电子货币是指电子货币的持有者在使用电子货币时，需要对其身份进行确认，其个人资料被保存在发行者的数据库中，以电子货币进行的交易是可被追踪的。匿名电子货币是指电子货币的持有者在使用电子货币时不需进行身份认证，其交易不能被追踪。在线电子货币是指顾客在使用电子货币时，需要利用电信设备连接商家或第三方进行确认，这种确认不一定是身份的确认，也可以是对电子货币的合法性、金额等的确认。离线电子货币在使用时不需要发行者或第三方进行确认，可以直接进行用户对用户、用户对商家的资金转移支付。

3）按照接受程度不同分

根据电子货币被接受程度，电子货币可分为单一用途电子货币和多用途电子货币。单一用途电子货币由特定的发行者发行，只能用于购买特定的一种产品或服务，或被单一商家所接收，其典型代表就是各类电话卡。多用途电子货币的典型代表是Mondex智能卡系统，这种智能卡可根据其发行者与其他商家签订协议的范围的扩大，而被多家商户所接受，它可购买的产品与服务也不仅限于一种，有时它还可以储存、使用多种货币。

4.2.2 电子现金

（1）电子现金的定义

电子现金（E-Cash）又称为数字现金，是一种以数据形式流通的货币，它把现金数值转换成为一系列的加密序列数，通过这些序列数来表示现实中各种金额的币值。电子现金是能被客户和商家同时接受的、通过Internet购买商品或服务时使用的一种交易媒介。

（2）电子现金的分类

1）预付卡式电子现金（智能卡）

先储值后扣款形式，在商家POS机上可以使用，非常方便，比如：中国移动的充值卡，各家超市的购物卡等。

智能卡20世纪70年代中期在法国问世，经过20多年的发展，真正意义上的智能卡在1997年研制成功。由于智能卡内安装了嵌入式微型控制器芯片，因而可储存并处理数据。卡上的价值受用户的个人识别码（PIN）保护，因此只有用户能访问它。多功能的智能卡内嵌入有高性能的CPU，并配备有独自的基本软件（OS），能够如同个人电脑那样自由地增加和改变功能。

智能卡一般是指一张给定大小的塑料卡片，上面封装了集成电路芯片，用于存储和处理数据。我们常用的智能卡大致分四种：存储卡：不能处理信息，只是简单的存储设备，从这个角度来讲，它们很像磁卡。唯一的区别是存储的容量更大，但也存在着和磁卡一样的安全缺陷。没有任何安全保障的应用；加密存储卡：在存储卡的基础上增加加密逻辑，保持存储卡的价格优势。一次性的加密卡（又称预付费卡）用得较多，例如：电话储值卡；CPU卡：有处理器和内存，因此不仅能存信息，还能对数据进行复杂的运算。由于可以实现对数据的加密，安全性有了显著提高，可以有效地防止伪造，用于储蓄/信用卡和其他对安全性要求较高的应用场合；射频卡：在CPU卡的基础上增加了射频收发电路，非接触式读写，大量用于交通行业。

2）纯电子形式电子现金

这种类型的电子现金以特殊的电子数据形式存在，没有物理形态，特别适合买卖双方处于不同地点，通过网络进行支付的情况，支付行为表现为把电子现金从买方扣除传给卖方，卖方可以继续使用，也可以去发行电子货币的金融机构进行兑换。在该类电子现金使用传输过程中，通过加密保证只有真正的客户才可以使用这笔电子货币。

（3）电子现金的特点

电子现金在经济领域起着与普通现金同样的作用，对正常的经济运行至关重要。电子现金应具备以下特性。

1）独立性

传统纸币支付时必须定时定点，而电子现金完全脱离了实物载体，使得用户在支付中不受时空限制，使用方便。

2）不可重复使用性

电子现金使用时，不能重复使用，但可以通过特定金融机构充值。

3）匿名性

现金交易不具备匿名性，而电子现金则具有极端的匿名性，银行和商家相互勾结也不能跟踪电子现金的使用，就是无法将电子现金的用户的购买行为联系到一起，从而隐蔽电子现金用户的购买历史。

4）不可伪造性

电子现金是不容易伪造的，一是用户不能凭空制造有效的电子现金；二是用户不可能根据从银行提取的几个有效电子现金来制造出有效的电子现金。

5）可传递性

用户可以将电子现金像普通现金一样，在用户之间任意转让，并且不能被跟踪。

6）可分性

电子现金和现金一样有许多面值，不仅能当作整体使用，还能被分成很多更小的部分来使用，只要各部分面额之和与原电子现金面额相等，就可以进行拆分使用。

7）安全性

电子现金是高科技发展的产物，融合了现代密码技术，提供了加密、认证等机制，它用一系列摸不着的电子数字串作为介质。因此，防伪能力强，不像纸币那样容易遗失、被窃。

（4）电子现金的缺点

电子现金依赖于电子化和网络化技术，它在使用过程中也存在着一定的不足：

① 少数商家接受电子现金，且只有少数几家银行提供电子现金开户服务。

② 成本较高。电子现金对于硬件和软件的技术要求较高，需要一个大型的数据库存储用户完成的交易和电子现金序列号以防止重复消费。因此，尚需开发出硬件和软件成本低廉的电子现金。

③ 存在货币兑换问题。由于电子现金仍以传统的货币体系为基础，因此德国银行只能以德国马克的形式发行电子现金，法国银行发行以法郎为基础的电子现金，诸如此类，因此从事跨国贸易就必须要使用特殊的兑换软件。

④ 风险较大。如果某个用户的硬盘损坏，电子现金丢失，这个风险许多消费者都不愿承担。电子伪钞的可能出现，也是一个很大的风险。

⑤ 电子现金的发行迫切需要相关法律法规的规范。

（5）电子现金的支付流程（图4-1）

① 客户在电子现金的发行银行开立E-cash账号并购买E-cash。要在网上的货币服务器或银行购买电子现金，首先要在银行建立一个账户，将足够资金存入该账户以支持今后的支付。

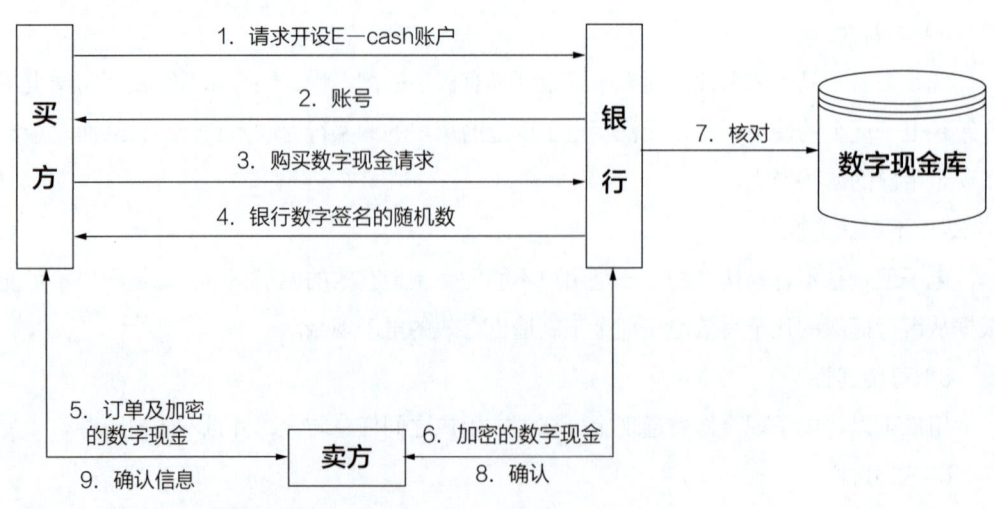

图4-1 电子现金支付流程图

② 使用电脑E-cash终端软件从E-cash银行取出一定数量的E-cash存在硬盘上。一旦账户被建立，客户就可以使用数字现金软件产生一个随机数，它是银行使用私钥进行数字签名的随机数值。

③ 客户向接收E-cash的商家订货，并用商家的公钥加密E-cash后，传给商家。

④ 接收E-cash的商家与E-cash发行银行进行清算，在交易中，电子现金被发给商家，商家再把它直接发给发行E-cash的银行，银行检验电子货币的有效性。

4.2.3 电子支票

(1) 电子支票的定义

电子支票是客户向收款人签发的、无条件的数字化支付指令，它可以通过因特网或无线接入设备来完成传统支票的所有功能，是网络银行常用的一种支付工具。

从某种意义上讲，它只是纸质支票的电子替代物，电子支票几乎和纸质的支票有着同样的功能。它与纸质支票一样是用于支付的一种合法方式，它使用数字签名和自动验证技术来确定其合法性。电子支票样子十分像纸质支票，填写方式也相同，支票上除了必需的收款人姓名、账号、金额和日期外，还隐含了加密信息，电子支票通过电子函件直接发送给收款方，收款人从电子邮箱中取出电子支票，并用电子签名签署收到的证实信息，再通过电子函件将电子支票送到银行，把款项存入自己的账户。

现时银行处理支票成本约15元，银行业每年处理支票开支高达17亿元。电子支票的使用可节省纸张，降低银行营运成本，同时由于数码化签名和收款人姓名都不能更改，可令安全程度提高。

随着信息技术特别是互联网的发展，电子支票应运而生，使支票的发展达到了一个新的高度。

(2) 电子支票的优点

① 电子支票是一种新型的在线支付工具。它支持新的结算流；可以自动证实交易各方的数字签名；增强每个交易各环节上的安全性；与基于EDI的电子订货集成来实现结算业务的自动化。

② 电子支票的运作方式与传统支票相同，简化了客户的学习过程。电子支票保留了纸制支票的基本特征和灵活性，又加强了纸制支票的功能，因而易于理解，能得到迅速采用。

③ 电子支票非常适合大额结算；电子支票的加密技术使其比基于非对称的系统更容易处理。收款人和收款人银行、付款人银行能够用公钥证书证明支票的真实性。

④ 电子支票可为企业市场提供服务。企业运用电子支票在网上进行结算，可比现在

采用的其他方法降低成本；由于支票内容可附在贸易伙伴的汇款信息上，电子支票还可以方便地与EDI应用集成起来使用。

⑤ 电子支票要求建立准备金，而准备金是商务活动的一项重要要求。第三方账户服务器可以向买方或卖方收取交易费来赚钱，它也能够起到银行作用，提供存款账户并从中赚钱。

⑥ 电子支票要求把公共网络同金融结算网络连接起来，这就充分发挥了现有的金融结算基础设施和公共网络作用。

（3）电子支票的交易流程（图4-2）

① 消费者和商家达成购销协议并选择用电子支票支付。

② 消费者通过网络向商家发出电子支票，同时向银行发出付款通知单。

③ 商家通过验证中心对消费者提供的电子支票进行验证，验证无误后将电子支票送交银行索付。

④ 银行在商家索付时通过验证中心对消费者提供的电子支票进行验证，验证无误后即向商家兑付或转账。

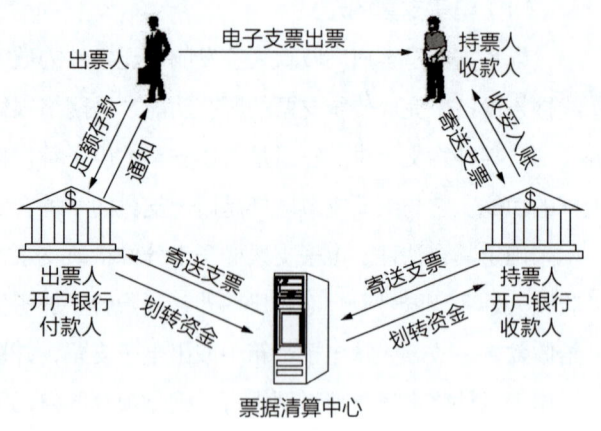

图4-2　电子支票支付流程图

4.2.4　电子钱包

（1）电子钱包的定义

电子钱包是在电子商务购物活动中常用的一种支付工具，适合于小额购物。在电子钱包内存放的电子货币，如电子现金、电子零钱、电子信用卡等。

使用电子钱包购物，通常需要在电子钱包服务系统中进行。电子商务活动中电子钱包的软件通常都是免费提供的。世界上有VISA Cash和Mondex两大在线电子钱包服务系统。

（2）电子钱包的分类

1）小额支付的智能储值卡

持卡人预先在智能卡中存入一定的金额，交易时直接从储值卡账户中扣除交易金额。例如：Mondex卡。

Mondex最早是由英国的西敏银行（National West Minster Bank）和米德兰（Mid Land Bank）银行为主开发和倡议使用的。它从形式上看与智能卡非常相似，使用起来十分简单，只要把Mondex卡插入终端就可以使用。它不同于普通的信用卡，用它付账时，不需要在收据单上签名，也不要等待用电话或计算机来核准支付的金额，人们可以方便地把存在卡里的电子货币从一张卡转移到另一张卡。但使用Mondex卡需要一套电子设备，包括一台微型显示器和一部Mondex兼容电话。

2）纯粹的软件

主要用于网上消费、账户管理，这类软件通常与银行账户或银行卡账户是连接在一起的。

目前电子商务中应用的电子钱包是虚拟电子钱包，已经完全摆脱了实物形态。

（3）电子钱包的功能

1）个人资料管理

消费者成功申请电子钱包后，系统将在电子钱包服务器为其开立一个属于个人的电子钱包档案，消费者可在此档案中增加、修改、删除个人资料。

2）网上付款

消费者在网上选择商品后，登录到电子钱包，选择开通网上银行的银行卡，向"金融联"支付网关发出付款指令来进行支付。

3）交易记录查询

消费者可对通过"金融联"电子钱包完成支付的所有历史交易记录进行查询。

4）银行卡余额查询

消费者可通过"金融联"电子钱包查询个人银行卡账户余额。

5）商户站点链接

"金融联"电子钱包内设众多商户站点链接，用户可通过链接直接登录商户站点进行购物。

（4）电子钱包的优点

1）安全性

电子钱包用户的个人资料存贮在服务器端，通过技术手段确保安全，不在个人电脑上存贮任何个人资料，从而避免了资料泄露的危险。

2）自由行

消费者在申请电子钱包成功后，即在服务器端拥有了自己的档案，当外出旅游或公务时，不用再随身携带电子钱包资料，即可进行网上支付。

3）方便性

电子钱包内设众多商家站点链接，消费者可通过链接直接进入商家站点进行购物。

4）快速性

通过电子钱包，完成一笔支付指令的正常处理，只需10~20秒。

(5) 电子钱包的交易流程 (图4-3)

利用电子钱包在网上购物，通常包括以下步骤：

① 客户使用浏览器在商家的Web主页上查看在线商品目录浏览商品，选择要购买的商品。

② 客户填写订单。包括商品列表、价格、总价、运费、搬运费、税费。

③ 订单通过电子化方式从商家传过来，或由客户的电子购物软件建立，有些在线商场可以让客户与商家协商物品的价格。

④ 客户确认后，选定用电子钱包付钱。单击电子钱包的相应项或电子钱包图标，电子钱包立即打开，然后输入自己的保密口令，在确认是自己的电子钱包后，从中取出一张电子信用卡来付钱。

⑤ 电子商务服务器对此信用卡号码采用某种保密算法算好并加密后，发送到相应的银行，同时商家也收到了经过加密的购物账单，商家将自己的客户编码加入电子购货账单后，再转送到电子商务服务器上去。

⑥ 如果经商业银行确认后拒绝并且不予授权，则说明客户的这张电子信用卡上的钱数不够用了或者没有钱了，或者已经透支。被商业银行拒绝后，客户可以再单击电子钱包的相应项再打开电子钱包，取出另一张电子信用卡，重复上述操作。

⑦ 如果经商业银行证明这张信用卡有效并授权后，商家就可交货。与此同时，商家留下整个交易过程中发生往来的财务数据，并且出示一份电子收据发送给客户。

⑧ 上述交易完成后，商家就按照客户提供的电子订货单将货物再发送到客户或其指定的人手中。

电子钱包是电子商务活动中网上购物客户常用的一种电子支付工具，是在小额购物或购买小商品时常用的新式钱包。最近，电子钱包一直是全世界各国开展电子商务活动中的

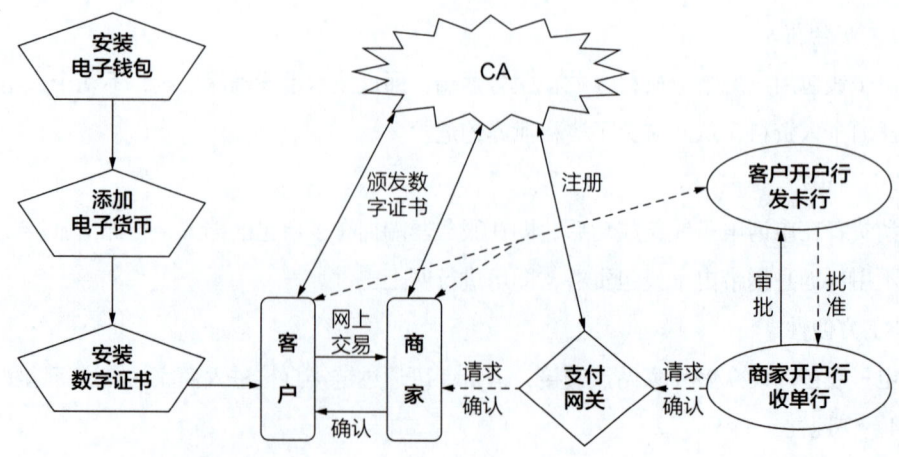

图4-3 电子钱包支付流程

热门话题，也是实现全球电子化交易和因特网交易的一种重要工具，全球已有很多国家正在建立电子钱包系统以便取代现金交易的模式，目前，我国也正在开发和研制电子钱包服务系统。

4.3 网上银行概述

近十年来，随着社会的发展，网络的普及，以及人们对金融服务需求的日益加大，已经从单纯8小时工作时间拓展到了24小时服务。从单一的存取业务向多元化的金融服务转变。各大银行纷纷推出了自己的网上银行渠道。建立在IT（计算机通信技术）之上的网上金融，是一种以高科技为支持的3A式银行，即在任何时候（anytime）、任何地方（anywhere），并以任何方式（anyhow）为客户提供服务的银行。它是金融领域的一场革命，将引发金融业经营管理模式、业务运作方式、经营理念、风险监管等一系列重大变革。同时，网络经济特别是电子商务的迅速发展，为网上银行提供了极其广阔的市场。

网络银行在美国诞生，其后迅速拓展至其他国家。美国安全第一网络银行（SFNB）从1996年就开始了网上金融服务，美国银行业10%的客户使用网上银行系统。我国的第一家网银系统是1999年由招商银行推出的，随后工行、建行等国有银行也拥有自己的网银。此外，由于支付宝作为资金通道的建立，使得第三方支付平台和网上银行都获得高速的增长。

2010年，全国城镇人口中，个人网银用户比例为26.9%，全国个人网银用户中，活跃用户比例达到80.7%，交易用户平均每月使用次数高达5.6次。同时，网银安全性一直是各界关注的焦点。报告显示，网银用户中有高达71.9%的用户认为个人网银是安全的，证明了市场对于网银安全性的信赖也正稳步提升。此外，个人网银活动用户使用USB数字证书的位列各种网银安全认证手段的第一位，其次为手机短信认证、口令卡/刮刮卡，这表明数字证书已作为一种重要的安全手段被用户认可。据调查，未来个人网银新增用户是30岁以下、月收入3000元以上的学生和公司职员为主的人群，他们将更加重视网上银行本身的优势。

4.3.1 网上银行的概念

（1）网上银行的定义

由于网络银行的发展速度很快，其标准、发展模式等都处于演变之中，目前很难对网上银行的基本内涵进行规范的理论界定。以下是一些权威机构和组织给出的网上银行的定义：

① 根据巴塞尔银行监管委员会的定义，网上银行是指那些通过电子通道，提供零售与小额产品与服务的银行。这些产品和服务包括：存贷、账户管理、金融顾问、电子支付，以及其他一些诸如电子货币等电子支付的产品与服务。

② 欧洲银行标准委员会将网络银行定义为：那些利用网络为通过使用计算机、网络电视、机顶盒及其他一些个人数字设备连接上网的消费者和企业提供银行服务的银行。

③ 美联储对网上银行的定义为：网上银行是指利用互联网作为其产品、服务和信息的业务渠道，向其零售和公司客户提供服务的银行。

④ 英国金融服务局对网上银行的定义是：网上银行是指通过网络设备和其他电子手段为客户提供产品和服务的银行。

以上定义基本上是对现有网络银行实际情况的概括，主要区别是对网络银行外延大小的认定不同，网上银行实现了银行与客户之间安全、方便、友好、实时的连接，可向客户提供开户、销户、查询、对账、行内转账、跨行转账、信贷、网上证券、投资理财以及其他贸易或非贸易的全方位银行业务服务。总体来说，可以对网络银行的基本概念作如下定义：以现代化通信技术、Internet网络技术和电子计算机网络技术为基础，采用电子数据的形式，通过因特网而开办银行业务，提供具有充分个性化金融服务的新型银行。

（2）网上银行的产生与发展

早在20世纪60年代，美国、日本等国家的银行就已经开始银行电子化建设，将计算机这一新科技成果引入银行业。最初主要是用于记账和编制报表，以解决手工记账效率低、差错率高的问题。网络银行发源于美国。1995年10月18日，美国诞生了第一家网上银行——安全第一网络银行，这是世界上第一家将其所有银行业务都通过Internet处理的开放式银行。我国银行电子化的发展，相对于发达国家而言起步较晚，1998年2月，招商银行推出"一网通"服务，成为国内首家推出网上银行业务的银行，之后，各家银行纷纷加快了自己的网上银行建设进程。网上银行发展的原因，综合起来大致有以下几个方面。

1）网络和信息技术为网上银行发展提供了技术基础

计算机技术、网络技术和信息技术的飞速发展，以及网络安全保密技术不断地完善，为网上银行的出现及其发展提供了技术基础和安全保障。目前，互联网已经遍布了180多个国家和地区，为约20亿用户提供服务，网络技术的不断进步，网络访问设备的不断丰富，使上网越来越快捷、方便，从而给网上银行提供了生存和发展空间。

互联网给金融界带来发展机遇的同时，也给银行带来了更为激烈的市场竞争，为了在竞争中谋求生存和发展，国内外银行及金融机构纷纷推出了网上银行服务品种。

2）电子商务技术的发展催生了网上银行

电子商务是伴随互联网的普及而产生的新型商务模式，是当代信息技术和网络技术在商务领域广泛应用的结果，电子商务最终目的是实现网上信息流、资金流和物流的融合，从而形成低成本、高效率的商品及服务的交易活动。

通常说，电子商务对银行的要求有两方面：一方面是要求银行为之提供相互配套的网上支付系统；另一方面是要求银行提供与之相适应的虚拟金融服务。电子商务是一种网上交易方式，所有的网上交易都是由两个环节组成的，一是交易环节，二是支付环节，前者是在客户与商家之间完成，后者需要通过银行网络完成。

网上银行是电子商务核心的商务活动，电子商务则是网上银行发展的商业基础，缺乏了电子商务环境，网上银行就不可能得到有效、快速的发展；而缺乏银行专业网络的支持，没有安全、平稳、高效的网上支付体系的运作支持，就不可能实现真正意义上的电子商务。

3）网上银行发展的根本原因，来自于服务成本和获取行业竞争优势的考虑

网上银行是基于互联网的金融产品服务渠道，网上银行大大降低了商业银行的经营成本、管理和维护成本，减少了烦琐的业务工作量，大大提高了工作效率。

（3）网上银行的模式

① 完全依赖于互联网的无形的电子银行，也叫"虚拟银行"；所谓虚拟银行就是指没有实际的物理柜台作为支持的网上银行，这种网上银行一般只有一个办公地址，没有分支机构，也没有营业网点，采用国际互联网等高科技服务手段与客户建立密切的联系，提供全方位的金融服务。以美国安全第一网上银行为例，它成立于1995年10月，是在美国成立的第一家无营业网点的虚拟网上银行，它的营业厅就是网页画面，当时银行的员工只有19人，主要的工作就是对网络的维护和管理。

② 另一种网上银行是在现有的传统银行的基础上，利用互联网开展传统的银行业务交易服务。即传统银行利用互联网作为新的服务手段为客户提供在线服务，实际上是传统银行服务在互联网上的延伸，这是目前网上银行存在的主要形式，也是绝大多数商业银行采取的网上银行发展模式。

4.3.2　网上银行的特点和优势

（1）网上银行的特点

网络银行不仅集成了传统银行的基本功能和特征，而且受到了新的网络环境的影响和电子商务的推动，具有了新的特点和属性。

1）3A服务

网络银行借助了网络优势，利用网络技术把自己和客户连接起来，在安全设施的保护下，客户可以在任何时间、任何地点办理金融业务，而且比传统银行提供的业务更

好，更快。

全天候（anytime）：网上银行全天候24小时连续运行，对其使用可以不分昼夜，摆脱了传统银行上下班时间的限制。在经济全球化背景下，网上银行的使用同样可以不受全球时区的限制。

在任意地方获得（anywhere）：只要拥有合适的工具（电话、电脑、手机、ATM等），客户所处的地域就无关紧要，随时随地都能获得银行的服务。最为常见的例子是，我们可以通过互联网在世界任何一个地方访问自己的开户银行。

多种方式提供（anyway）：客户将不仅仅通过银行柜台才能办理银行业务，而是可以通过电脑终端、手机、ATM、电话等多种方式享受各种银行产品和服务。

"3A"服务犹如一把双刃剑，网上银行便捷、高效提供金融服务的同时，风险也更容易发生。作为银行更加容易受到外界的影响和攻击，要全天候提供服务，就要求银行24小时保持对银行业务运转的监控和管理，开放使得任何个人和机构都能访问银行的网络，也使得黑客和其他非法入侵者的攻击成为可能。

2）速度效益双赢的银行

由于网上银行业务是通过网络运作的，它的业务处理速度是以计算机的处理能力作为依托的，计算机科技的迅猛发展让以它为基础的网上银行运行速度远远高于传统银行的处理速度。借助迅猛发展的因特网技术，银行业务不仅赢得了速度，而且也带来了可观的经济效益。采用网上银行这种新的交易方式，可以极大地降低银行的运营成本，传统银行的销售渠道是分行和其分布广泛的营业网点，传统银行需要大量人力、物力、财力的投入。比如：场地费、室内装修、水电费、网点人员工资等，而网上银行主要的销售渠道是计算机网络系统，它是虚拟的，没有固定场所，只需要在网络上设置相应的网站服务即可，所有网上银行的成本比传统银行低很多。

3）侧重于标准化和程序化的业务

与传统银行提供的面对面客户服务相比，网上银行能应对的业务复杂程度显然有限。一般而言，网上银行常常充分发挥信息技术高效处理的优势，低成本地提供程序化的、可以自动完成的常规业务，如信息查询、转账服务、修改密码等。而高附加值的、非程序化的企业客户服务往往需要在网下通过客户经理开展。

网络银行业务侧重于传统银行业务中劳动密集型业务，而对于风险较大的，高知识性业务网络银行具有一定的局限性，比如：国际信贷业务。一方面银行要通过网络开通这类业务存在技术上的难度，会给银行带来很大的风险；另一方面，用户一般也不愿意在网上进行这类业务的操作。

4）安全问题更加突出

与传统银行相比，网络银行是建立在因特网开放式环境下的虚拟银行，由于实际网上交易都有可能引来网络入侵者，无论是盗窃还是修改电子数据资料，这对于信用重于一切的银行来说都会是极大的风险。目前，网络消费者对网上支付安全仍存在顾虑，因此如何保障支付安全和保护个人隐私仍是网上银行需要克服的最大障碍。

网络银行业务中，银行客户的账号和密码就是网上银行服务的"入口钥匙"，一旦获得，任何人都可以任意使用网上银行提供的各种功能。为数不少的网上银行犯罪事件就是由于客户账号信息泄露、被非法使用造成的，而泄露账号信息的原因有很多。网上银行业务常常涉及三方：银行、客户和中间方，中间方包括网络服务提供商和使用网上银行服务的网上商家等。目前的安全问题往往主要由客户自己不小心造成，如在不安全的地方使用网上银行服务（这种不安全的地方包括公共场所、非法网上商家等），导致没有保管好自己的账户密码等。一般来说，银行提供网上银行服务的同时，都会提醒用户注意安全问题。只要好好留意银行的提示信息，并按照相应要求操作，慎重保管好网上银行的账号信息，就不会出现意外。

5）全能银行

网上银行打破了传统金融业的专业分工，模糊了银行业、证券业和保险业之间的界限，使得银行在提供存取、贷款、结算等传统业务同时，还可以为客户提供投资理财、保险等综合性金融服务。客户通过网上银行提供的服务，除了全面了解自己的账户信息，还可以了解银行提供的相关信息，如证券信息、保险信息等。随着银行业分业经营界限的慢慢打破，这种综合性服务功能将越来越强大，银行客户通过网上银行享受"一站式"金融服务不再是梦想。

（2）网上银行的优势

网上银行打破了100多年来银行业务的传统经营模式，让消费者发现银行服务方式可以如此简便，所提供的服务效率可以如此之高，网上银行消除了时间和地域的限制，就像把银行搬到了自己的家里或办公室，客户无须亲自前往银行网点，只需要一台联网的计算机就可以享受银行为其提供的金融服务。网上银行和传统银行相比较具有以下优势。

1）网上银行实现了交易的无纸化

网上银行的电子化和自动化实现了无纸交易，并且大幅度提高了服务的准确性和时效性。网上银行使得传统银行使用的票据电子化，并且不再以邮寄方式处理银行与客户之间纸质票据和文件的传递，而是利用计算机和数据通信传送，利用电子数据EDI进行往来结算，网上银行采用的电子手段可以在几秒内把大批资金传送到全国各地或世界各地。

2）降低银行、客户的交易成本

与其他银行服务手段相比，网上银行的运营成本最低。据介绍，在美国开办一个传统的分行机构需要150万～200万美元，每年的运营成本为35万～50万美元。相比之下建立一个网上银行所需的成本为100万美元。普通的支行平均每笔交易成本约1.07美元，而网上银行仅为0.01～0.04美元。由于网上银行客户端使用的是公共浏览器软件，不需要银行对其进行维护和升级，可以大大降低银行的客户维护费用，银行避免了建立专用客户网络所带来的成本和维护费用。

网上银行使银行走进了办公室和家庭成为现实，使客户足不出户就可以享受转账、理财和结算等服务。

3）提供了全方位，多元化的银行服务

网上银行可以为客户提供生动、灵活、多样的服务，通过网上银行发布的金融信息，客户不仅可及时了解国内外金融动态，而且能够及时了解银行最新推出的金融产品，及时了解客户账户情况。网上电子邮件、即时通信工具便于用户和银行之间迅速沟通。网上银行的服务使用方便，进入银行网站后可以根据网页页面的提示，进入自己所需的业务界面，方便地实现自我服务。

4）广泛吸引更多优质客户，满足客户个性化需求

研究发现，网上客户群具有高学历、高收入，集中在白领阶层的特点，网上银行客户受教育程度普遍比传统客户要高。同时，网上银行能为客户提供个性化、特殊化的金融产品，客户可以通过网上银行随时提出要求，而银行职员可以依托网络及时了解客户需求，为客户量身定做他们需要的金融产品。

4.3.3　网上银行的业务内容

网上银行业务不仅涵盖传统银行业务，而且突破了银行经营的行业界限，深入证券、保险甚至是商业流通等领域。网上银行代表了未来银行业的方向，网上银行业务的迅速发展必将推动着银行业新的革命。一般说来网上银行的业务品种主要包括基本业务、网上投资、网上购物、个人理财、企业银行及其他金融服务。

（1）基本网上银行业务

商业银行提供的基本网上银行服务包括：在线查询客户信息、账户余额、交易记录，转账和网上支付等。

（2）网上投资

由于金融服务市场发达，可以投资的金融产品种类众多，国外的网上银行一般提供包括股票、期权、基金投资和黄金买卖等多种金融产品服务。中国现代金融业也正面临一次大的变革，其中网上银行业务中的投资理财会成为其中的重要角色，现在国内网上银行可购买证券基金等理财产品的越来越多，服务也越来越全面化、人性化和国际化。

（3）网上购物

商业银行的网上银行设立的网上购物协助服务，大大方便了客户网上购物，为客户在

相同的服务品种上提供了优质的金融服务或相关的信息服务，加强了商业银行在传统竞争领域的竞争优势。特别是网上银行和第三方支付工具的推出构建了一条安全有效的资金支付通道。

（4）个人理财助理

个人理财助理是网上银行重点发展的一个服务品种。各大银行将传统银行业务中的理财助理转移到网上进行，通过网络为客户提供理财的各种解决方案，提供咨询建议，或者提供金融服务技术的援助，从而极大地扩大了商业银行的服务范围，并降低了相关的服务成本。

（5）企业银行

企业银行服务是网上银行服务中重要的部分之一。其服务品种比个人客户的服务品种更多，也更为复杂，对相关技术的要求也更高，所以能够为企业提供网上银行服务是商业银行实力的象征之一，一般中小网上银行或纯网上银行只能部分提供，甚至完全不提供这方面的服务。

企业银行服务一般提供账户余额查询、交易记录查询、总账户与分账户管理、转账、在线支付各种费用、透支保护、储蓄账户与支票账户资金自动划拨、商业信用卡等服务。此外，还包括投资服务等。部分网上银行还为企业提供网上贷款业务。

（6）其他金融服务

除了银行服务外，商业银行的网上银行均通过自身或与其他金融服务机构联合的方式，为客户提供多种金融服务产品，如保险、抵押和按揭等，以扩大网上银行的服务范围。

4.3.4 网上银行的安全认证工具

网上银行的出现标志了金融方式的重大创新，网上银行的高效快捷给人们带来了诸多便利，同时，网上银行的安全也成为人们关注的焦点。下面具体介绍几种网上银行常用安全认证工具。

（1）密码

密码是每个网上银行必备的认证介质，最好使用安全好记的密码。但是密码非常容易被木马病毒盗取或被他人偷窥。

（2）文件数字证书

文件数字证书是存放在电脑中的数字证书，每次交易时都需用到，如果客户的电脑没有安装数字证书是无法完成付款的；已安装文件数字证书的用户只需输入密码即可完成支付。未安装文件数字证书的客户在安装证书时需要验证大量的信息，相对比较安全。

但是文件数字证书不可移动，对经常换电脑使用的客户来说不方便，而且文件数字证书也有可能被盗取，所以不是绝对安全的。

（3）动态口令卡（图4-4）

动态口令卡是一种类似游戏的密保卡样子的卡。卡面上有一个表格，表格内有几十个数字。当进行网上交易时，银行会随机询问客户某行某列的数字，如果能正确地输入对应格内的数字便可以成功交易；反之不能。

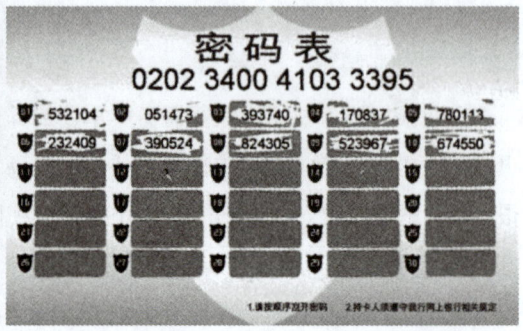

图4-4 动态口令卡

动态口令卡可以随身携带，轻便，不需驱动，使用方便，但是如果木马长期在客户的电脑中，可以渐渐地获取客户的口令卡上的多个数字，当获知的数字达到一定数量时，客户的资金便不再安全，而且如果在外使用，也容易被人拍照。

（4）动态手机口令（图4-5）

当客户尝试进行网上交易时，银行会向客户的手机发送短信，如果客户能正确地输入收到的短信内容则可以成功付款，反之不能。动态手机口令不需安装驱动，只需随身带手机即可，不怕偷窥，不怕木马，相对安全。

但是必须随身携带手机，手机不能停机、不能没电、不能丢失。而且有时通信运营商服务质量低导致短信迟迟没到，影响支付效率。

（5）移动数字证书（图4-6）

移动数字证书（USB key），用于网上银行电子签名和数字认证的工具，它内置微型智能卡处理器，采用1024位非对称密钥算法对网上数据进行加密、解密和数字签名，确保网上交易的保密性、真实性、完整性和不可否认性。

图4-5 手机动态口令

图4-6 移动数字证书

4.4 手机银行

手机银行是网上银行的延伸，也是继网上银行、电话银行之后又一种方便银行用户的金融业务服务方式，有贴身"电子钱包"之称。它延长了银行的服务时间，扩大了银行服务范围。

当手机把MP3、照相机、摄像机、电视机等各种功能集于一身，已经超出了最初作为单纯的通信工具的定位，成为人们日常生活的一个重要组成部分，同时也成为银行业嫁接的目标，即将银行业务与手机结合而成的"手机银行"。

随着多年业务的推广，尤其近来的炒股热、转存热，手机银行、手机支付或者手机证券已经为广大用户所熟悉并接受。无论对于通信业还是银行业，这种"贴身金融管家"的方式为用户提供了"随时随地"满足"各种需求"的移动电子商务业务。

4.4.1 手机银行的概念

（1）手机银行的定义

手机银行（Mobile Banking Service）也可称为移动银行，是利用移动通信网络及终端办理相关银行业务的简称。

作为一种结合了货币电子化与移动通信的崭新服务，移动银行业务不仅可以使人们在任何时间、任何地点处理多种金融业务，而且极大地丰富了银行服务的内涵，使银行能以便利、高效而又较为安全的方式为客户提供传统和创新的服务，而移动终端所独具的贴身特性，使之成为继ATM、互联网、POS之后银行开展业务的强有力工具，越来越受到银行业者的关注。

（2）手机银行的优势

同传统银行和网上银行相比，手机银行支付的优点如下。

1）更方便

手机银行功能强大，是网络银行的一个精简版，但是远比网络银行更为方便，因为容易随身携带，而且方便用于小额支付。

2）更广泛

提供WAP网站的支付服务，实现一点接入、多家支付。

3）更有潜力

目前还不成熟的商业模式和用户习惯导致手机银行和支付的发展还没有达到预期。网络银行的成功在于它不仅是银行业电子化变革的手段，更是因为它迎合了电子商务的发展要求，而手机银行这方面还有很大的潜力可以发掘。

4.4.2 手机银行的业务功能

(1) 账户管理

为客户提供余额查询、当日明细查询、历史明细查询、注册卡维护、账户挂失、默认账户设置等账户管理功能。

(2) 转账汇款

手机汇款是客户通过输入收款人银行卡号或手机号,向已开通手机银行(WAP)的客户默认账户,进行本异地账户转账汇款的功能。

(3) 缴费业务

客户通过此功能可缴纳日常项目费用,并支持客户在非工作时间内进行缴费的预约指令提交(需分行业务确认开通),系统会在工作时间内为客户办理业务。缴费成功后可将该项目存入"我的缴费项目"中,客户还可以通过"我的缴费项目"进行个人缴费项目的缴费、查询、增删操作。

(4) 手机股市

客户可通过手机银行(WAP)查询上证、深证的股票信息,并且在"定制我的股票"中输入股票代码定制或删除自己关心的股票。客户可以通过"第三方存管"功能进行银行转证券公司、证券公司转银行和相关查询交易,此外还可以链接到券商WAP站点页面进行股票交易。

(5) 基金业务

客户根据基金公司、基金类型、基金代码及自选基金为条件,查询出某只基金的详细信息(包括:基金代码、名称、类型、净值、历史净值等),并可将重点关注的基金设置为自选基金的功能。还可以快速便利地进行基金申购、认购、定投、赎回、撤单、余额及历史明细查询等操作。

(6) 贵金属

提供客户查询人民币纸黄金的实时价格(包括:银行买入价、银行卖出价),根据即时人民币纸黄金价格,进行纸黄金买卖交易或设立纸黄金委托交易(包括获利委托、止损委托、双向委托)以及品牌金积存的余额和账户信息查询的功能。

(7) 信用卡业务

提供客户查询信用卡(包括信用卡、贷记卡、国际卡)的余额、交易明细信息,并向本人信用卡归还账户透支人民币、外币透支欠款的功能,同时支持信用卡分期付款功能。

(8) 客户服务

为客户提供余额变动提醒定制/查询/修改/取消、主菜单定制、自助缴服务费、权限管理、修改登录/支付密码、注销手机银行(WAP)、设置客户预留信息、对账单等功能。

手机银行能够真正为客户提供超越时空的"3A（anywhere、anytime、anyhow）"服务、更具个性化和更具安全性的服务。相信随着移动通信技术的发展、移动终端设备智能化以及资费的平民化，必然催化手机高速上网人群的扩大，这种转变将为潜伏已久的手机银行带来巨大的发展契机。艾瑞咨询最新统计数据显示，2014年中国移动网民规模为5.7亿人，中国移动购物市场交易规模为9297.1亿元。若手机银行能和银行已有服务渠道进行有机的整合，并充分发挥无线互联网和手机这种灵巧终端的优势，开发出独特的产品或服务（如定制服务等），手机银行将能发挥更大的作用。

4.5 第三方支付

网上支付是电子商务的关键环节，但由于信用问题，它却成为我国电子商务发展的瓶颈之一，而第三方支付为网上支付提供了一个可行的实现途径。第三方支付平台能够较好地突破网上交易中的信用问题，有利于推动电子商务的快速发展，引导网络消费步入健康发展的轨道。

随着网络经济的发展，电子商务已成为商品交易的重要模式。作为中间环节的网上支付是电子商务流程中交易双方最为关心的问题。由于电子商务中的商家与消费者之间的交易不是面对面进行的，而且物流与资金流在时间和空间上也是分离的，这种没有信用保证的信息不对称，导致了商家与消费者之间的博弈：商家不愿先发货，怕货发出后不能收回货款；消费者不愿先支付，担心支付后拿不到商品或商品质量得不到保证。博弈的最终结果是双方都不愿意先冒险，网上购物无法进行。第三方支付平台正是在商家与消费者之间建立了一个公共的、可以信任的中介，它满足了电子商务中商家和消费者对信誉和安全的要求，在一定程度上防止了电子交易中欺诈行为的发生，消除了人们对于网上交易的疑虑。

4.5.1 第三方支付的概念

第三方支付是电子支付产业链中最重要的纽带，一方面链接银行，处理资金结算、客户服务、差错处理等一系列工作，另一方面，又连接着很多的商家和消费者，使客户的支付交易能够顺利进行。由于拥有款项收付的便利性、功能的扩展性，信用中介的信誉保障等优势，第三方网上支付较好地解决了长期困扰电子商务的诚信、物流、资金流的问题，在电子商务中发挥了重要的作用。

(1) 第三方支付的定义

所谓第三方支付，就是一些和国内外各大银行签约，并具备一定实力和信誉保障的第三方独立机构提供的交易支持平台。

在通过第三方支付平台的交易中，买方选购商品后，使用第三方平台提供的账户进行货款支付，由第三方通知卖家货款到达、进行发货；买方检验物品后，就可以通知付款给卖家，第三方再将款项转至卖家账户。

相对于传统的资金转移的交易方式，第三方支付可以比较有效地保障商品质量、交易诚信、退换商品等环节，在整个交易过程中，可以对交易双方进行约束和管理。

银行作为金融机构，负责搭建基础的支付平台，同时为第三方网上支付平台提供统一的支付网关。第三方网上支付平台则是基于与各家银行密切合作的前提下，为用户提供整合型网上支付服务，第三方支付网关连接了许多家银行的内部网关，形成了统一的支付接口，向在线商家提供服务，方便了商家同时利用许多商家的支付功能。

(2) 第三方支付的特点

① 第三方支付平台为网络交易提供了保障的独立机构，它不仅具有资金传递功能，而且可以对交易双方进行约束和监督，连接网上商家、银行与客户，实现了第三方监管和技术保障作用。

② 第三方支付平台支付手段灵活多样，用户可以使用网络、电话、手机、短信等多种方式进行支付。

③ 较之SSL、SET等支付协议，利用第三方支付平台进行支付操作更加简单而易于接受。SSL是现在应用比较广泛的安全协议，在SSL中只需要验证商家的身份。SET协议是目前发展的基于信用卡支付系统的比较成熟的技术。但在SET中，各方的身份都需要通过CA进行认证，程序复杂，手续繁多，速度慢且实现成本高。有了第三方支付平台，商家和客户之间的交涉由第三方来完成，使网上交易变得更加简单。

④ 第三方支付平台本身依附于大型的门户网站，且以与其合作的银行的信用作为信用依托，因此第三方支付平台能够较好地突破网上交易中的信用问题，有利于推动电子商务的快速发展。

(3) 第三方支付系统的分类

1) 支付网关模式

又称为简单支付通道模式，把银行和用户连接起来，买方通过第三方支付平台付款给卖方，从而实现网上在线支付。第三方支付平台只作为支付通道将客户发出的支付指令传递给银行，银行完成转账后再将信息传递给支付平台，支付平台将此信息通知商家并与商家进行账户结算。

支付网关位于Internet和传统的银行专网之间，其主要作用是安全连接Internet和专网，起到隔离和保护专网的作用。在支付网关模式下，第三方支付平台扮演着"通道"的角色，并没有实际涉及银行的支付和清算，只是传递了支付指令。

2）平台账户模式

① 交易平台型账户支付模式。交易平台型账户支付模式是指第三方支付平台机构提供有交易平台（如支付宝就有淘宝网作为其交易平台），该模式中买卖双方达成付款意向后，由买方将款项划至其在支付平台上的账户，待卖家发货给买家，买家收货后通知第三方支付平台，第三方支付平台再将买方划来的款项从买家的账户中划至卖家的账户。

这种模式的实质是以支付公司作为信用中介，在买家确认收到商品前，代替买卖双方暂时保管货款。

此类模式的典型代表是支付宝、财付通。

② 无交易平台型账户支付模式。无交易平台型账户支付模式是指第三方支付平台机构没有独立的交易平台（如易宝支付就没有独立交易平台），该模式是指买卖双方均在第三方支付平台内部开立账号，第三方支付公司负责按照付款方指令将款项从其账户中划付给收款方账户，以电子货币为介质（付款人的账户资金需要从银行账户充值）完成网上款项支付，使支付交易只在支付平台系统内循环。

此类模式有代表性的是快钱、易宝支付。

③ 特殊的第三方支付——银联电子支付。银联电子支付（ChinaPay）平台是中国银联旗下的银联电子支付有限公司提供的第三方支付平台。作为非金融机构提供的第三方支付平台，ChinaPay依托于中国银联，而且在人民银行及中国银联的业务指导和政策支持下迅速发展，因此，它是特殊的第三方支付平台。

ChinaPay拥有面向全国的统一支付平台，主要从事以互联网等新兴渠道为基础的网上支付、企业B2B账户支付、电话支付、网上跨行转账、网上基金交易、企业公对私资金代付、自助终端支付等银行卡网上支付及增值业务。在中国第三方支付企业交易额规模排名中，银联电子支付以11%位居第3，仅次于支付宝和财付通。

4.5.2 第三方支付的流程

第三方支付模式使商家看不到客户的信用卡信息，同时又避免了信用卡信息在网络多次公开传输而导致的信用卡被窃事件。第三方支付一般的运行模式为：买方选购商品后，使用第三方平台提供的账户进行货款支付，第三方在收到代为保管的货款后，通知卖家货款到账，要求商家发货；买方收到货物、检验商品并确认后，通知第三方付款；第三方将其款项转划至卖家账户上。这一交易完成过程的实质是一种提供结算信用担保的中介服务方式。第三方支付平台支付宝支付流程如图4-7所示。

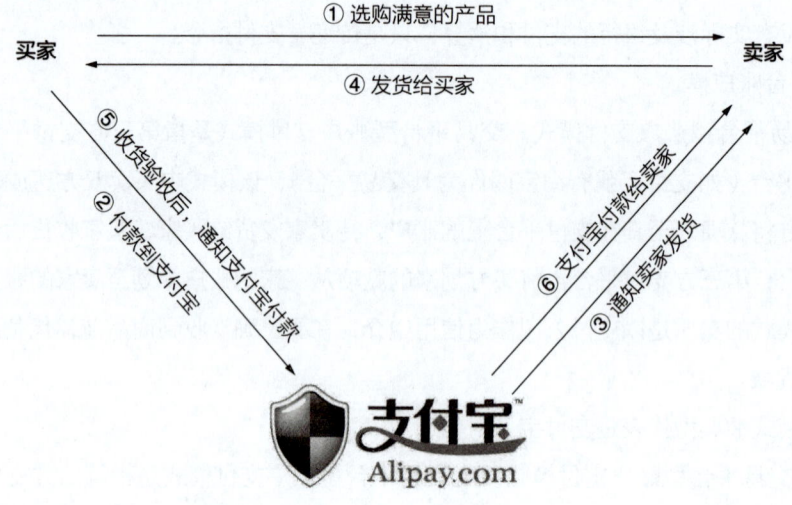

图4-7　支付宝支付流程

① 消费者在电子商务网站选购商品，最后决定购买，买卖双方在网上达成交易。

② 消费者选择利用第三方支付平台作为交易中介，用借记卡或信用卡将货款划到第三方账户，并设定发货期限。

③ 第三方支付平台通知商家，消费者的货款已到账，要求商家在规定时间内发货。

④ 商家收到消费者已付款的通知后按订单发货，并在网站上做相应记录，消费者可在网站上查看自己所购买商品的状态；如果商家没有发货，则第三方支付平台会通知顾客交易失败，并询问是将货款划回其账户还是暂存在支付平台。

⑤ 消费者收到货物并确认满意后通知第三方支付平台。如果消费者对商品不满意，或认为与商家承诺有出入，可通知第三方支付平台拒付货款并将货物退回商家。

⑥ 消费者满意，第三方支付平台将货款划入商家账户，交易完成；顾客对货物不满，第三方支付平台确认商家收到退货后，将该商品货款划回消费者账户或暂存在第三方账户中等待消费者下一次交易的支付。

4.5.3　第三方支付的优缺点

（1）第三方支付的优点

1）使用安全

信用卡和账户信息只需告诉支付中介，而不需告诉每一个收款人，大大减少了信用卡信息和账户信息的失密风险。而且目前第三方支付平台的交易大部分都是免手续费的。

2）支付成本低

第三方支付平台集中了大量的小额交易，形成规模效应。还简化了交易过程，方便了消费者；对于商家而言，节省了运营成本；对于银行而言，不仅节省了网关开发成本，而且增加了交易收入。

3）提供了多种支付方式，使用方便

第三方支付平台不仅支持各种银行卡通过网上进行支付，而且还支持手机、电话等多种终端操作，符合网上消费者追求个性化、多样化的需求。

4）保障了付款人和收款人的利益

第三方支付平台不仅提供支付业务，还提供了担保业务，这在一定程度上使得交易得以顺利进行，还保证了交易双方的利益。由于第三方平台不参与交易而是作为代收代付的中介方，记录了交易双方的交易信息，在一定程度上解决了交易双方信息不对称的局面，在一定程度上保证了交易的公平、公正。

（2）第三方支付存在的问题

当前第三方支付平台在保证交易双方利益的同时也面临着许多不容忽视的问题。

1）结算资金周期长、资金利用率低

在各种原因下，支付宝不提供实时结算，结算周期长。同时，由于买卖双方在等待收货期间不能动用暂存在支付宝账户上的在途资金，因而影响资金的周转进而影响银行系统的结算效率。这种在途资金的支付方式为非法转移资金和套现提供了便利，形成了潜在的金融风险。

2）安全问题

电子商务是基于网上交易的，由于在网络上存在很大的风险问题，在网络中如何确定贸易伙伴的真实性？如何保证电子单证的安全性，预防单证的内容不被第三方窃取？如何保证存储的用户信息的安全性等这些问题都是亟待解决的。虽然现在第三方支付平台的科技技术比以往有了很大的提升，在交易过程中不断地解决出现的问题，在一定程度上降低了风险性，可风险问题依然存在，尤其是资金安全问题。

3）资金安全问题

从目前的市场情况看，第三方支付市场竞争十分激烈。对于多数支付公司来说，只谈交易不谈交易性质。由于在网上交易存在匿名性，第三方支付平台很难辨别资金的真实来源和去向，为非法转移资金创造了便利。大量资金存放在第三方支付平台内，它作为信用中介机构保障着我们的信用，那么谁来保障第三方机构的信用问题，保障寄存资金安全。一旦出现资金非法使用造成了损失，消费者和商家该向谁索赔。当第三方支付公司无法立足而关闭、破产时，那些留存的客户资金如何保全也是一个非常严重的问题。

4）信用体制不完善

中国的发展起步晚，这几十年把精力都放在经济建设上，没花大力气整治我国的信用问题，从而导致我国的信用体系相对于欧美国家来说比较落后。这也严重地阻碍了我国电子商务的发展，电子商务的交易过程是不需要面对面地进行，一切都是建立在对对方的信任基础上进行的，虽然现在有第三方支付平台作为担保，在一定程度上减少了消费者和商家的不信任感，推动了网上交易的进行。现行的网上市场信用评价体系是"交易型信用评价体系模式"，即一方的信用评价完全取决于另一方给予的评价，这样给违法经营者创造了条件，也给别人恶意中伤卖家创造了机会。据某些媒体报道，在市场上几百元就能买到钻石信誉。这样的信用评价参考会误导消费者，增加信息的不对称性，也会增加消费者对商家的不信任。这样的信用评价体系是存在明显的缺陷的。

目前我国电子商务的发展以及网民快速增长，为第三方支付提供了空前的发展机遇。第三方支付凭借其便捷快速的支付方式，优质的服务保证，吸引了更多用户加入到其中，规模不断地壮大。随着国内市场环境的规范，越来越多的企业逐渐开始利用第三方电子支付进行跨地区收款和资金管理，在线支付交易量迅速增长，行业应用逐渐普及和成熟。它的发展前景是乐观的，发展趋势势不可当。

本章小结

本章主要介绍了电子支付的发展、类型、特点和主要的电子支付工具的使用。对应用广泛的网上银行和手机银行定义和主要业务功能进行了简单介绍。最后介绍了第三方支付平台的优缺点及支付流程，学生应在学习过程中，结合实际操作进行理解和掌握。

复习思考题

1. 简要叙述电子支付的概念。
2. 分析各种电子支付工具的特点。
3. 网上银行的模式有几种？
4. 网上银行的优点有哪些？
5. 什么是手机银行？
6. 简述第三方支付的流程。

实训内容

1. 开通网上银行并利用网上银行功能给自己的手机充话费。
2. 浏览工商银行网站，了解工商银行手机银行业务功能。
3. 登录淘宝网和拍拍网掌握这两个网站的第三方支付的基本流程，描述使用第三方支付平台网上购物流程。

第5章
电子商务物流管理

本章提要

电子商务时代的来临，给全球物流和供应链运作带来了新的发展，以电子商务为基础的信息化、自动化、网络化、智能化彻底改变了世界物流的面貌。电子商务物流和供应链管理是企业核心竞争力的体现，是一种业务流程的再造，它牵引了企业商流、物流、信息流和资金流的重大变革。本章对电子商务物流的定义和特性、供应链的概念和管理和电子商务物流配送进行了简要阐述，介绍了几种常见的电子商务物流信息技术。通过本章的学习，应该建立起电子商务物流和供应链管理的基本知识框架。

项目目标

（一）知识目标

1. 理解物流概念和功能。
2. 理解电子商务物流的定义、电子商务和物流之间的关系。
3. 掌握几种常见的电子商务物流技术。
4. 了解几种常见的供应链管理方法。

（二）技能目标

1. 掌握电子商务物流作业流程及物流管理，能够从制造商的角度、销售企业的角度和物流企业的角度进行简单的分析。
2. 能够根据实际需要选择科学的电子商务物流模式。
3. 能够使用供应链管理方法来降低电子商务企业物流运作成本。

引导案例

物流业迎智慧变革

2016年"双十一",物流订单再次刷新纪录。不过,尽管订单量猛增,包裹送达消费者手中的速度却未放缓,似乎反倒比往年快很多。究其原因,在于一场智慧物流的变革正悄然发生。

1. 大数据内核驱动物流升级

"双十一"过后,一场全面提升智慧化水平的物流大战再度掀起。以京东、阿里、苏宁等为代表的电商,一方面加强物流能力的开放共享,另一方面则把以大数据为基础的智慧化物流作为各自战略的重中之重,向全供应链管理方向发展。

过去的十年,中国网络零售交易量增长迅猛,快递包裹总量远超美国。数据显示,2015年全国的包裹总量是207亿个。但多年来,中国的物流服务提供商多而不专,且过于分散,导致商品的流通成本居高不下。同时,物流行业面临人力困难、缺乏统一标准、信息化程度不高的挑战,传统物流模式的弊端使其难以支撑未来发展。一旦遇到"双十一"这类全国性大促,物流"卡壳"便成为困扰商家销量和用户网购体验的魔咒。

业内人士指出,快递发展到这个阶段,业务量的争夺已无意义。从消费者偏好来看,他们并不关心是机器人配送还是智能分拣,而是关心包裹是否安全、时效性是否良好、配送流程能否可视化,换句话说,他们更关注消费体验。

童文红曾在2016世界互联网大会的智慧物流分论坛演讲时指出,智慧物流是整个商业链、供应链协同平台的基础设施,没有它可能就没有新的经济转型,这背后是一场数据的战争,整个物流的"降本提能"必须是一个全链条,从生产端到配送到消费者手上的优化,如果不能做到全链条的库存节约,"互联网+物流"就不能发挥真正的作用。

正是通过数据和技术的力量,菜鸟能帮助快递合作伙伴监控18万个快递网点包裹运营的一举一动,即时做出决策。"任何一个不愿错失发展机会的物流服务商,都不会拒绝跟菜鸟紧密合作。"天天快递资深副总裁陈向阳坦言。

2. "无人"颠覆电商销售模式

在京东的智慧物流科技布局中,"无人"堪称最明显的特点。京东通过创新性的硬件设备和模式创新,正在打造全自动化的无人智慧仓库。记者在其无人智慧仓库中看到,其拥有具备3D视觉系统、动态分拣、自动更换端拾器等功能的DELTA型分拣机器人,可以惯性导航、自动避障的智能搬运机器人AGV,运行速度高、定位准确、性能稳定、安全监测的SHUTTLE货架穿梭车,高重复定位精度、载荷最高达165 kg、臂展接近3 m的六轴机器人……京东构建了一套系统化的整体物流解决方案,支持分拣、搬运、拆码垛等仓储全流程的自主实现。据了解，2016年"双十一"期间，京东自主研发的无人机在江苏、陕西、北京等多地开展了乡村配送，京东无人车也送出了第一单。京东机器人仓、机器人分拣中心、自动化分拣中心也于"双十一"正式启用，全面利用人工智能、机器人和数据感知提升运营效率。

由此来看，以大数据、人工智能和"无人"模式为代表的智慧物流，不但会改变现有物流概念，甚至更可能颠覆现有的电商销售模式。肖军展示了一系列未来物流场景：一个自动驾驶集装箱车队行驶在高速公路上，途经城市居民区，一群呆萌可爱的小电瓶车从集装箱中开下来，直接送货上门，消费者只需扫码即可收货；集装箱车队继续行进，到达农村地区，一队无人机自动起飞，各自到达客户位置，自动悬停在一米高度，将货物交给偏远地区的消费者后迅速飞回集装箱等待下次指令……这就是现代物流将为消费者带来的应用场景。相信在不久的将来，它们都会出现在我们的现实生活中。

（资料来源：http://www.chinawuliu.com.cn/zixun/201612/02/317446.shtml）

思考题

电子商务环境下物流行业发生了哪些变革？

案例分析

物流已不再简单的是储和运，电子商务环境中作为关键环节的物流也正在"新零售"的大背景下逐步呈现出新面貌，变身"新物流"。在数据和技术的驱动下，首先智能化必然是大势所趋，未来的物流将以客户需求和供应链效率为中心，数据化能力成为必需；仓储模式将发生改变；配送标准也将继续提升。

5.1 电子商务物流概述

5.1.1 物流定义

对于"物流"的概念，不同国家不同机构不同时期有所不同，关于物流活动的最早文献记载是在英国。1918年，英国犹尼利弗的哈姆勋爵成立了"即时送货股份有限公司"，目的是在全国范围内把商品及时送到批发商、零售商和用户手中。第二次世界大战期间，美国从军事需要出发，在战时对军火进行的供应中，首先采用了"物流管理"（logistics management）这一词，并对军火的运输、补给、屯驻等进行全面管理。第二次世界大战后，"物流"一词被美国人借用到企业管理中，被称作"企业物流"（business logistics）。企业物流是指对企业的供销、运输、存储等活动进行综合管理。物流是随商品生产的出现而出现，随商品生产的发展而发展，所以物流是一种古老的传统的经济活动。

（1）物流的定义

物流是指物品从供应地到接收地的实体流动过程。根据实际需要，将运输、储存、装卸、搬运、包装、流通加工、配送、信息处理等基本功能实施有机结合。

（2）物流的作用

关于物流的作用，概要地说，包括服务商流、保障生产和方便生活三个方面。

1）服务商流

在商流活动中，商品所有权在购销合同签就的那一刻，便由供方转移到需方，而商品实体并没有因此而移动。除了非实物交割的期货交易，一般的商流都必须伴随相应的物流过程，即按照需方（购方）的需要将商品实体由供方（卖方）以适当方式、途径向需方转移。在这整个流通过程中，物流实际上是以商流的后继者和服务者的姿态出现的。没有物流的作用，一般情况下，商流活动都会退化为一纸空文。电子商务的发展需要物流的支持，就是这个道理。

2）保障生产

从原材料的采购开始，便要求有相应的物流活动，将所采购的原材料到位，否则，整个生产过程便成了无米之炊；在生产的各工艺流程之间，也需要原材料、半成品的物流过程，实现生产的流动性。就整个生产过程而言，实际上就是系列化的物流活动。合理化的物流，通过降低运输费用而降低成本，通过优化库存结构而减少资金占压，通过强化管理进而提高效率等方面的作用，使得有效达到促进整个社会经济水平的提高。

3）方便生活

实际上，生活的每一个环节，都有物流的存在。通过国际运输，可以让世界名牌出现在不同肤色的人身上；通过先进的储藏技术，可以让新鲜的果蔬在任何季节亮相；搬家公司周到的服务，可以让人们轻松地乔迁新居；多种形式的行李托运业务，可以让人们在旅途中享受舒适的情趣……

5.1.2 物流的功能

物流的功能指的是物流系统所具有的基本能力，这些基本能力有效地组合、联结在一起，便成了物流的总功能，便能合理、有效地实现物流系统的总目的。物流系统的功能主要包括运输、储存保管、装卸搬运、包装、流通加工、配送、物流信息管理7项功能。

（1）运输功能

运输功能是借助运输工具，通过一定的线路，实现货物空间移动，克服生产和需求的空间分离，创造空间效用的活动。主要业务有集货、运输方式和工具的选择、路线和行程规划、车辆调度和送达等，保证了货物安全性和时间的准确性。

运输也可以划分成两段：一段是生产企业到物流基地之间的运输，批量比较大、品种比较单一、运距比较长；另一段是从物流基地到用户之间的运输，人们称其为"配送"。就是根据用户的要求，将各种商品按不同类别、不同方向和不同用户进行分类、拣选、组配、装箱送给用户，其实质在于"配齐"和"送达"。

运输是物流的两大支柱之一。物流过程的其他活动，如包装、装卸搬运、物流信息情报都是绕着运输和储存来进行的。在物流过程的各项活动中，运输是关键，起举足轻重的作用。运输成本降低有助于实现以较低的成本提供优质服务的目的。

（2）储存保管

储存又称物品的储备，具有以备再用的性质，是指在社会再生产过程中，离开直接生产过程和消费过程而处于暂时停滞状态的那一部分物品。物品的储备是生产社会化、专业化不断提高的必然结果，是保证社会再生产过程连续不断进行的物质技术条件，它与社会再生产过程相适应，即存在于流通领域，又存在于生产领域和消费领域。通过储存可以完好保证货物的使用价值。

（3）装卸搬运

装卸搬运功能是指在同一地域范围进行的，以改变物品的存放状态和空间位置为主要内容和目的的活动，即在同一区域对物品进行的水平移动为主的作业。装卸搬运功能是整个物流活动不可缺少的组成部分，是物流运行的纽带。

尽管装卸和搬运本身不创造价值，但会影响商品的使用价值的实现。装卸搬运工具、设施、设备如何，影响搬运装卸效率和商品流转时间，影响物流成本和整个物流过程的质量。

（4）包装

包装功能是为了维持产品状态、方便储运、促进销售，采用适当的材料、容器等，使用一定的技术方法，对物品包封并予以适当的装潢和标志的操作活动。

包装可大体划分为两类：一类是工业包装，或叫运输包装、大包装；另一类是商业包装，或叫销售包装、小包装。工业包装是为保持商品的品质，商业包装是为使商品能顺利抵达消费者手中，提高商品价值、传递信息等。由此看来，包装的功能和作用不可低估，它既是生产的终点，又是企业物流的起点。包装的作用是按单位分开产品，便于运输，并保护在途货物。注重包装是保证整个物流系统流程顺畅的重要环节之一。

（5）流通加工

流通加工是物流过程中"质"的升华，使流通向更深层次发展。流通加工就是产品从生产者向消费者流动的过程中，为了促进销售，维护产品质量，实现物流的高效率所采取的使物品发生物理和化学变化的功能。通过流通加工，可以节约材料、提高成品率，保证供货质量和更好地为用户服务。所以，对流通加工的作用同样不可低估。流通加工是物流过程中"质"的升华，使流通向更深层次发展。

（6）配送

配送是按客户的要求，进行货物配备送交客户的活动。配送是一种直接面向客户的终端运输，客户的要求是配送活动的出发点。配送的实质是送货，但它以分拣、配货等理货活动为基础，是配货和送货的有机结合形式。

（7）物流信息管理

物流信息是连接运输、储存、装卸、包装各环节的纽带，没有各物流环节信息的通畅和及时供给，就没有物流活动的时间效率和管理效率，也就失去了物流的整体效率。通过收集与物流活动相关的信息，就能使物流活动有效、顺利地进行。

5.1.3 电子商务物流

电子商务是20世纪信息化、网络化的产物，由于其日新月异的发展，已广泛引起了人们的注意。电子商务中的任何一笔交易，都包含着以下几种基本的"流"，即商流、信息流、资金流和物流。

在电子商务"四流"中，商流、信息流和资金流都可以通过计算机系统和网络通信设备来完成，而物流是其中最特殊的一种。只有少数商品可以通过网络传输的方式来完成物流活动，如软件、电子图书和信息咨询服务等，大部分的商品和服务需要通过物理的方式完成从商家到消费者的转移，这个过程是电子商务行为最终完成的重要标志，在时间、质量、可靠性和精准性等方面对电子商务造成影响。

电子商务活动对物流的基本影响与作用，主要是从两个方面来进行的：一是电子商务这种交易方式对物流的影响。有形商品的网上商务活动作为电子商务的一个重要构成方面，在近几年中也得到了迅速的发展。如何在交易完成后，保证交易的对象——商品在消费者所需要的时间内送到消费者的手中，不仅是电子商务的需要，而且是物流的职能，物流的职能要求它应完成这一运动。二是电子商务技术对物流所产生的影响。电子商务不仅作为一种新的交易方式，而且也是一种新工具、新技术的应用，对于物流来说，作为一种经济活动，它也需要新工具、新技术的支持，并将其应用于自身的活动之中，以提高物流的效率、降低物流的成本。

电子商务物流是在电子商务的条件下，依靠计算机技术、互联网技术、电子商务技术和信息技术等所进行的物流活动。电子商务作为一种新型的数字化生存方式，代表未来的贸易、消费和服务方式，这就需要打破原有行业的传统格局，发展建设以商品代理和配送为主要特征，物流、商流、信息流有机结合的社会化物流配送体系。

实际上，电子商务物流的概念是伴随电子商务技术和社会需求的发展而出现的，它是电子商务经济价值实现的不可或缺的重要组成部分。由于电子商务独具的电子化、信息化、自动化等特点，以及高速、廉价、灵活等诸多好处，使得电子商务物流在其运作特点和需求方面有别于一般物流。

5.1.4　电子商务与物流的关系

（1）物流对电子商务的制约与促进

没有一个完善的物流体系，电子商务特别是网上有形商品的交易就难以得到有效的发展。反过来，一个完善的物流体系是电子商务、特别是网上有形商品交易发展的保障。

有形商品的网上交易活动作为电子商务的一个重要构成方面，在近几年中也得到了迅速的发展。在这一发展过程中，没有一个高效的、合理的、畅通的物流系统，电子商务所具有的优势就难以得到有效的发挥；没有一个与电子商务相适应的物流体系，电子商务就难以得到有效的发展。

（2）电子商务对物流的制约与促进

电子商务对物流的制约主要表现在：当网上有形商品的交易规模较小时，不可能形成一个专门为网上交易提供服务的物流体系，这不利于物流的专业化和社会化的发展。电子商务对物流的促进主要表现在两个方面：一是网上交易规模较大时，会有利于物流的专业化和社会化的发展；二是电子商务技术会促进物流的发展。

众所周知，在人类社会经济的发展过程中，物流的每一次变革都是由其活动的客观环境和条件发生变化所引起的，并由这些因素来决定其发展方向的。在人类迈入21世纪的信息化、知识化社会之际，作为以信息化和知识化为代表的电子商务正是在适应这一趋势的环境下产生的，它具有传统商务活动所无法比拟的许多优势，代表了商务活动的发展方向和未来，具体体现在以下几个方面：

① 电子商务所具备的高效率特点，是人类社会经济发展所追求的目标之一。

② 电子商务所具备的个性化特点，是人类社会发展的一个方向。

③ 电子商务费用低的特点，是人类社会进行经济活动的一个目标。

④ 电子商务所具备的全天候的特点，使人们解除了交易活动所受的时间束缚。

⑤ 电子商务所具备的全球性的特点，使人们解除了交易活动所受的地域束缚，大大

地拓宽了市场主体的活动空间。

5.1.5 电子商务物流与传统物流的区别

电子商务对现代物流的影响是非常深远的,它不仅改变了商品交易的形式,而且改变了物流、信息流和资金流。之所以会出现这种状况,是因为在拉式经营体制下,消费者或客户对交易和服务的要求发生了深刻的变化。如今,所有通过在线购物的顾客都希望在交易订单下达之后,商品能直接配送到家,都能时刻跟踪订单。同时客户也希望物流承运方能够根据他们的需求改变运输路线、确定交付过程费用和变更后的交付时间,甚至要求能够根据多个交付地址拆散订单,这样就使得物流组织运作的很多方面都发生了深刻的变化,从而大大扩展了物流管理活动的领域。

具体来讲,电子商务物流与传统的物流主要区别表现在如下几点(表5-1)。

表5-1 电子商务物流与传统物流的比较

	传统物流	电子商务物流
承运类型	散装	包裹、单元产品
顾客类型	既定	未知
物流动作模式	推式	拉式
库存、订单流	单向	双向
物流目的地	集中	高度分散
物流管理要求	稳定、一致	及时、质量整体成本最优
物流管理责任	单一环节	整个供应链

(1)商品物流和承运的类型不同

在传统的物流形式下,物流是对不同地理位置的顾客进行基于传统形式的大批量运作或批量式的空间移动,货物的追踪不是通过单件或包裹,而是完全通过集装箱、托盘或其他包装单元来进行的,制造商、零售商或批发商提供货运支持,将货物用卡车运抵码头或车站,然后依靠供应链的最后一环将货物交付给最终消费者。通常供应链各环节之间的可见性是有限的,在传统的物流环境下,一件货物从制造商到消费者,其可见性实际上是不存在的。在电子商务物流状况下,情况则不同,借助于各种信息技术和互联网,物流运作或管理的单元不是大件货物,而是每个顾客所需的单件商品。虽然其运输也是以集运的形式进行的,但是客户在任一指定时间都可以沿着供应链追踪货物的下落。

(2)顾客的类型不同

在传统的物流形式下,物流服务的对象是既定的,物流服务提供商能够明确掌握顾客的类型及其所要求的服务和产品。但是,随着电子商务的到来,物流正发生着根本性的变化,电子商务要求快捷、高速、划分细致的物流方式,典型的电子商务顾客是一个未知的实体,他们根据自己的愿望、季节需求、价格以及便利性,以个人形式进行产品订购。

(3)物流运作的模式不同

传统的物流是一种典型的推式经营,制造商将产品生产出来之后,为了克服商品转移空间和时间上的障碍,就利用物流,将商品送达市场或顾客手中,显然,在这一过程中,商流和物流都是推动式的,从某种意义上讲,物流在整个商品运动过程中只起到了支持的作用,本身并不创造价值。而电子商务物流则不同,由于商品生产、分销以及仓储、配送等活动都根据顾客的订单来进行,因此,所有的活动包括商流、物流、资金流都是围绕市场展开的,物流不仅为商流提供了有力的保障,而且因为其活动本身就构成了客户服务的组成部分而同时创造了价值。

(4)物流运作流程不同

库存、订单流不同于在传统的物流运作下,库存和订单流是单向的,买卖双方没有互动和沟通的过程,但是在电子商务物流条件下,由于客户可以定制订单和库存,因此,其流程是双向互动的,客户可以定制和监控,甚至修改其库存和订单,而制造商、分销商同样也可以随时根据顾客的需要及时调整库存和订单,以使物流运作实现绩效最大化。

(5)物流的目的地不一样

传统的物流由于不能及时掌握商品流动过程中的信息,尤其是分散化顾客的信息,加上个性化服务能力的不足,因此,它只能实现集中批量化的运输和无差异性服务,其运输的目的地是集中的。但是电子商务物流却不同,它完全根据个性化顾客的要求来组织商品的流动。这种物流不仅要通过集运来实现运输成本的最低化,同时也需要借助差异化的配送来实现高质量的服务,正因为如此,其目的地是分散化的。

(6)物流管理的要求不一致

正是由于传统物流的上述特点所决定,在管理的过程中,传统物流强调的是物流过程的稳定、一致,否则物流活动就会出现混乱,任何物流运作过程中出现的波动和变异都有可能造成上下游企业的巨大损失。但是,电子商务物流管理却不同,由于其物流需求本身就是差异化的,而且此时的物流是建立在高度信息管理基础上的增值活动,因此,物流必定会出现高度的季节性和不连续性,这就要求企业管理物流活动必须按照及时应对、高质服务以及总体成本最优的原则来进行。

(7)物流管理的责任不同

在传统的物流运作环境下,企业只对其所承担的环节负责,诸如运输企业只管有效运输和相应的成本,仓储企业只负责仓储不出现差错并且实现成本最低,等等,物流各运作环节之间往往没有明确的责任人,物流经营活动是分散的,结果往往出现局部最优,但整体绩效很差的情况。电子商务物流则不同，它强调物流管理是一种流程性管理，要求企业站在整个供应链的角度来实施商品物流过程以及相应的成本管理。

5.1.6 电子商务模式

在电子商务环境下，物流模式可以分为：电子商务营运商自建物流体系（企业自营物流）、第三方物流模式、物流企业联盟模式、第四方物流模式、综合物流代理模式。这些模式各具特色，但无疑都凸显出网络时代物流管理创新的主旨。

（1）自营物流模式

自营物流是指电子商务企业借助自身的物质条件，投资建设物流的储存仓库、运输工具等基础硬件，经营管理企业的整个物流运作过程的模式。

目前，电子商务企业自营物流系统主要有两种情况：

① 传统的大型制造企业或批发企业经营的B2B电子商务网站，由于其自身在长期的传统商务中已经建立起初具规模的营销网络和物流配送体系，在开展电子商务时只需将其加以改进、完善，就可满足电子商务条件下对物流配送的要求。

② 是具有雄厚资金实力和较大业务规模的电子商务公司，在第三方物流公司不能满足其成本控制目标和客户服务要求的情况下，自行建立适应业务需要的畅通、高效的物流系统，并可向其他的物流服务需求方（比如其他的电子商务公司）提供第三方综合物流服务，以充分利用其物流资源，实现规模效益。

电子商务企业自营物流，自身组织商品配送，可以说是自己掌握了交易的最后环节，有利于控制交易时间。企业可以根据自身具体情况选择是否开展自营物流。

（2）第三方物流

第三方物流（Third Party Logistics，TPL或3PL）是指由供方与需方以外的物流企业提供物流服务的业务模式，也称合同物流、契约物流。从某种意义上来看，可以说它是物流专业化的一种形式。

第三方物流是物流专业化的重要形式，它的发展程序体现了一个国家物流产业发展的整体水平。第三方物流是一个新兴的领域，企业采用第三方物流模式对于提高企业经营效率具有重要作用。首先，企业将自己的非核心业务外包给从事该业务的专业公司去做；其次，第三方物流企业作为专门从事物流工作的企业，有丰富的专门从事物流运作的专家，有利于确保企业的专业化生产，降低费用，提高企业的物流水平。

（3）物流联盟

物流企业联盟是指在物流方面通过签署合同形成优势互补、要素双向或多向流动、相互信任、共担风险、共享收益的物流伙伴关系。

利益是物流联盟产生的最根本原因。企业之间有共享的利益是物流联盟形成的基础。物流市场及其利润空间是巨大的。在西方发达国家物流成本占GDP的10%左右，而我国占15%~20%，如此大的市场与我国物流产业的效率低下形成鲜明的对比，生产运输企业通过物流或供应链的方式形成联盟有利于提高企业的物流效率，实现物流效益的最大化。中小企业为了提高物流服务水平，通过联盟方式解决自身能力的不足。近年来随着人们消费水平的提高，零售业得到了迅猛的发展，这给物流业带来了发展机遇的同时，也带来了新的挑战。因物流发展水平的长期落后，如物流设备、技术落后，资金不足，按行政条块划分物流区域等，很多企业尤其是中小企业不能一下子适应新的需求，于是通过联盟的方式来解决这个矛盾。

（4）第四方物流

第四方物流是一个供应链的整合者以及协调者，调配与管理组织本身与其他互补性服务所有的资源、能力和技术来提供综合的供应链解决方案。

第四方物流是1998年美国埃森哲咨询公司率先提出的，第四方物流是一个供应链的集成商，一般情况下政府为促进地区物流产业发展领头搭建第四方物流平台提供共享及发布信息服务，是供需双方及第三方物流的领导力量。它不仅是物流的利益方，而是通过拥有的信息技术、整合能力以及其他资源提供一套完整的供应链解决方案，以此获取一定的利润。它是帮助企业实现降低成本和有效整合资源，并且依靠优秀的第三方物流供应商、技术供应商、管理咨询以及其他增值服务商，为客户提供独特的和广泛的供应链解决方案。

（5）综合物流代理模式

综合物流代理模式是第三方物流的模式之一，即由一家在物流综合管理经验、人才、技术、理念上均有一定优势的企业，对电子商务交易中供求双方的所有物流活动进行全权代理的业务活动。通过利用计算机和网络通信技术，该代理系统在Internet上建立了一个多对多的虚拟市场，根据物流一体化的原则，有效地对供应链上下游企业进行管理。

许多商业企业和生产企业面对日趋激烈的市场竞争，不得不将主要精力放在自己的核心业务上，而将运输、仓储等相关业务环节交由更专业的物流企业进行操作，以求节约和高效；物流企业为提高服务质量，也在不断拓宽业务范围，提供配套服务，物流企业根据第一方、第二方的谈判条款，分析比较自理的操作成本和代理费用，灵活运用自理和代理两种方式，提供客户定制的物流服务。根据我国的实际情况，我国在发展电子商务时，应积极推动物流企业采取以代理形式的为客户定制服务的第三方物流模式。

5.2 电子商务物流信息技术

5.2.1 物流信息的概念与特征

(1) 物流信息的概念

物流信息的含义可从狭义、广义两方面来看。从狭义范围来看，物流信息是指与物流活动有关的信息。在物流活动的管理与决策中，都需要详细和准确的物流信息，因为物流信息系统对运输管理、库存管理、订单管理、仓库作业管理等物流活动具有支持、保障的功能。

从广义范围看，物流信息不仅指与物流活动有关的信息，而且包含与其他流通活动有关的信息，如商品交易信息和市场信息等。商品交易信息是指与买卖双方的交易过程有关的信息，如销售和购买信息、订货和接受订货信息、发出货款和收到货款信息等。市场信息是指与市场活动有关的信息，如消费者的需求信息、竞争业者或竞争性商品的信息、促销活动信息、交通通信等基础设施信息等。在现代经营管理活动中，物流信息与商品交易信息、市场信息相互交叉、融合，有着密切的联系。物流信息在现代企业经营战略中占有越来越重要的地位。建立物流信息系统，提供迅速、准确、及时、全面的物流信息是现代企业获得竞争优势的必要条件。

(2) 物流信息的特征

1) 信息量大

物流信息随着物流活动以及商品交易活动开展而大量产生。多品种少量生产和多频度小数量配送使库存、运输等物流活动的信息大量增加。零售商广泛应用POS系统读取销售时点的商品品种、价格、数量等即时销售信息，并对这些销售信息加工整理，通过EDI向相关企业传送。同时，为了使库存补充作业合理化，许多企业采用EOS系统。随着企业间合作倾向的增强和信息技术的发展，物流信息的信息量在今后将会越来越大。

2) 动态性强

物流信息的更新速度快、动态性强。多品种少量生产、多频度小数量配送、利用POS系统的即时销售使得各种作业活动频繁发生，从而要求物流信息不断更新，而且更新的速度越来越快。

3) 来源多样化

物流信息不仅包括企业内部的物流信息（如生产信息、库存信息等），而且包括企业间的物流信息和与物流活动有关的基础设施的信息。企业竞争优势的获得需要供应链各参与企业之间相互协调合作。协调合作的手段之一是信息即时交换和共享。许多企业把物流信息标准化和格式化，利用EDI在相关企业间进行传送，实现信息共享。另外，物流活动往往利用道路、港湾、机场等基础设施，因此，为了高效率地完成物流活动，必须掌握与基础设施有关的信息，如在国际物流过程中必须掌握报关所需信息、港口作业信息等。

5.2.2 物流信息技术的分类

物流信息技术是指运用于物流各环节中的信息技术。根据物流的功能以及特点，物流信息技术包括如条形码技术、电子数据交换技术（EDI）、地理信息系统（GIS）、全球定位系统（GPS）、数据库管理技术、数据挖掘技术等。

（1）条形码技术

条形码技术简称条码技术，是20世纪在计算机应用中产生和发展起来的一种自动识别技术，是集条码理论、光电技术、计算机技术、通信技术、条码印制技术于一体的综合性技术。

条码技术是物流自动跟踪的最有力工具，被广泛应用。条码技术具有制作简单、信息收集速度快、准确率高、信息量大、成本低和条码设备方便易用等优点，所以从生产到销售的流通转移过程中，条码技术起到了准确识别物品信息和快速跟踪物品历程的重要作用，它是整个物流信息管理工作的基础。条码技术在物流的数据采集、快速响应以及运输中的应用极大地促进了物流业的发展。

（2）电子数据交换技术

电子数据交换（electronic data interchange，EDI）是指按照同一规定的一套通用标准格式，将标准的经济信息，通过通信网络传输，在贸易伙伴的电子计算机系统之间进行数据交换和自动处理。

EDI是计算机技术与远程通信技术相结合的产物，可用于电子计算机之间传递商业信息。物流EDI是指货主、承运业主，以及其他相关单位之间，通过EDI系统进行物流数据交换，并以此为基础实施物流作业活动的方法。

物流企业的配送中心采用EDI技术可快速地传输数据，接收出货单，降低成本。采用EDI技术并与企业内部的信息系统集成，可改善接单、配送、催款等作业流程。采用EDI技术还可进行企业流程再造。

（3）地理信息系统

地理信息系统（geographic information system，GIS）有时又称为"地学信息系统"。它是一种特定的十分重要的空间信息系统。它是在计算机硬、软件系统支持下，对整个或部分地球表层（包括大气层）空间中的有关地理分布数据进行采集、储存、管理、运算、分析、显示和描述的技术系统。

地理信息系统是人类在生产实践活动中，为描述和处理相关地理信息而逐渐产生的软件系统。它的诞生改变了传统的数据处理方式，使信息处理由数值领域步入空间领域。GIS用途十分广泛，例如交通、能源、农林、水利、测绘、地矿、环境、航空、国土资源综合利用等。

（4）全球定位系统

全球定位系统（global positioning system，GPS）的原始思维理念是将参考的定位坐标系搬到天际上去，可在任何时候、任何地方提供全球范围内三维位置、三维速度和时间信息服务。使用GPS，可以利用卫星对物流及车辆运行情况进行实时监控。可以实现物流调度的即时接单和即时排单，以及车辆动态实时调度管理。同时，客户经授权后也可以通过互联网随时监控运送自己货物车辆的具体位置。如果货物运输需要临时变化线路，也可以随时指挥调动，大大降低货物的空载率，做到资源的最佳配置。

（5）数据库管理技术

数据库技术将信息系统中大量的数据按一定的模型组织起来，提供存储、维护、检索数据的功能，使信息系统可方便地、及时地、准确地从数据库中获得所需的信息，并以此作为行为和决策的依据。现代物流信息量大而复杂，如果没有数据库技术的有效支持，物流信息系统将根本无法运作，更不用说为企业提供信息分析和决策帮助。

（6）数据挖掘技术

数据库出现在20世纪80年代中期，它是一个面向主题的、集成的、时变的数据集合，数据库的目标是把来源不同的、结构相异的数据经加工后在数据库中存储、提取和维护，它支持全面的、大量的复杂数据的分析处理和高层次的决策支持。

5.3 电子商务物流配送

5.3.1 物流配送的概念及特点

（1）物流配送概念

物流配送是现代流通业的一种经营方式。物流是指物品从供应地向接收地实体流动的过程。在物的流动过程中，根据实际需要，它包括运输、储存、装卸、包装、流通加工、配送、信息处理等基本功能活动。配送指在经济合理区域范围内，根据客户要求，对物品进行拣选、加工、包装、分割、组配等，并按时送达指定地点的物流活动。物流与配送关系紧密，在具体活动中往往交织在一起，为此人们经常把物流配送连在一起表述。

(2) 物流配送的特点

① 和送货概念的区别在于，不是一般概念的送货，也不是生产企业推销产品时直接从事的销售性送货，而是从物流据点至用户的一种特殊送货形式。从送货功能看，其特殊性表现为：从事送货的是专职流通企业，而不是生产企业；配送是"中转"型送货，而一般送货尤其从工厂至用户的送货往往是直达型；一般送货是生产什么，有什么送什么，配送则是需要什么送什么。

② 和输送、运输概念的区别在于，配送不是单纯的运输或输送，而是运输与其他活动共同构成的有机体。配送中所包含的那一部分运输活动在整个输送过程中是处于"二次输送""支线输送""末端输送"的位置，其起止点是物流据点至用户，这也是不同于一般输送的特点。

③ 和一般概念的供应或供给的区别在于，不是广义概念的组织物资订货、签约、结算、进货及对物资处理分配的供应，而是以供给者送货到户的形式进行供应（即从服务方式来讲，是一种"门到门"的服务，可以将货物从物流据点一直送到用户的仓库、营业所、车间乃至生产线的起点）。

④ 和运送、发放、投送概念的区别在于，这是在全面配货基础上，充分按照要求，包括种类、种类措施、数量、时间等方面的要求所进行的运送。因此，除了各种"运""送"活动外，还要从事大量分货、配货、配装等工作，是"配"和"送"的有机结合形式。

5.3.2　电子商务物流配送的概念及特点

(1) 电子商务物流配送的概念

电子商务下的物流配送，是信息化、现代化、社会化的物流和配送，是指物流配送企业采用网络化的计算机技术和现代化的硬件设备、软件系统及先进的管理手段，针对社会需求，严格地、守信用地按用户的订货要求，进行一系列的分类、编配、整理、分工、配货等理货工作，定时、定点、定量地交给没有范围限度的各类用户，满足其对商品的需求，也可以说是一种新型的物流配送。

(2) 电子商务物流配送的特点

在传统的物流配送企业中，大量的人从事简单的重复劳动，劳动的辛苦是普遍存在的。在网络化管理的新型物流配送企业，这些机械的工作都交给了计算机和网络，既减少了生产企业库存，加速资金周转，提高物流效率，降低物流成本，又刺激了社会需求，有利于整个社会的宏观调控，也提高了整个社会的经济效益，促进市场经济的健康发展。这种新型物流配送除具备传统物流配送的特征外，还具备以下基本特征。

1）信息化

通过网络使物流配送信息化。实行信息化管理是新型物流配送的基本特征，也是实现现代化和社会化的前提保证。

2）网络化

物流网络化有两层含义：一是物流实体网络化。指物流企业、物流设施、交通工具、交通枢纽在地理位置上的合理布局而形成的网络。电子商务的物流配送要根据市场情况和现有的运输条件，确定各种物流设施和配送中心的数量及地点，形成覆盖全国的物流配送网络体系。二是物流信息网络化，指物流企业、制造业、商业企业、客户等通过Internet等现代信息技术连接而成的信息网。

3）现代化

电子商务的物流配送必须使用先进的技术设备为销售提供服务，这些技术包括条码、语音、射频自动识别系统、自动分检系统、自动存取系统、自动导向、货物自动跟踪系统等，只有采用现代化的配送设施才能提高配送的反应速度，缩短配送的时间。而且随着生产、销售规模的扩大，物流配送对技术、设备的现代化的要求也就随之越来越高。

4）社会化

社会化程度的高低是区别新型物流配送和传统物流配送的一个重要特征。很多传统的物流配送中心往往是某一企业为给本企业或本系统提供物流配送服务而建立起来的，有些配送中心虽然也有为社会服务的，但同电子商务下的新型物流配送所具备的真正社会性相比，具有很大的局限性。

5.3.3 电子商务物流配送的优势

相对于传统的物流配送模式而言，电子商务物流配送模式具有以下优势。

（1）能够实现货物的高效配送

在传统的物流配送企业内，为了实现对众多客户大量资源的合理配送，需要大面积的仓库来用于存货，并且由于空间的限制，存货的数量和种类受到了很大的限制。而在电子商务系统中，配送体系的信息化集成可以使虚拟企业将散置在各地分属不同所有者的仓库通过网络系统连接起来，使之成为"集成仓库"，在统一调配和协调管理之下，服务半径和货物集散空间都放大了。这种情况下，货物配置的速度、规模和效率都大大提高，使得货物的高效配送得以实现。

（2）能够实现配送的适时控制

传统的物流配送过程是由多个业务流程组成的，各个业务流程之间依靠人来衔接和协调，这就难免受到人为因素的影响，问题的发现和故障的处理都会存在时滞现象。而电子商务物流配送模式借助于网络系统可以实现配送过程的适时监控和适时决策，配送信息的处理、货物流转的状态、问题环节的查找、指令下达的速度等都是传统的物流配送无法比拟的，配送系统的自动化程序化处理、配送过程的动态化控制、指令的瞬间到达都使得配送的适时控制得以实现。

（3）物流配送过程得到了简化

传统物流配送的整个环节由于涉及主体的众多及关系处理的人工化，所以极为烦琐。而在电子商务物流配送模式下，物流配送中心可以使这些过程借助网络实现简单化和智能化。比如，计算机系统管理可以使整个物流配送管理过程变得简单和易于操作；网络平台上的营业推广可以使用户购物和交易过程变得效率更高、费用更低；物流信息的易得性和有效传播使得用户找寻和决策的速度加快、过程简化。很多过去需要较多人工处理、耗费较多时间的活动都因为网络系统的智能化而得以简化，这种简化使得物流配送工作的效率大大提高。

5.3.4　电子商务物流配送的功能要素

（1）备货

备货是配送的准备工作或基础工作，备货工作包括筹集货源、订货或购货、集货、进货及有关的质量检查、结算、交接等。配送的优势之一，就是可以集中用户的需求进行一定规模的备货。备货是决定配送成败的初期工作，如果备货成本太高，会大大降低配送的效益。

（2）储存

配送中的储存有储备及暂存两种形态。配送储备是按一定时期的配送经营要求形成的对配送的资源保证。这种类型的储备数量较大，储备结构也较完善，视货源及到货情况，可以有计划地确定周转储备及保险储备结构及数量。配送的储备保证有时在配送中心附近单独设库解决。另一种储存形态是暂存，是具体执行日配送时，按分拣配货要求，在理货场地所做的少量储存准备。由于总体储存效益取决于储存总量，所以，这部分暂存数量只会对工作方便与否造成影响，而不会影响储存的总效益，因而在数量上控制并不严格。还有另一种形式的暂存，即是分拣、配货之后，形成的发送货载的暂存，这个暂存主要是调节配货与送货的节奏，暂存时间不长。

（3）分拣及配货

分拣及配货是配送不同于其他物流形式的有特点的功能要素，也是配送成败的一项重要支持性工作。分拣及配货是完善送货、支持送货准备性工作，是不同配送企业在送货时进行竞争和提高自身经济效益的必然延伸，所以，也可以说是送货向高级形式发展的必然要求。有了分拣及配货就会大大提高送货服务水平，所以，分拣及配货是决定整个配送系统水平的关键要素。

（4）配装

在单个用户配送数量不能达到车辆的有效载运负荷时，就存在如何集中不同用户的配送货物，进行搭配装载以充分利用运能、运力的问题，这就需要配装；和一般送货不同之处在于，通过配装送货可以大大提高送货水平及降低送货成本，所以，配装也是配送系统中有现代特点的功能要素，也是现代配送不同于以往送货的重要区别之处。

（5）配送运输

配送运输属于运输中的末端运输、支线运输，和一般运输形态主要区别在于：配送运输是较短距离、较小规模、额度较高的运输形式，一般使用汽车做运输工具。与干线运输的另一个区别是，配送运输的路线选择问题是一般干线运输所没有的，干线运输的干线是唯一的运输线，而配送运输由于配送用户多，一般城市交通路线又较复杂，如何组合成最佳路线，如何使配装和路线有效搭配等，是配送运输的特点，也是难度较大的工作。

（6）送达服务

配好的货运输到用户还不算配送工作的完结，这是因为送达货和用户接货往往还会出现不协调，使配送前功尽弃。因此，要圆满地实现运到之货的移交，并有效地、方便地处理相关手续并完成结算，还应讲究卸货地点、卸货方式等。送达服务也是配送独具的特殊性。

（7）配送加工

在配送中，配送加工这一功能要素不具有普遍性，但是往往是有重要作用的功能要素。主要原因是通过配送加工，可以大大提高用户的满意程度。配送加工是流通加工的一种，但配送加工有它不同于一般流通加工的特点，即配送加工一般只取决于用户要求，其加工的目的较为单一。

5.3.5 电子商务物流配送流程

配送作业是按照客户需求，将货物进行分拣、重新包装、贴标签、配货、配装等物流活动，按时按量发送到指定地点的过程。配送作业是配送中心运作的核心内容，其作业流程的合理性、作业效率的高低都会直接影响整个物流系统的正常运行。

配送作业的具体内容包括：订单处理、进货、搬运装卸、储存、加工、拣选、包装、配装、送货、送达服务等作业项目，它们之间衔接紧密，环环相扣，整个过程既包括实体物流，又包括信息流，同时还包括资金流。

（1）配送作业流程图

配送中心的主要活动是订货、进货、发货、仓储、订单拣货和配送作业。首先确定配送中心主要活动及其程序之后，才能规划设计。有的配送中心还要进行流通加工、贴标签和包装等作业。当有退货作业时，还要进行退货品的分类、保管和退回等作业，如图5-1所示。

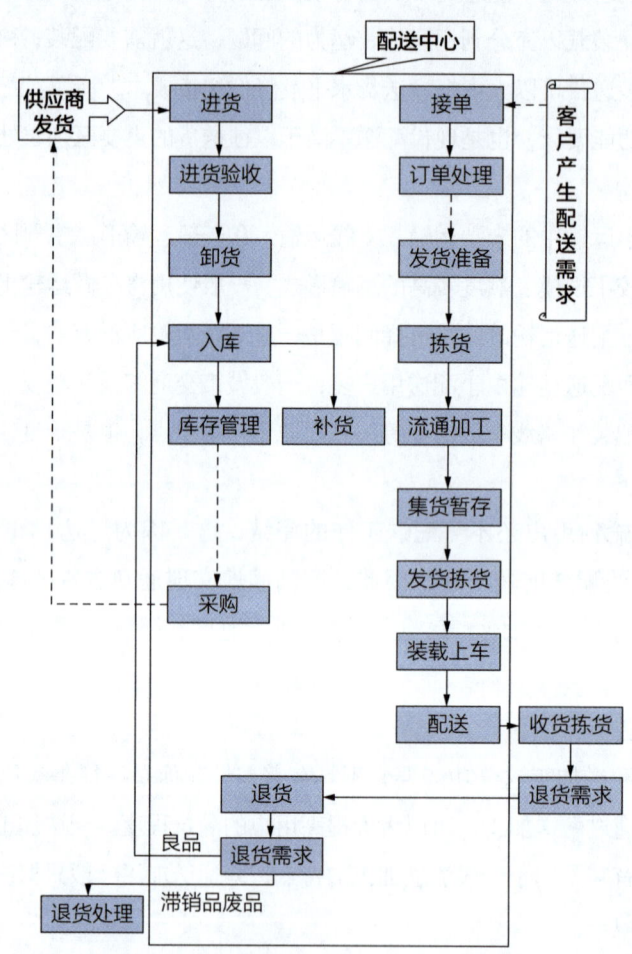

图5-1 配送中心作业流程图

（2）配送中心业务流程内容

1）进货

进货就是配送中心根据客户的需要，为配送业务的顺利实施，而从事的组织商品货源和进行商品存储的一系列活动。

进货是配送的准备工作或基础工作，它是配送的基础环节，又是决定配送成败与否、规模大小的最基础环节。同时，也是决定配送效益高低的关键环节。

2）订单处理

从接到客户订单开始到着手准备拣货之间的作业阶段，称之为订单处理。订单处理是与客户直接沟通的作业阶段，对后续的拣选作业、调度和配送产生直接的影响，是其他各项作业的基础。

订单是配送中心开展配送业务的依据，配送中心接到客户订单以后需要对订单加以处理，据以安排分拣、补货、配货、送货等作业环节。

订单处理方式：人工处理和计算机处理。目前主要采用计算机处理方式。

3）拣货

拣货作业是依据顾客的订货要求或配送中心的送货计划，迅速、准确地将商品从其储位或其他区域拣取出来，并按一定的方式进行分类、集中，等待配装送货的作业过程。

拣货过程是配送不同于一般形式的送货以及其他物流形式的重要的功能要素，是整个配送中心作业系统的核心工序。

拣货作业的种类：按分拣的手段不同，可分为人工分拣、机械分拣和自动分拣三大类。

4）补货

补货是库存管理中的一项重要内容，根据以往的经验，或者相关的统计技术方法，或者计算机系统的帮助确定的最优库存水平和最优订购量，并根据所确定的最优库存水平和最优订购量，在库存低于最优库存水平时发出存货再订购指令，以确保存货中的每一种产品都在目标服务水平下达到最优库存水平。

补货作业的目的是保证拣货区有货可拣，是保证充足货源的基础。补货通常是以托盘为单位，从货物保管区将货品移到拣货区的作业过程。

5）配货

配送中心为了顺利、有序、方便地向客户发送商品，对组织来的各种货物进行整理，并依据订单要求进行组合的过程。配货也就是指使用各种拣选设备和传输装置，将存放的货物，按客户的要求分拣出来，配备齐全，送入指定发货区。

配货作业与拣货作业不可分割，二者一起构成了一项完整的作业。通过分拣配货可达到按客户要求进行高水平送货的目的。

6）送货

配送业务中的送货作业包含将货物装车并实际配送，而达到这些作业则需要事先规划配送区域的划分或配送线路的安排，由配送路线选用的先后次序来决定商品装车顺序，并在商品配送途中进行商品跟踪、控制，制定配送途中意外状况及送货后文件的处理办法。

送货通常是一种短距离、小批量、高频率的运输形式。它以服务为目标，以尽可能满足客户需求为宗旨。

7）流通加工

流通加工是配送的前沿，它是衔接储存与末端运输的关键环节。流通加工是指物品在从生产领域向消费领域流动的过程中，流通主体（即流通当事人）为了完善流通服务功能，为了促进销售、维护产品质量和提高物流效率而开展的一项活动。不同的货物，流通加工的内容是不一样的。

8）退货

退货或换货在经营物流业中不可避免，但尽量减少，因为退货或换货的处理，只会大幅增加物流成本，减少利润。发生退货或换货的主要原因包括：瑕疵品回收、搬运中的损坏、商品送错退回、商品过期退回等。

5.3.6 电子商务物流配送合理化

配送合理化是指在经济合理区域范围内，根据客户要求，用最经济的手段和方法对物品进行拣选、加工、包装、分割、组配、运输等作业，并按时送达指定地点。

（1）配送不合理的表现形式

1）配送规模的不合理

配送是通过筹措物资规模经济效益来降低物资筹措成本，使配送物资筹措成本低于客户已筹措成本，从而取得在配送价格上低于客户自己进货时产品购买价格加上自己提货、运输、进货之成本总和的优势。如果不是集中多个客户需要进行批量筹措，而仅仅是为某两个用户代办代筹，对用户来讲，不仅没有降低成本，反而增加了一笔配送企业的代购代筹费，损伤了客户利益，显然不合理。

2）库存决策的不合理

配送应实现集中库存总量低于各客户分散库存总量，从而实现节约社会财富，同时降低客户实际平均分摊库存负担，降低存储费用和运输费用及提高供应保障能力。因此，配送企业必须依靠科学管理来实现一个总量低的库存，否则就会出现只是库存的转移，而未解决库存降低的不合理。库存决策的不合理还表现在储存量不足，不能保证随机需求。

3）配送与直达的决策的不合理

在考虑设置配送中心时关于配送区域的确定是把需要地的全地区作为对象，比较直达方式与经过配送中心方式的经济性。但总是有一部分需要地无论在成本上还是时间上都趋向使用直达方式有利。到底采用直达方式还是采用配送中心方式，它们在区域划分上存在一个分歧点，必须坚持配送有利于物流合理化的原则。从经济效果出发，如果在直达区域范围内经过配送中心方式和在配送区域范围内通过直达方式显然是不合理的。

4）配送中的不合理运输

企业根据销售情形以及市场与库存的平衡关系决定企业的在库政策。而运输工具的选择取决于采用什么样的在库政策，因为在库政策决定了配送时运输的量、运输的在途时间以及运输的距离。如果需要配送的物资的量不大，但要求在较短的时间内送到，要是采用船舶运输的话，显然不合理。同样，商品的附加值以及其他特殊要求，如保护的必要性，也是决定运输工具的重要原因之一。配送过程中的运输方式、配送范围、运输路径的选择也是配送合理化必须要考虑的问题。无论线路配送还是范围配送都需要灵活设置，因为需要配送的客户及配送量具有不确定性。配送管理者应该根据实际状况，调整每天的配送作业。如果采用一旦决定就教条执行的方法，就会造成配送中运输不合理，导致配送效率的恶化。

5）资本经营不合理

在实施配送之后，应有利于资金占用降低及资金运用的科学化。如果用于资源筹措所占用的流动资金总量没有很大降低，资金周转速度并没有明显加快，资金调控能力并没有加强，即为资本经营不合理的表现形式。

6）配送中不合理的供应保证能力

配送不但要考虑经济效益因素，还应该强调客户服务质量。配送的合理性应包括提高对客户的供应保证能力。即实行配送后，配送缺货次数必须有显著的下降。在客户出现特殊情况时，对客户的配送能力及反应速度能力必须高于未实行配送前客户紧急进货能力和速度。否则，即为不合理。

7）社会运能运力使用不合理

由于社会运力缺乏系统的规划，运输系统之间缺乏合理的衔接，整个配送系统流程可能存在着不合理，而导致社会运输车辆总数与承运总量两者之间不协调，如承运量有限，而车辆过多，表现为多数车辆存在运输业务不饱和的不合理。

8）配送企业经营观念的不合理

在配送实施中，有许多是经营观念不合理，是配送优势无从发挥，相反却损坏了配送的形象。这是开展配送时尤其需要注意克服的不合理现象。如，配送企业利用配送手段，向客户转嫁资金和库存困难，在库存过大时，强迫客户接货；在资金紧张时，长期占用客户资金；在资源紧张时，将客户委托资源挪作他用获利等。

（2）配送合理化的措施

1）联合配送

几个企业联合起来，共同制订计划，共同对某一地区用户进行共同配送可以以最近的路程、最低的配送成本完成配送，从而追求合理化。

2）推行即时配送

即时配送是最终解决用户企业担心断供之忧，大幅度提高供应保证能力的重要手段。

即时配送是配送企业快速反应能力的具体化，是配送企业能力的体现。

3）推行一定综合程度的专业化配送

通过采用专业设备、设施及操作程序，取得较好的配送效果并降低配送过分综合化的复杂程度及难度，从而追求配送合理化。

4）推行加工配送

通过加工和配送结合，充分利用本来应有的这次中转，而不增加新的中转求得配送合理化。同时，加工借助于配送，加工目的更明确和用户联系更紧密，更避免了盲目性。这两者有机结合，投入不增加太多却可追求两个优势、两个效益，是配送合理化的重要经验。

5）推行准时配送系统

准时配送是配送合理化的重要内容。配送做到了准时，用户才有资源把握，可以放心地实施低库存或零库存，可以有效地安排接货的人力、物力，以追求最高效率的工作。另外，保证供应能力，也取决于准时供应。从国外的经验看，准时供应配送系统是现在许多配送企业追求配送合理化的重要手段。

6）实行送取结合

配送企业与用户建立稳定、密切的协作关系，配送企业不仅成了用户的供应代理人，而且承担用户储存据点，甚至成为产品代销人，在配送时，将用户所需的物资送到，再将该用户生产的产品用同一车运回，这种产品也成了配送中心的配送产品之一，或者作为代存代储，免去了生产企业库存包袱。这种送取结合，使运力充分利用，也使配送企业功能有更大的发挥，从而追求合理化。

7）进行商流、物流的合理化分离

根据商品周转、销售对象的不同，将保管场所和配送方式差别化；对作业、订货标准化以及物流计划化等方式，都是同一种合理化物流的具体模式。采用这种方法最重要的是必须用帕雷特方法进行顾客服务调查，区别不同的顾客提供适当的物流政策。

8）采用先进的技术设备进行管理

例如进行仓库管理是采用ERP技术，这样可以提高仓库利用率，使得配送更加合理。

5.4 供应链概述

作为流通中各种组织协调活动的基础，以将产品或服务用最低的价格迅速向顾客传递为特征的供应链管理，已经成为竞争战略的中心概念。供应链管理所涉及的范围很广，它包括产品开发、购买、物流、信息系统、销售等各种活动。由于从供应商取得的原材料或服务对本企业满足顾客的能力有很大的影响,所以,采购战略在供应链管理中十分重要。此外,企业要在实需对应性营销体制下,既有效地满足顾客随时变化的需求,又能迅速提升企业的竞争实力,取得良好的经济效益,就不能将企业管理的视野仅仅停留在生产卓越的产品上,而是同时还需要拥有能在恰当的时间、恰当的地点,以恰当的方法将恰当量的商品提供给顾客的能力。要形成这种能力,仅仅关注一个企业内部的管理是不够的,需要从整体流程的观念(即从原材料提供厂商到向消费者配送或担当售后服务的企业)来进行管理,这种观念就是供应链或供应链管理的概念,这正如马丁·克里斯托弗(Martin Christopher)所谈到的:"在竞争日益加速的今天,市场的竞争不是企业层次的竞争,而是供应链之间的竞争。"

5.4.1 供应链的定义

供应链是围绕核心企业,通过对信息流、物流、资金流的控制,从采购原材料开始,制成中间产品以及最终产品,最后由销售网络把产品送到消费者手中的将供应商、制造商、分销商、零售商、直到最终用户连成一个整体的功能网链结构模式。它是一个范围更广的企业结构模式,包含所有加盟的节点企业,从原材料的供应开始,经过链中不同企业的制造加工、组装、分销等过程,直到最终用户(图5-2)。它不仅是一条连接从供应商

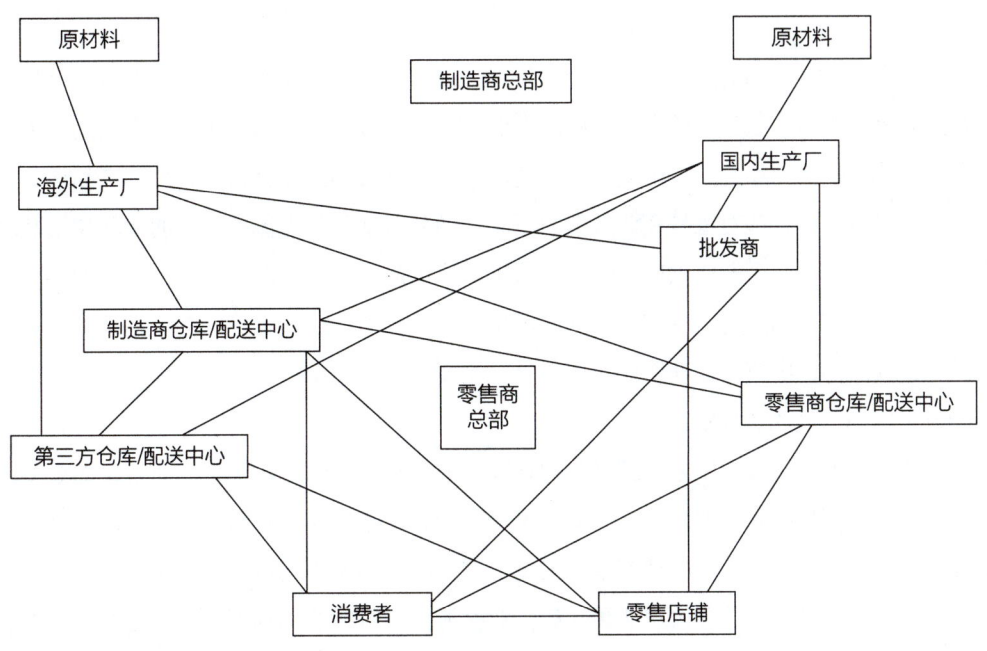

图5-2　供应链的基本构成

到用户的物料链、信息链、资金链,而且是一条增值链,物料在供应链上因加工、包装、运输等过程而增加其价值,给相关企业都带来收益。

从结构形式上看,供应链由所有加盟的节点企业组成,其中一般有一个核心企业(这个企业既可以是制造商,也可能是大型零售企业),节点企业在需求信息的驱动下,通过供应链的职能分工与合作(生产、分销、零售等),以资金流、物流以及服务流为媒介实现整个供应链的不断增值。

供应链按照范围可以分为内部供应链和外部供应链。

（1）内部供应链

内部供应链是指企业内部产品生产和流通过程中所涉及的采购部门、生产部门、仓储部门、销售部门等组成的供需网络。

（2）外部供应链

外部供应链则是指企业外部的,与企业相关的产品生产和流通过程中涉及的原材料供应商、生产厂商、储运商、零售商以及最终消费者组成的供需网络。

内部供应链和外部供应链的关系：二者共同组成了企业产品从原材料到成品到消费者的供应链。可以说,内部供应链是外部供应链的缩小化。如对于制造厂商,其采购部门就可看作外部供应链中的供应商。它们的区别只在于外部供应链范围大,涉及企业众多,企业间的协调更困难。

5.4.2 供应链管理的目标

与供应链的概念相对应,所谓供应链管理,就是为了满足顾客的需求,在从原材料到最终产品的过程中,为了获取有效的商品存储、运输,以及高质量的服务和有效的相关信息所做的计划、操作和控制。供应链管理的范围包括从最初的原材料直到最终产品达到顾客手中的全过程,管理对象是在此过程中所有与商品流动及信息流动有关的活动和相互之间的关系。对于一个企业或供应链参与企业来讲,供应链系统管理的功能在于将顾客所需的产品或服务在正确的时间,按照正确的数量和正确的质量送达正确的地点,并且使总成本最小,具体讲,供应链管理所能实现的目标主要有以下几个。

（1）实施有效的单品管理

品类和品种管理长期以来一直是企业管理中的难点和重点,对于企业而言,如果不能及时供应畅销产品或服务的话,必然就会出现断货,这不仅会引起顾客的不满,而且还会增加机会成本,并且使企业的经营系统失真。这是因为当出现断货时,顾客只能购买替代产品和服务,这样,作为零售企业和生产企业就无法了解顾客的真正需求,进而也就无法从顾客的需求出发供应和采购商品。不能把握顾客的真实需求,就无法挖掘顾客的潜在需求,也就无法掌握对开发新产品有用的信息。而实施供应链管理后,由于供应链参与企业在物流和信息流上做到了充分共享,以及业务上的协同运作,因此,通过对市场信息和需求的同步分析和同步运作,使得企业能够及时了解商品的周转情况和顾客需求的程度,在此基础上,对畅销品和滞销品分别进行分析,确立相应的应对措施,并系统全面地审核各种交易制度可能带来的潜在成本和收益,最终实现每个单品在降低运营成本的基础上实现销量增加。

（2）全面压缩库存

在传统的管理理论中,库存是企业抵御风险的一种手段,它起到了蓄水池的作用,然而随着柔性化经营的不断发展,特别是即时经营（JIT）不断推广之后,人们逐渐认识到过量的库存往往是企业低效率经营的表现,它把企业日常经营中所潜伏的问题都掩盖起来,在数据信息都不准确的情况下,企业的经营决策往往是风险巨大的,商品滞销和断货的可能性都很大,所以,此时只有通过库存将风险控制在一定范围之内。但是,在供应链管理环境下,由于参与各方掌握了全面的库存信息和市场信息,加上协同化的物流管理,使得库存实现了全面压缩,真正保证了库存的商品是畅销品和未来发展潜力大的商品,与此同时,还完全杜绝了滞销品的库存,实现了"鲜度管理"。

（3）缩短了供应链前置时间

供应链前置时间指的是企业从下单到交货的所有时间,它反映了企业对市场的敏捷响应能力。如果供应链参与方不能全面掌握库存情况,商品缺货就会增加,制造商就会不断因要求追加生产而调整生产计划,其结果是,一方面厂家和供应商的仓库中不断积压停止生产的零部件和商品,另一方面追加生产的产品零部件库存的调配又将花费很多时间,这样整个前置时间很长,企业对市场和需求的响应能力较差。在供应链管理中,共同掌握整个库存情况和销售信息是极其重要的,同时还必须将最新的数据提供给供应链全体成员,这样不仅消费者认定的所需时间缩短了,而且对于制造商,依据最新数据制订生产计划就可以将变更减少到最小程度,从而确立一个稳定的供应体系。

（4）实现低成本运作

迄今为止的供应链业务是行业间产品和信息交流的一个节点,比较复杂。除调配、订货和接受订货、发货、库存管理等业务外,一些特有的复杂的商业习惯（回扣制度、委托退货制度等）使交易形态更加复杂化。另一方面,行业内部也有驱动业务复杂化的因素,这就是因缺货引起的生产计划的变更。由于生产计划变更,导致生产现场混乱,调整生产计划以及紧急调配库存又引起供货商的混乱,等等,业务负担比想象的高,由此引起的成本很高。而供应链管理机制通过信息共享以及综合业务管理,把从供货商到零售业者的所有业务重新设计为最佳状态,因此,真正实现了低成本运作。

(5) 改善了现金流动

在分散化的经营体制下，由于企业不能有效地应对市场，造成滞销品大量存在，这不仅加大了库存负担，产生了大量的占压资金，而且由于生产和经营计划的不断变更和无效经营，也使得现金流日益减少，其结果是：库存增加，运转资金不足；贷款增加，相应的利息负担也越来越大。在供应链管理环境下，通过确立包括销售趋势和整个库存在内的供给体制，可实现全面减少库存，通过减少库存可将以前的库存变为现金，改善现金流，形成良性循环的局面。

5.4.3 供应链管理的方法

（1）电子订货系统

电子订货系统（electronic ordering system，EOS），是指将批发、零售商场所发生的订货数据输入计算机，即通过计算机通信网络连接的方式将资料传送至总公司、批发商、商品供货商或制造商处。因此，EOS能处理从新商品资料的说明直到会计结算等所有商品交易过程中的作业，可以说EOS涵盖了整个物流。在寸土寸金的情况下，零售业已没有许多空间用于存放货物，在要求供应商及时补足售出商品的数量且不能有缺货的前提下，更必须采用EOS系统。EOS因内涵了许多先进的管理手段，因此在国际上使用非常广泛，并且越来越受到商业界的青睐。

1）电子订货系统的组成

电子订货系统采用电子手段完成供应链上从零售商到供应商的产品交易过程，因此，一个EOS系统必须有：

① 供应商：商品的制造者或供应者（生产商、批发商）。

② 零售商：商品的销售者或需求者。

③ 网络：用于传输订货信息（订单、发货单、收货单、发票等）。

④ 计算机系统：用于产生和处理订货信息。

2）电子订货系统的特点

① 商业企业内部计算机网络应用功能完善，能及时产生订货信息。

② POS与EOS高度结合，产生高质量的信息。

③ 满足零售商和供应商之间的信息传递。

④ 通过网络传输信息订货。

⑤ 信息传递及时、准确。

⑥ EOS是许多零售商和供应商之间的整体运作系统，而不是单个零售店和单个供应商之间的系统。电子订货系统在零售商和供应商之间建立起了一条高速通道，使双方的信

息及时得到沟通,使订货过程的周期大大缩短,既保障了商品的及时供应,又加速了资金的周转,实现了零库存战略。

3)电子订货系统的操作流程

① 在零售店的终端利用条码阅读器获取准备采购的商品条码,并在终端机上输入订货资料,利用电话线通过调制解调器传到批发商的计算机中。

② 批发商开出提货传票,并根据传票开出拣货单,实施拣货,然后根据送货传票进行商品发货。

③ 送货传票上的资料便成为零售商店的应付账款资料及批发商的应收账款资料,并接到应收账款的系统中去。

④ 零售商对送到的货物进行检验后,就可以陈列出售了。

使用EOS时要注意订货业务作业的标准化,这是有效利用EOS系统的前提条件:商品代码的设计,商品代码一般采用国家统一规定的标准,这是应用EOS系统的基础条件;订货商品目录账册的做成和更新,订货商品目录账册的设计和运用是EOS系统成功的重要保证;计算机以及订货信息输入和输出终端设备的添置是应用EOS系统的基础条件;在应用过程中需要制定EOS系统应用手册并协调部间、企业间的经营活动。

(2)有效客户反应

有效客户反应是1992年从美国食品杂货业发展起来的一种供应链管理策略。20世纪90年代初,日本食品加工和日用品加工开始模仿美国服装业的"快速反应",并形成自己的体系,也称为"有效消费者反应"。

有效客户反应(efficient customer response,ECR),以满足顾客要求和最大限度降低物流过程费用为原则,能及时做出准确反应,使提供的物品供应或服务流程最佳化的一种供应链管理战略。

由于在流通环节中缩减了不必要的成本,零售商和批发商之间的价格差异也随之降低,这些节约了的成本最终将体现在消费者身上,各贸易商也将在激烈的市场竞争中赢得一定的市场份额。

1)有效客户反应的特点

① 有效客户反应重视采用新的技术、新方法。

首先,有效客户反应采用了先进的信息技术,在生产企业与流通企业之间开发了一种利用计算机技术的自动订货系统(CAO)。CAO系统通常与电子收款系统(POS)结合使用,利用POS系统提供的商品销售信息把有关订货要求自动传向配送中心,由该中心自动发货,这样就可能使零售企业的库存降至为零状态,并减少了从订货至交货的周期,提高了商品鲜度,减少了商品破损率。还可使生产商以最快捷的方式得到自己的商品在市场是否适销对路的信息。

其次，有效客户反应还采用了两种新的管理技术和方法，即种类管理和空间管理。种类管理的基本思想是不从特定品种的商品出发，而是从某一种类的总体上考虑收益率最大化。就软饮料而言，不考虑其品牌，而是从软饮料这一大类上考虑库存，柜台面积等要素，按照投资收益率最大比原则去安排品种结构。其中有些品种能赢得购买力，另一些品种能保证商品收益，通过相互组合既满足了顾客需要，又提高了店铺的经营效益。空间管理指促使商品布局，柜台设置最优化。过去许多零售商也注意此类问题，不同点在于有效客户反应的空间管理是与种类管理相结合的，通过两者的结合实现单位销售面积的销售额和毛利额的提高，因而可以取得更大的效果。

② 有效客户反应建立了稳定的伙伴关系。在传统的商品供应体制上，生产者、批发商、零售商联系不紧密或相互间较为紧密，发生的每一次订货都有很大的随机性，这就造成生产与销售之间商品流动的极不稳定性，增加了商品的供应成本。而有效客户反应恰恰克服了这些缺点，在生产者、批发商、零售商之间建立了一个连续的、闭合式的供应体系。改变了相互敌视的心理，使他们结成了相对稳定的伙伴关系，克服了商业交易中的勾心斗角，实现了共存共荣，是一种新型的产销同盟和产销合作形式。

③ 有效客户反应实现了非文书化。有效客户反应充分利用了信息处理技术，使产购销各环节的信息传递实现了非文书化。无论是企业内部的传票处理，还是企业之间的订货单、价格变更、出产通知等文书都通过计算机间的数字交换（EDI）进行自动处理。由于利用了电子数据交换，生产企业在出产的同时就可以把出产的内容电传给进货方，作为进货方的零售企业只要在货物运到后扫描集运架或商品上的电码就可以完成入库验收等处理工作。由于全面采用了电子数据交换，可以根据出产明细自动地处理入库，从而使处理时间近似为0，这对于迅速补充商品，提高预测精度，大幅度降低成本起了很大作用。

2）有效客户反应的四大要素

快速产品引进（efficient product introductions）：最有效地开发新产品，进行产品的生产计划，以降低成本。

快速商店分类（efficient store assortment）：通过第二次包装等手段，提高货物的分销效率，使库存及商店空间的使用率最优化。

快速促销（efficient promotion）：提高仓储、运输、管理和生产效率，减少预先购买，供应商库存及仓储费用，使贸易和促销的整个系统效率最高。

快速补充（efficient replenishment）：包括电子数据交换（EDI），以需求为导向的自动连续补充和计算机辅助订货，使补充系统的时间和成本最优化。

3）有效客户反应的实施原则

要实施ECR，首先应联合整个供应链所涉及的供应商、分销商以及零售商，改善供应链中的业务流程，使其最合理有效；然后，再以较低的成本，使这些业务流程自动化，以进一步降低供应链的成本和时间。这样，才能满足客户对产品和信息的需求，即给客户提供最优质的产品和适时准确的信息。ECR的实施原则包括如下5个方面：

① 以较少的成本，不断致力于向食品杂货供应链客户提供产品性能更优、质量更好、花色品种更多、现货服务更好以及更加便利的服务。

② ECR必须有相关的商业巨头的带动。该商业巨头决心通过互利双赢的经营联盟来代替传统的输赢关系，达到获利之目的。

③ 必须利用准确、适时的信息以支持有效的市场、生产及后勤决策。这些信息将以EDI的方式在贸易伙伴间自由流动，它将影响以计算机信息为基础的系统信息的有效利用。

④ 产品必须随其不断增值的过程，从生产至包装，直至流动至最终客户的购物篮中，以确保客户能随时获得所需产品。

⑤ 必须采用共同、一致的工作业绩考核和奖励机制，它着眼于系统整体的效益（即通过减少开支、降低库存以及更好的资产利用来创造更高的价值），明确地确定可能的收益（例如，增加收入和利润）并且公平地分配这些收益。

有效客户反应由于在流通环节中缩减了不必要的成本，零售商和批发商之间的价格差异也随之降低，这些节约了的成本最终将体现在消费者身上，各贸易商也将在激烈的市场竞争中赢得一定的市场份额。

ECR经营理念不但适合大中型的零售商和制造商，也适合小型零售商和供应商。随着零售行业的发展，ECR将促使整个行业内各方面进行合作、制定行业标准，推动行业高效、良性地发展。

本章小结

电子商务作为一种新兴的商务活动，为物流创造了一个虚拟性的运动空间，互联网技术推动了物流的变革，同时电子商务的兴起，也改变了人们的消费方式、企业的销售方式，送货上门等业务成为一项极为重要的服务业务，这也促进了物流行业的兴起。电子商务的优势之一就是能够大大简化业务流程，降低企业运作成本。而电子商务下企业成本优势的建立和保持必须以可靠和高效的物流运输作为保证，这也是现代企业在竞争中取胜的关键。一个国家物流业的发展水平一定程度上反映了该国的综合国力和企业的市场竞争能力。

复习思考题

1. 简述物流的含义和功能。
2. 简述电子商务物流的特点。
3. 简述电子商务物流模式的类型。
4. 分析电子商务物流配送的功能要素。
5. 简述供应链的含义和方法。

实训内容

1. 在所属区域物流配送中心进行调研,规划设计一小型物流配送中心。
2. 假如某电子商务企业有一批日化商品要从北京发往湖北武汉,采用公路运输方式完成,请大家利用手机内的任意一种导航系统完成以下技能训练。
(1)选择最合适的运输路线,并将路线和里程列出。
(2)如果需要在郑州配送中心进行一次接货,那么路线如何规划?里程又是多少?

第6章 电子商务安全

本章提要

互联网的高速发展，其开放性、国际性和自由性在增加，特别是电子网络交易的出现，大大地加快了网络的技术发展。人们在互联网上进行交易，可以不需要考虑地域概念，也不论身在何处，都可以交易，这种新的模式带来了很大的便利，使人们的交易行为更加的丰富和多样，但是因为电子商务交易时资金和私人信息的流动都是在网络上完成，所以电子商务安全的问题也越来越突出。保障电子商务安全，关系到一个国家安全和主权、社会稳定、民族文化的继承和发扬的重要问题，也涉及了计算机技术、网络技术、通信技术、商务技术信息、实体等各方面的内容。综合起来说，电子商务安全就是对网络系统和硬件、软件及其系统中的数据受到保护，不因偶然的或者恶意的原因而遭到破坏、更改或泄露，系统连续、可靠、正常地运行，网络服务不中断，在信息采集、存储、处理和运用过程中保障电子信息的有效性，维护网络信息安全，防止网络恶性事件的发生。

项目目标

（一）知识目标

1. 了解电子商务安全的主要内容。
2. 掌握电子商务加密技术。
3. 理解 SSL 协议以及 SET 协议的相关知识点，并对知识进行灵活运用。

（二）技能目标

1. 访问中国银行网站，安装电子钱包，申请数字证书并进行网上购物。
2. 上网搜索一个使用 SSL 协议进行会话的网站，能通过使用来了解 SSL 协议的一些有关情况。
3. 与其他外地用户 PC 建立 VPN 连接联入局域网。

引导案例

小红书用户信息大面积泄露 50人被骗近88万

（中国电子商务研究中心讯）2017年3月14日，直到银行卡提示被划走了40087元，26岁的马琳才意识到自己被骗了。

2016年12月28日，在北京工作的马琳在"小红书"上购买了洗面奶，"小红书客服"精确地报出了她在小红书的消费信息，这是她认为自己被骗的主要原因。

"尽管说泄露信息的渠道很多，但是这么大面积的小红书消费者被骗，只能说明是小红书造成的信息泄露。"马琳说，骗子掌握了小红书后台用户几乎所有信息，包括身份证信息，这些都是在小红书注册时必填的，"这说明小红书后台已没有保密性"。

而就在3月13日，西北民族大学研一学生李西（化名）接到"小红书客服"电话，在理赔过程中，李西根据"客服"指示，最终被骗18100元。

4月20日，李西的遭遇被本报报道后，截至5月31日，先后有50名受骗者联系本报。她们的经历和遭遇极其相似，都是因为在小红书上有网购经历，最后都接到自称是"小红书客服"的电话，以购买商品存在质量问题退款为由被骗。据统计，50人受骗总额为879163.58元。

让人不敢想象的是，除了这50名受骗者，可能还有更多人受骗，还有更多人接到或者正在接到诈骗电话。小红书用户信息大面积泄露。

26岁的郑叶收到了"小红书客服"发给她的通知书，通知书很正式，左上角还有一个小红书的标志。郑叶信以为真。

通知书说："尊敬的用户，由于您近期在我们店铺购买的商品出现质量问题，现需全部退回，请通过我们合作第三方平台：招联好期贷、蚂蚁借呗、来分期，扫二维码进行接收赔付款，我们客服人员会及时跟您联系，给您造成不便深表歉意，感谢您的支持和信赖。"

通知书还称："重要通知：因为退还款是第三方合作平台预先把店铺金额退还到您的支付宝余额上，您再进行还款，如果您收到款项不配合还款，导致还款通道关闭，您个人账户逾期，跟您的个人征信是关联的，您到时将被索赔双倍赔偿款，并支付相应的利息。"

据统计，这50名受骗者都是年轻女性，其中有22名大学生。受骗者年龄在19岁到31岁之间，平均年龄是23岁。她们在小红书上购买的产品基本上都是化妆品。

受骗时间分布在3月、4月、5月这3个月，其中3月受骗16人，4月受骗23人，5月受骗11人。受骗人数最多的是3月27日，有6人；4月17日有3人受骗；4月19日有4人受骗；就在

4月20日本报刊发报道当天，还有4人被骗。

50名受骗者受骗总金额为879163.58元，受骗1万元以下的有25人，受骗1万~2万元的有11人，受骗2万~3万元的有4人，受骗3万~4万元的有3人，受骗4万~5万元的有4人，5万元以上的有3人。最多的一人被骗9.13万元。

从购买时间来看，2016年12月和2017年1月各有1人被骗，有13人购买时间是在2月，有23人购买时间是在3月，有8人购买时间是在4月，有4人购买时间是在5月。

2017年5月18日，26岁的网友"木易"在小红书购买了沐浴乳和润肤露。6天后，她接到"小红书客服"电话，最后被骗4.3万元。中国青年报·中青在线记者发现，从在小红书购买商品日期，到被骗日期的间隔时间来统计，最短的只有6天，多数时间间隔是一个月左右。

根据收货邮件地址，受骗者遍布全国14个省份。其中广东省有9人被骗，江苏省有7人被骗，浙江省有6人被骗，北京有5人受骗，武汉有3人受骗，沈阳、重庆、成都、合肥各有2人受骗。

马琳说，受骗者数量庞大。从最早的3月到现在，人数每天都在上升，这是源头出了问题，而不是小红书官方指出"用户自己的快递单乱扔"等原因那么简单。受骗者遍布全国各地，收货地址不同，基本排除了消费者泄露信息的可能性。

思考题

请你从案例中的内容，谈谈网络安全的重要性以及对电子商务的影响。

互联网潮流带来了优势和商机，也彻底改变了全球商业的经营模式。电子商务几乎涉及人类生活的各个层面和领域，它的快速发展，推动了商业、贸易、金融、营销、运输和教育等社会领域的创新和发展，企业通过电子商务进行交易和运作是一个新的产业，这个新的产业需要企业按照电子商务的要求进行业务流程的重组，提升企业效率，降低经营成本，提供更优质的商品和服务。

作为网络和商业的结合，电子商务是网络化发展的必然产物，是信息时代的商务模式，它必将有更广阔的发展前景。但是电子商务的发展离不开强有力的技术支持，尤其是电子商务安全技术的保障，它使电子商务的运作更安全以及可信度更高，所以电子商务安全技术在电子商务中显得尤为重要。

6.1 电子商务的安全问题

随着电子商务的发展，网络电子商务安全问题也日益突出。2017年上半年，中国网络安全报告，报告期内，新增木马病毒占总体数量的42.33%，依然是第一大种类病毒。蠕虫病毒为第二大种类病毒，占总体数量的36.35%。第三大种类病毒为灰色软件病毒（垃圾软件、广告软件、黑客工具、恶意软件），占总体数量的6.76%。在日益增多病毒的影响下，电子商务安全问题面前，需要我们采取新措施来进行防范。

（1）电子商务的安全现状

目前电子商务的安全问题比较严重，最突出的表现在计算机网络安全和商业诚信问题上。现今的电子商务安全主要呈现出以下特点：

木马病毒爆炸性增长，变种数量的快速增加。据统计，2017年1至6月，瑞星"云安全"系统共截获病毒样本总量3132万个，病毒感染次数23.4亿次，病毒总体数量比2016年同期上涨35.47%。新增木马病毒占总体数量的42.33%，依然是第一大种类病毒。病毒的数量不仅增速变快，智能型、病毒变种更新速度快是2017年度病毒的又一个特征。总体而言，目前的新木马不多，更多的是它的变种，因为目前反病毒软件的升级速度越来越快，病毒存活时间越来越短，因此，今天的病毒投放者不再投放单一的病毒，而是通过病毒下载器来进行病毒投放，可以自动从指定的网址上下载新病毒并进行自动更新，永远也无法斩尽杀绝所有的病毒。同时病毒制造、传播者利用病毒木马技术进行网络盗窃、诈骗活动，通过网络贩卖病毒、木马，教授病毒编制技术和网络攻击技术等形式的网络犯罪活动明显增多，电子商务网络犯罪也逐渐开始呈公开化、大众化的趋势。

目前，通过移动存储介质传播的案例显著增加，存储介质已经成为电子商务网络病毒感染率上升的主要原因。由于U盘和移动存储介质广泛使用，病毒、木马通过autorun.inf文件自动调用执行U盘中的病毒、木马等程序，然后感染用户的计算机系统，进而感染其他U盘。与往年相比，2017年通过网络浏览或下载该病毒的比例在下降。不过，从网络监测和用户寻求帮助的情况来看，大量的网络犯罪通过"挂马"方式来实现。"挂马"是指在网页中嵌入恶意代码，当存在安全漏洞的用户访问这些网页时，木马会侵入用户系统，然后盗取用户敏感信息或者进行攻击、破坏。通过浏览网页方式进行攻击的方法具有较强的隐蔽性，用户更难发现，潜在的危害性也更大。

网络病毒给电子商务造成的损失继续增加。调查显示，浏览器配置被修改、损坏或丢失数据，系统的使用受限，网络无法使用，密码被盗都给电子商务造成严重的破坏后果。2006年"熊猫烧香"病毒利用蠕虫病毒的传播能力和多种传播渠道帮助木马传播，攫取非法经济利益，给被感染的用户带来重大损失。继"熊猫烧香"之后，复合型病毒大量出现，如仇英、艾妮等病毒。同时，网上贩卖病毒、木马和僵尸网络的活动不断增多，利用病毒、木马技术传播垃圾邮件和进行网络攻击、破坏的事件呈上升趋势。

（2）电子商务的安全问题

电子商务的安全直接关系到电子交易的安全性，它不是一堵防火墙或一个电子签名就能简单地解决的问题，它直接关系到网络交易中个人资金、商家货物和财产的安全，也关系到国家的经济安全和经济秩序的稳定问题。

1）信息安全

信息安全是指由于各种原因引起的信息泄露、信息丢失、信息篡改、信息虚假、信息滞后、信息不完善等，以及由此带来的风险。具体的表现有：窃取商业机密；泄漏商业机密；篡改交易信息，破坏信息的真实性和完整性；接收或发送虚假信息，破坏交易、盗取交易成果；伪造交易信息；非法删除交易信息；交易信息丢失；病毒破坏；黑客入侵等。

最常见的信息风险是信息的非法窃取和泄露，它往往引起连锁反应，形成后续风险，这也是目前企业和个人最担心的问题。信息风险的典型表现是网络欺诈，不仅使厂商和消费者在经济上蒙受重大损失，更重要的是可能会使人们对电子商务这种新的经济形式失去信心。

2）交易安全

交易安全是指电子商务交易过程中存在的各种不安全因素，包括交易的确认、产品和服务的提供、产品和服务的质量、价款的支付等方面的安全问题。

交易安全问题在现实中有很多。例如：卖方利用信息优势，以次充好、以劣当优来发布虚假信息，欺骗购买者；卖方利用参与者身份的不确定性与市场进出的随意性，在提供服务方面不遵守承诺，收取费用却不提供服务或者少提供服务。当然也有相反的情况：买方利用卖方的诚实套取产品和服务，却以匿名、更名或退出市场等方式逃避执行契约合同。

3）财产安全

财产安全是指由于各种原因造成电子商务参与者面临的财产等经济利益风险。财产安全往往是电子商务安全问题的最终形式，也是信息安全问题和交易安全问题的后果。

财产安全问题主要表现为财产损失和其他经济损失。前者如：客户的银行资金被盗；交易者被冒名，其财产被窃取等。后者如：信息的泄露、丢失，使企业的信誉受损，经济遭受损失；遭受网络攻击或故障，企业电子商务系统效率下降甚至瘫痪等。

（3）电子商务安全问题的来源

1）硬件层面

电子商务的基础是网络，而网络的物理支撑是各种硬件设施，这些硬件设施会由于各种原因带来安全风险。这里有设备故障，有人为因素，也有自然灾害。硬件安全问题虽然发生的概率不大，但是一旦发生，其影响巨大。例如，2006年12月26日，我国台湾附近海域发生强烈地震，造成中美海缆等6条国际海底通信光缆发生中断，附近国家和地区的国际和地区性通信受到严重影响。中国大陆至台湾地区、美国、欧洲等方向的通信线路受此影响大量中断，互联网访问质量受到严重影响。许多跨国经营的企业总部、分公司之间的网络联系中断，使生产和经营受到严重影响。这次事故给有关企业和个人造成巨大影响和严重经济损失。

2）软件层面

网络不仅需要硬件，更需要软件，各种系统软件、应用软件是网络运行所必需，是电子商务的另一个支撑点。由于技术和人为的原因，各种软件不可避免地存在各种设计的缺陷和漏洞，而且由于软件的多样性和复杂性，在配备、使用中也会有各种问题，导致电子商务系统中存在技术误差和安全漏洞。比如，由于可能存在安全漏洞，在重要信息资料保管和安全支付方面，人们仍然担心资料丢失和账户被盗等。又比如，个别软件由于自身的缺陷，在特殊的情况下，可能造成系统运行故障甚至瘫痪。

3）应用层面

① 企业管理水平低，人员素质不高。电子商务在近几年才得到了迅猛发展，各地都缺乏足够的技术人才来处理所遇到的各种问题，许多企业技术人员的技术水平较低，不能完全胜任所承担的工作。同时企业对电子商务的管理也处于一个摸索的阶段，管理的水平不高，效率低下。这些都给电子商务带来很大的安全隐患，其中包括交易流程管理风险、人员管理风险、网络交易技术管理的漏洞的交易风险、网络管理制度漏洞等。

② 消费者电子商务知识贫乏，安全意识不够。从总体上讲，广大消费者对于电子商务这个新生事物还比较陌生，缺乏相应的知识，还不能十分熟练地应用这一新的交易手段，造成各种人为的安全威胁。例如：有的消费者安全意识淡薄，不注意保护自己的密码等关键信息，容易导致资金被盗、冒名交易等；有的消费者对信息判断能力差，容易上当受骗；有的消费者对网络交易的流程缺乏了解，容易导致操作失误等。

③ 网络攻击、商业欺诈等违法犯罪行为。以获取机密信息或者破坏为目的的网络攻击是电子商务另外一个重要安全隐患，包括病毒攻击、木马程序，以及其他各种形式的网络攻击。根据国家计算机病毒应急处理中心的统计，我国发现的计算机病毒有80%以上是以窃取信息等经济利益为目的的。这些网络攻击行为可能导致企业和个人的信息被盗，资金被窃取，也可能导致企业电子商务系统效率下降甚至崩溃。

同时，因为网络交易的虚拟性所引起的交易欺诈行为有恶化的趋势。例如，在中国质量万里行促进会公布的2017年我国十大投诉热点中，网络欺诈已经成为继食品、汽车、家电、旅游之后的第五大投诉热点。这说明发生在我国网络市场中的欺诈行为已经比较严重，它会影响网民对网络产品的信任感并进而影响中国电子商务市场的健康发展。

4）环境层面

① 法律环境。法律是市场经济的重要外部环境。在电子商务中，法律不仅是打击网络犯罪的武器，更是各个主体商务活动的游戏规则。

电子商务是一种全新的商务活动，并由此衍生了一系列新的法律问题，例如网络交易纠纷的仲裁、网络交易契约等问题，急需相应的法律保障为市场制定新的、适用的游戏规则，否则就会引起混乱。由于电子商务发展较快，我国有关的立法工作显得落后，出现许多法律空白，使许多电子商务纠纷的解决缺乏法律依据，这成为电子商务中的一个重要安全隐患。

② 诚信缺乏。诚信是市场经济的基础，是市场顺利运行的前提条件。电子商务由于其开放性、虚拟性，交易双方不直接见面，在身份的判别确认、违约责任的追究等方面都存有很大困难。因此，信用风险远较传统业务中发生的概率大。

我国目前的状况是缺乏诚信，社会信用体系不完善，这给在网上利用电子商务进行交易的传统企业和个人带来不可预料的风险，包括商业欺诈、商业诽谤、在线（信息）隐私问题、知识产权的保护问题、商业信用问题等。其典型表现有：网上产品的质量问题导致消费者无法购买到合意的商品；网上支付存在着风险；网络中的合同欺诈等。

（4）电子商务安全问题的应对措施

1）加强网络基础设施建设

在此方面，我国已经取得了一定进步，但总体情况仍不容乐观，地区之间发展不平衡。今后国家应继续加大网络建设投入力度，进一步鼓励企业加大对信息产业的投资，进一步增强电子商务发展的网络基础。要扩大国际出口带宽的建设，解决原有网络带宽及速度较低、网络运行质量差和电信资费高等问题，并缩小东西部、南北方的差距。要采取切实措施，构建一个值得信赖并能够保证信息的完整性和安全性的多层次的开放的网络体系，改善国内用户环境。

2）加强安全技术的研究和应用

目前，电子商务应用还刚刚开始，许多方面都还不够完善，安全技术及其应用还不能满足电子商务发展的需要。这就要求我们密切关注电子商务的动向，关注电子商务安全技术，加大投入力度，研究更加先进可靠、经济适用的安全技术。

同时，安全技术不是单一的技术，技术的综合应用是保证电子商务安全的一个重要方面，因此应当加大技术应用环节的投入。可以采取的应用措施有：使用容错计算机系统或创造高可用性的计算机环境，以确保信息系统保持可用及不间断动作；灾害复原计划，即提供一套程序与设备来重建被中断的计算与通信服务；加密是一种广泛使用的技术来确保因特网上传输的安全；数字证书可确认使用者的身份，提供了电子交易更进一步的保护；加强主机本身的安全，做好安全配置，及时安装安全补丁程序，减少漏洞；从路由器到用户各级建立完善的访问控制措施，安装防火墙，加强授权管理和认证；对敏感的设备和数据要建立必要的物理或逻辑隔离措施；建立详细的安全审计日志，以便检测并跟踪入侵攻击等。

3）提高从业人员的技术水平和整体素质，提升企业的管理水平

首先，要加强现有从业人员的培训，提高现有人员的技术水平，提高其安全意识，提高其应对安全问题的能力。其次，要加强电子商务人才的培养。应充分利用各种途径和手段培养大量素质较高、层次合理、专业配套的网络、计算机及经营管理等方面的专业人才，特别是掌握现代信息技术和现代商贸理论与实务的复合型人才。最后，要提高企业电子商务管理水平。安全问题不仅有技术的原因，管理落后也是一个重要方面，企业要建立适应电子商务发展的管理体系，培养合格的管理人才，提升整体管理水平。

4）加强法律法规建设

包括两个方面的内容：一是要完善原有的法律体系并进行必要的调整；二是为适应发展的需要制定新的法律法规。

要积极开展立法的各项准备工作，循序渐进、突出重点、先易后难、先单项后综合，在实践中摸索，在发展中完善，针对不同的法律问题，提出新的解决方案，制定相应的法律法规。不具备制定法律法规要求的，可以先制定"条例""细则"等规范性法律文件，逐步强化电子商务立法。

当前一项重要的任务是要抓紧研究电子交易、信用管理、安全认证、在线支付、税收、市场准入、隐私权保护、信息资源管理等方面的法律法规问题，应尽快制定出可以具体操作的《电子商务法》。

5）加强诚信建设

首先，建立健全社会信用制度及管理体系。要加快信用立法，完善经济活动实名制，健全个人财产申报制度，实行个人破产制度等，以形成对信用体系的强势约束力，确保个人信用制度的健康发展。

其次，建立完善的企业制度，培养优秀的企业文化。要以提高企业价值作为经营的根本，把自主性和自律性的道德标准作为企业的重要组成部分，进而建立以诚信为基础的企业文化。

再次，建立企业和个人的信用评价与监管机构。建立起以政府为背景，跨部门的，包括银行、工商管理、公安、税务部门协同的企业和个人的信用评价与监管体系，实现跨部门、跨行业、跨地区的信用信息互联互通。加大失信行为的成本，以约束失信行为。

最后，加强对企业的监管力度，完善各种监管系统。

6.2 电子商务安全技术

电子商务安全技术日趋成熟，主要技术手段逐渐形成国际行业规范。电子商务一般通过Internet进行交易，为了提高电子商务活动的安全性，除了采用先进网络安全技术外，还必须具备有效的信息安全机制，这就是电子商务安全交易体系。

6.2.1 防火墙技术

防火墙是介于内部网络和不可信任的外部网络之间的一系列部件的组合，它是不同网络或网络安全域之间的信息的唯一出入口，根据企业的总体安全策略控制出入内部可信任网络的信息流，而且防火墙本身具备很强的抗攻击能力，是提供信息安全服务和实现网络及信息安全的基础设施。

（1）防火墙的策略

防火墙是在安全策略指导下的一种安全防御措施，策略是防火墙的核心。防火墙具有两种默认的策略，在策略的指导下实施安全服务，它们是：

① 默认禁止策略。拒绝所有的流量，特殊指定能够进入和出去的流量的一些类型。

② 默认允许策略。允许所有的流量，特殊指定要拒绝的流量的类型。

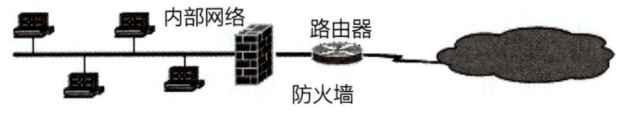

图6-1　防火墙位置图

（2）防火墙的作用

防火墙具有很好的保护作用，可以限制他人进入内部网络；过滤掉不安全的服务和非法用户；防止入侵者接近内部网络的防御设施；限定人们访问特殊站点；为监视局域网安全提供方便。

（3）防火墙的类别

防火墙可以分为很多类别，从防火墙实现技术的方式来分，它可以分为：分组过滤式防火墙、代理服务型防火墙和状态检测型防火墙。

1）分组过滤式防火墙

分组过滤技术工作在OSI模型网络层，根据网络的通信，当防火墙接收到数据分组后，会自动把分组中存储的数据属性和自己的访问控制策略来比对，从而决定分组是丢弃还是通过。

2）代理服务型防火墙

代理服务型防火墙，代表某个专用网络同互联网进行通信的防火墙，类似在股东会上某人以你的名义代理你来投票。当你将浏览器配置成使用代理功能时，防火墙就将你的浏览器的请求转给互联网；当互联网返回响应时，代理服务器再把它转给你的浏览器。代理服务器也用于页面的缓存，代理服务器在从互联网上下载特定页面前先从缓存器取出这些页面。内部网络与外部网络之间不存在直接连接。

代理服务器提供了详细的日志和审计功能，大大提高了网络的安全性，也为改进现有软件的安全性能提供了可能，但会降低网络性能。

代理服务器的功能主要在应用层实现。当代理服务器收到一个客户的连接请求时，先核实该请求，然后将处理后的请求转发给真实服务器，在接受真实服务器应答并做进一步处理后，再将回复交给发出请求的客户。代理服务器在外部网络和内部网络之间，发挥了中间转接的作用。所以，代理服务器有时也称作应用层网关。

代理服务器可对网络上任一层的数据包进行检查并经过身份认证，让符合安全规则的包通过，并丢弃其余的包。它允许通过的数据包由网关复制并传递，防止在受信任服务器和客户机与不受信任的主机间直接建立联系。

代理服务器型防火墙则是利用代理服务器主机将外部网络和内部网络分开。从内部发出的数据包经过这样的防火墙处理后，就好像是源于防火墙外部的网卡一样，从而可以达到隐藏内部网络结构的作用。内部网络的主机，无须设置防火墙为网关，只需直接将需要服务的IP地址指向代理服务器主机，就可以获取Internet资源。

使用代理服务器型防火墙的好处是，它可以提供用户级的身份认证、日志记录和账号管理，彻底分隔外部与内部网络。但是，所有内部网络的主机均需通过代理服务器主机才能获得Internet上的资源，因此会造成使用上的不便，而且代理服务器很有可能会成为系统的"瓶颈"。

3）状态检测型防火墙

状态检测型防火墙采用了状态检测包过滤的技术，是传统包过滤上的功能扩展。状态检测型防火墙在网络层有一个检查引擎截获数据包并抽取出与应用层状态有关的信息，并以此为依据决定对该连接是接受还是拒绝。这种技术提供了高度安全的解决方案，同时具有较好的适应性和扩展性。状态检测防火墙一般也包括一些代理级的服务，它们提供附加的对特定应用程序数据内容的支持。状态检测技术最适合提供对UDP协议的有限支持。它将所有通过防火墙的UDP分组均视为一个虚连接，当反向应答分组送达时，就认为一个虚拟连接已经建立。状态检测防火墙克服了包过滤防火墙和应用代理服务器的局限性，不仅仅检测"to"和"from"的地址，而且不要求每个访问的应用都有代理。

这是第三代防火墙技术，能对网络通信的各层实行检测。同包过滤技术一样，它能够检测通过IP地址、端口号以及TCP标记，过滤进出的数据包。它允许受信任的客户机和不受信任的主机建立直接连接，不依靠与应用层有关的代理，而是依靠某种算法来识别进出的应用层数据，这些算法通过已知合法数据包的模式来比较进出数据包，这样从理论上就能比应用级代理在过滤数据包上更有效。状态监视器的监视模块支持多种协议和应用程序，可方便地实现应用和服务的扩充。此外，它还可监测RPC和UDP端口信息，而包过滤和代理都不支持此类端口。这样，通过对各层进行监测，状态监视器实现网络安全的目的。目前，多使用状态监测防火墙，它对用户透明，在OSI最高层上加密数据，而无须修改客户端程序，也无需对每个需在防火墙上运行的服务额外增加一个代理。

状态检测型防火墙工作原理：状态检测防火墙基本保持了简单包过滤防火墙的优点，性能比较好，同时对应用是透明的，在此基础上，对于安全性有了大幅提升。这种防火墙摒弃了简单包过滤防火墙仅仅考察进出网络的数据包，不关心数据包状态的缺点，在防火墙的核心部分建立状态连接表，维护了连接，将进出网络的数据当成一个个的事件来处理。可以这样说，状态检测包过滤防火墙规范了网络层和传输层行为，而应用代理型防火墙则是规范了特定的应用协议上的行为。

状态检测型防火墙优点：

① 安全性好。状态检测型防火墙工作在数据链路层和网络层之间，它从这里截取数据包，因为数据链路层是网卡工作的真正位置，网络层是协议栈的第一层，这样防火墙确保了截取和检查所有通过网络的原始数据包。防火墙截取到数据包就处理它们，首先根据安全策略从数据包中提取有用信息，保存在内存中；然后将相关信息组合起来，进行一些逻辑或数学运算，获得相应的结论，进行相应的操作，如允许数据包通过、拒绝数据包、认证连接、加密数据等。状态检测型防火墙虽然工作在协议栈较低层，但它检测所有应用层的数据包，从中提取有用信息，如IP地址、端口号、数据内容等，这样安全性得到很大提高。

② 性能高效。状态检测型防火墙工作在协议栈的较低层，通过防火墙的所有的数据包都在低层处理，而不需要协议栈的上层处理任何数据包，这样减少了高层协议头的开销，执行效率提高很多；另外在这种防火墙中一旦一个连接建立起来，就不用再对这个连接做更多工作，系统可以去处理别的连接，执行效率明显提高。

③ 扩展性好。状态检测型防火墙不像应用网关式防火墙那样，每一个应用对应一个服务程序，这样所能提供的服务是有限的，而且当增加一个新的服务时，必须为新的服务开发相应的服务程序，这样系统的可扩展性降低。状态检测防火墙不区分每个具体的应用，只是根据从数据包中提取出的信息、对应的安全策略及过滤规则处理数据包。当有一

个新的应用时，它能动态产生新的应用的新的规则，而不用另外写代码，所以具有很好的伸缩性和扩展性。

④ 配置方便，应用范围广。状态检测型防火墙不仅支持基于TCP的应用，而且支持基于无连接协议的应用，如RPC、基于UDP的应用（DNS、WAIS、Archie等）等。对于无连接的协议，连接请求和应答没有区别，包过滤防火墙和应用网关对此类应用要么不支持，要么开放一个大范围的UDP端口，这样暴露了内部网，降低了安全性。

状态检测型防火墙实现了基于UDP应用的安全，通过在UDP通信之上保持一个虚拟连接来实现。防火墙保存通过网关的每一个连接的状态信息，允许穿过防火墙的UDP请求包被记录，当UDP包在相反方向上通过时，依据连接状态表确定该UDP包是否被授权，若已被授权，则通过，否则拒绝。如果在指定的一段时间内响应数据包没有到达，连接超时，则该连接被阻塞，这样所有的攻击都被阻塞。状态检测型防火墙可以控制无效连接的连接时间，避免大量的无效连接占用过多的网络资源，可以很好地降低DOS和DDOS攻击的风险。

状态检测型防火墙也支持RPC，因为对于RPC服务来说，其端口号是不定的，因此简单的跟踪端口号不能实现该种服务的安全，状态检测防火墙通过动态端口映射图记录端口号，为验证该连接还保存连接状态、程序号等，通过动态端口映射图来实现此类应用的安全。

状态检测型防火墙缺点：包过滤防火墙得以进行正常工作的一切依据都在于过滤规则的实施，但又不能满足建立精细规则的要求，并不能分析高级协议中的数据。应用网关防火墙的每个连接都必须建立在为之创建的有一套复杂的协议分析机制的代理程序进程上，这会导致数据延迟的现象。

状态检测型防火墙虽然继承了包过滤防火墙和应用网关防火墙的优点，克服了它们的缺点，但它仍只是检测数据包的第三层信息，无法彻底地识别数据包中大量的垃圾邮件、广告以及木马程序等。

包过滤防火墙和网关代理防火墙以及状态检测型防火墙都有固有的无法克服的缺陷，不能满足用户对于安全性的不断要求，于是深度包检测防火墙技术被提出了。

6.2.2 虚拟专用网技术

（1）概念

虚拟专用网（virtual private network，VPN）被定义为通过一个公用网络（通常是因特网）建立一个临时的、安全的连接，是一条穿过混乱的公用网络的安全、稳定的隧道。使用这条隧道可以对数据进行几倍加密达到安全使用互联网的目的。虚拟专用网是对企业内部网的扩展。虚拟专用网可以帮助远程用户、公司分支机构、商业伙伴及供应商同公司的内部网建立可信的安全连接，并保证数据的安全传输。虚拟专用网可用于不断增长的移动用户的全球因特网接入，以实现安全连接；可用于实现企业网站之间安全通信的虚拟专用线路，用于经济有效地连接到商业伙伴和用户的安全外联网虚拟专用网。

（2）VPN的用途

① 通过Internet实现远程用户访问。虚拟专用网络支持以安全的方式通过公共互联网远程访问企业资源。

② 通过Internet实现网络互连。可以采用两种方式用VPN互连远程局域网络；使用专线连接分支机构和企业局域网或使用拨号线路连接分支机构和企业局域网。

③ 连接企业内部网络计算机。在企业的内部网络中，考虑到一些部门可能存储有重要数据，为确保数据的安全性，传统的方式只能是把这些部门同整个企业网络断开成孤立的小网络。但是采用VPN方案，通过使用一台VPN服务器既能够实现与整个网络的连接，又可以保证有重要数据部门数据的安全性。

（3）VPN的工作原理

VPN的主要作用就是利用公用网络，将多个私有网络或网络节点连接起来，能通过公用网络进行连接可以大大降低通信的技术。

一般来说，两台连接上Internet的计算机只要知道对方的IP地址，是可以直接通信的。不过位于这两台计算机之间的网络是不能直接互联的，原因是这些私有的网络和公用网络使用了不同的地址空间或协议，即私有网络和公用网络之间是不兼容的。VPN的原理就是在这两台直接和公用连接的计算机之间建立一条专用通道。连接私有网络之间的通信内容经过这两台计算机或设备打包通过公用网络的专用通道进行传输，然后在对端解包，还原成私有网络的通信内容转发到私有网络中。这样对于两个私有网络来说公用网络就像普通的通信电缆，而接在公用网络上的两台计算机或设备则相当于两个特殊的线路接头。

由于VPN连接的特点，私有网络的通信内容会在公用网络上传输，出于安全和效率的考虑，一般通信内容需要加密或压缩。而通信过程的打包和解包工作则必须通过一个双方协调好的协议进行，这样的在两个私有网络之间建立VPN通道需要一个专门的过程，依赖于一系列不同的协议。一个完整的VPN系统一般包括以下几个单元：

① VPN服务器：一台计算机或设备用来接收和验证VPN连接的请求，处理数据打包和解包工作。

② VPN客户端：一台计算机或设备用来发起VPN请求，也处理数据的打包和解包工作。

③ VPN数据通道：一条建立在公用网络上的数据连接。

注意：所谓的服务器与客户端在VPN连接建立之后在通信中的角色是一样的，服务器和客户端的区别在于连接是由谁发起的而已。这个概念在两个网络之间的连接尤其明显。

（4）VPN的解决方案

针对不同的需求，VPN有三种解决方案：远程访问虚拟网（Access VPN）、企业内部虚拟网（Intranet VPN）和企业扩展虚拟网（Extranet VPN），这三种类型的VPN分别与传统的远程访问网络、企业内部的Intranet以及企业网和相关合作伙伴的企业所构成的Extranet相对应。

6.2.3 加密技术

数据加密的基本过程就是对原来为明文的文件或数据按某种算法进行处理，使其成为不可读的一段代码，通常称为"密文"，使其只能在输入相应的密钥之后才能显示出本来内容，通过这样的途径来达到保护数据不被非法人窃取、阅读的目的。该过程的逆过程为解密，即将该编码信息转化为其原来数据的过程。加密技术是一种主动的信息安全防范措施，其原理是利用一定的加密算法，将明文转换为无意义的密文，阻止非法客户理解原始数据，从而确保数据的保密性。

信息交换加密技术分为两类，即对称加密和非对称加密。

（1）对称加密

在对称加密技术中，对信息的加密和解密都使用相同的钥，也就是说一把钥匙开一把锁。这种加密方法可简化加密处理过程，信息交换双方都不必彼此研究和交换专用的加密算法。如果在交换阶段私有密钥未曾泄露，那么机密性和报文完整性就可以得以保证。对称加密技术也存在一些不足，如果交换一方有N个交换对象，那么他就要维护N个私有密钥，对称加密存在的另一个问题是双方共享一把私有密钥，交换双方的任何信息都是通过这把密钥加密后传送给对方的。如三重DES是DES（数据加密标准）的一种变形，这种方法使用两个独立的56位密钥对信息进行3次加密，从而使有效密钥长度达到112位。

对称加密又称常规加密，该方案有五个组成部分，如图6-2所示。

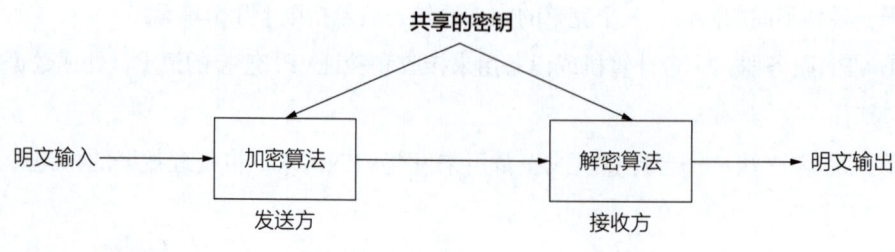

图6-2 对称性加密

目前常用的对称加密算法有：DES、TDEA、RCS、IDEA等。

1）DES（Data Encryption Standard）数据加密标准

DES是由IBM公司在20世纪70年代发展的，于1976年11月被美国政府采用，随后被美国国家标准协会承认。

DES自从公布之日起，人们就对它进行深入的研究，它是世界上最为著名的，使用最为广泛的加密算法，一直应用于银行业和金融业。DES的应用和分布相当广，共有33个国家和地区的570个产品中的229个使用了DES算法。就美国而言，美国的823个密码产品中378个使用了DES算法。

DES可提供7.2×10^{16}个密钥。在通信网络的两端，双方约定了一致的Key，通过定期在网络的源端和目的端同时改用新的Key，便能更进一步提高数据的保密性。这正是现在金融交易的流行做法。

2）Triple—DES（三重DES）

这是DES的改进加密算法。它使用两把密钥对报文做三次DES加密，其效果相当于将DES密钥长度加倍。Triple—DES现被许多金融机构用来延长他们沿用已久的DES使用寿命。

对称加密的特点是运算速度快，但密钥分发困难。对称加密体制的安全性取决于密钥的保密性。

（2）非对称加密

非对称加密又称公钥加密，最初由Diffie和Hellman在1976年提出，是几千年来文字加密的第一次真正革命性的进步。

在公钥密码体系中，数据加密和解密采用不同的密钥，而且用加密密钥加密的数据只有采用相应的解密密钥才能解密，更重要的是从加密密码来求解解密密钥十分困难。在实际应用中，用户通常将密钥对中的加密密钥公开（称为公钥），而秘密持有解密密钥（称为私钥）。利用公钥体系可以方便地实现对用户的身份认证，也即用户在信息传输前首先用所持有的私钥对传输的信息进行加密，信息接收者在收到这些信息之后利用该用户向外公布的公钥进行解密，如果能够解开，说明信息确实为该用户所发送，这样就方便地实现了对信息发送方身份的鉴别和认证。在实际应用中通常将公钥密码体系和数字签名算法结合使用，在保证数据传输完整性的同时完成对用户的身份认证。

公钥密码体制有两个不同的密钥，它可将加密功能和解密功能分开。一个密钥称为私钥，它被秘密保存。另一个密钥称为公钥，不需要保密。公钥加密的加密算法和公钥都是公开的。

公钥密码体制有两种基本的模型，一种是加密模型，另一种是认证模型，如图6-3所示。

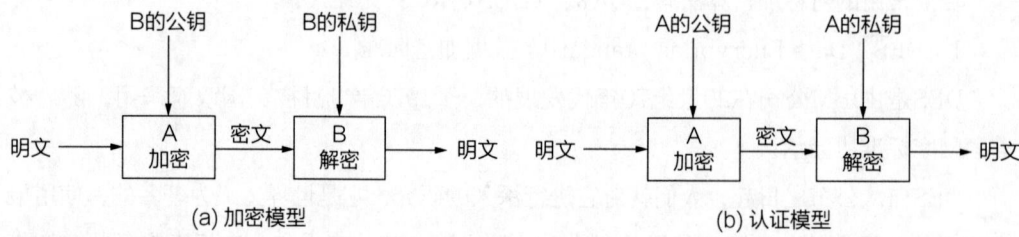

图6-3 公钥加密

公钥加密方案由6个部分组成：

① 明文：作为算法输入的可读消息或数据。

② 加密算法：加密算法对明文进行各种各样的转换。

③ 公共的和私有的密钥：选用的一对密钥，一个用来加密，另一个用来解密。解密算法进行的实际转换取决于作为输入提供的公钥或私钥。

④ 密文：作为输出生成的杂乱的消息，它取决于明文和密钥。对于给定的消息，两种不同的密钥会生成两种不同的密文。

⑤ 解密算法：这种算法以密文和对应的私有密钥为输入，生成原始明文。

密钥对中的公钥是要公开使用的，而私钥则只有所有者知道。公钥加密技术常用RSA算法。

RSA算法是第一个既能用于数据加密也能用于数字签名的算法。它易于理解和操作，也很流行。算法的名字以发明者的名字命名：Ron Rivest，Adi Shamir和Leonard Adleman，但RSA的安全性一直未能得到理论上的证明。它经历了各种攻击，至今未被完全攻破。

RSA的安全性依赖于大数分解。公钥和私钥都是两个大素数（大于100个十进制位）的函数。据猜测，从一个密钥和密文推断出明文的难度等同于分解两个大素数的积。

RSA可用于数字签名，方案是用（a）式签名，（b）式验证。具体操作时考虑到安全性和m信息量较大等因素，一般是先作Hash运算。

RSA的安全性。RSA的安全性依赖于大数分解，但是否等同于大数分解一直未能得到理论上的证明，因为没有证明破解RSA就一定需要作大数分解。假设存在一种无须分解大数的算法，那它肯定可以修改成为大数分解算法。目前，RSA的一些变种算法已被证明等价于大数分解。不管怎样，分解n是最显然的攻击方法。现在，人们已能分解多个十进制位的大素数。因此，模数n必须选大一些，因具体适用情况而定。

6.2.4 数字证书

数字证书就是网络通信中标志通信各方身份信息的一系列数据,其作用类似于现实生活中的身份证。它是由一个权威机构发行的,人们可以在交往中用它来识别对方的身份。

最简单的证书包含一个公开密钥、名称以及证书授权中心的数字签名。一般情况下证书中还包括一个密钥的有效时间,发证机关(证书授权中心)的名称,该证书的序列号等信息,证书的格式遵循ITUT X.509国际标准。

数字证书提供了一种在网上验证身份的方式。安全证书体制主要采用了公开密钥体制,其他还包括对称密钥加密、数字签名、数字信封等技术。

数字证书是由认证中心颁发的,根证书是认证中心与客户建立信任关系的基础。在客户使用数字证书之前必须首先下载和安装,可以从相关网站上直接下载。

认证中心是一家能向客户签发数字证书以确认客户身份的管理机构。为了防止数字凭证的伪造,认证中心的公共密钥必须是可靠的,认证中心必须公布其公共密钥或由更高级别的认证中心提供一个电子凭证来证明其公共密钥的有效性,后一种方法导致了多级别认证中心的出现。

CA(Certificate Authority)认证中心,它是采用PKI(Public Key Infrastructure)公开密钥基础架构技术,专门提供网络身份认证服务,负责签发和管理数字证书,且具有权威性和公正性的第三方信任机构,它的作用就像我们现实生活中颁发证件的公司,如护照办理机构。目前国内的CA认证中心主要分为区域性CA认证中心和行业性CA认证中心。

认证中心是承担网上安全电子交易认证服务,能签发数字证书,并确认用户身份的服务机构。认证中心通常是企业性的服务机构,主要任务是受理数字凭证的申请、签发以及对数字凭证的管理。

认证中心通过向电子商务各参与方发放数字证书来确认各方的身份,保证网上支付的安全性。认证中心主要包括三个组成部分:注册服务器(RS)、注册管理机构(RA)和证书管理机构(CA)。注册管理机构(RA)负责证书申请的审批,是持卡人的发卡行或商户的收单行。因此,认证中心离不开银行的参与。

认证中心所颁发的数字证书主要有持卡人证书、商户证书和支付网关证书。持卡人证书中包括持卡人ID,这其中包含了有关该持卡人所使用的支付卡的数据和相应的账户信息。商户证书也同样包含了有关其账户的信息。支付网关一般为收单行或为收单行参加的银行卡组织。从这里的分析不难看出,RA的角色为什么必须由银行来担当。

当前,在国际上也已有一些CA建设方面的经验值得我们借鉴。Visa和Mastercard在1997年12月共同成立SETCO公司,被授权作为SET根CA;香港电子商务认证中心JETCO(银行卡联营组织)负责建设;新加坡电子商务认证中心由NETS负责运作和管理。银行卡组织由会员银行组成,作为认证中心有着固有的优势。

国内常见的CA中心:

中国商务在线　　　　　　　　　　　www.sinacol.com
中国金融认证中心　　　　　　　　　www.cfca.com.cn
北京数字证书认证中心　　　　　　　www.bjca.org.com
湖北省电子商务认证中心　　　　　　www.hbeca.com.cn
中国电子邮政安全证书管理中心　　　www.chinapost.com.cn
上海市电子商务安全证书管理中心有限公司　www.shea.com
天津CA认证中心　　　　　　　　　　www.ectj.net/ca
广东省电子商务认证中心　　　　　　www.cnca.net

6.3　电子商务安全协议

6.3.1　SSL安全协议

安全套接层SSL协议是由美国网景（Netscape）公司推出的一种安全通信协议,它能够对信用卡和个人信息提供较强的保护。SSL协议指一种在可持有证书的浏览器软件上和WWW服务器之间构造的安全通道中传输数据的协议（图6-4）。SSL协议有一个特点就是:它本身是一个具有独立性的应用协议,其他高层协议可以建立在SSL协议之上。SSL协议可以采用一种公开密钥加密技术（RSA）作为用户端与服务器端传送保密资料时的加密通信协议。

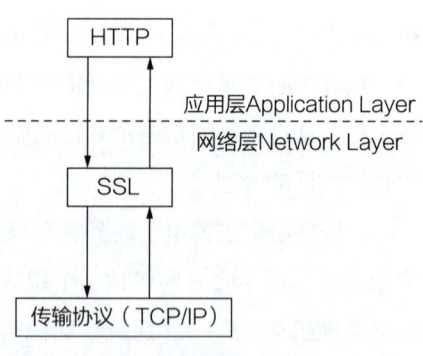

图6-4　SSL协议的位置

（1）SSL协议的安全交易过程

SSL协议主要是为交易的双方提供一个可靠的、安全的交易通道,那么,交易双方是如何利用这个通道来进行安全交易的呢?

首先,客户将自己的交易信息和私有信息发送给商家,然后,商家自己处理客户的交易信息,并将客户的私有信息转发给银行,由银行来鉴定这些信息的真实性和合法性。核实后确定没有虚假，会将这次交易涉及的款项进行转账，并会将结果通知商家，告诉商家客户付款成功。商家得到客户付款消息后，会通知客户已经成功地进行了这次交易，这样，整个交易的过程就完成了（图6-5）。

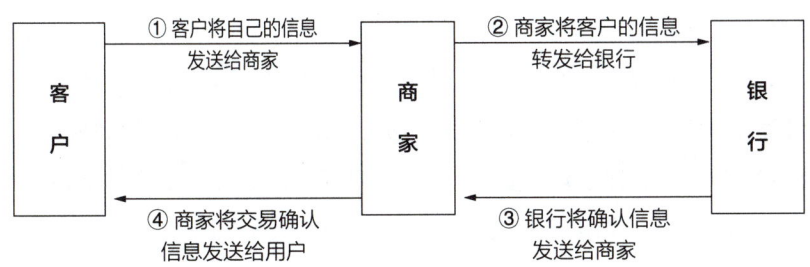

图6-5　SSL协议的安全交易过程

（2）SSL安全协议提供的服务

① 认证用户和服务器，使得他们能够确信数据将被发送到正确的客户机和服务器。认证客户和服务器的合法性，使它们能够确信数据将被发送到正确的客户机和服务器上，客户机和服务器都有各自的识别号，这些识别号由公开密钥进行编号，为了验证客户是否合法，安全套接层协议要求在握手交换数据中做数字认证，以此来确保客户的合法性。

② 加密数据以隐藏被传送的数据。保证客户的交易信息和私有信息安全性。安全套接层协议所采用的加密技术既有对称密钥技术，也有公开密钥。在客户机与服务器进行数据交换之前，交换SSL初始握手信息，在SSL信息中采用了各种加密技术对其加密，以保证其机密性和数据的完整性，并且用数字证书进行鉴别。这样就可以防止非法客户进行破译。

③ 维护数据的完整性，确保数据在传输过程中不被改变。安全套接层协议采用哈希函数和机密共享的方法来提供完整性服务，建立客户机与服务器之间的安全通道，使所有经过安全套接层协议处理的业务在传输过程中能全部完整准确无误地到达目的地。

（3）SSL协议的运行步骤

① 建立一个虚拟的通信信道。SSL客户机连接到SSL服务器，并要求服务器验证它自身的身份。

② 密码交换阶段。服务器通过发送它的数字证书证明其身份。

③ 身份验证。服务器发出一个请求，对客户端的证书进行验证。

④ 协商用于加密的信息。加密算法和用于完整性检查的哈希函数，通常由客户机提供它支持的所有算法列表，然后由服务器选择最强健的加密算法。

⑤ 确定会话密钥。客户机和服务器通过下列步骤生产会话密钥。

首先，客户机生产一个随机数，并使用服务器的公钥（从服务器的证书中获得）对它进行加密，发送到服务器上。然后，服务器用更为随机的数据（客户机的密钥可用时，则使用客户机密钥；否则以明文方式发送数据）响应。最后，使用哈希函数，从随机数据中生产密钥。

(4) SSL协议的应用

SSL协议是在交易双方之间建立一个安全的通信通道，所以SSL协议包括客户端和服务器两种类型。客户端主要是指浏览器。服务器端则有Web服务器和应用服务器等类型。要想在客户端和服务器端建立安全的SSL信息通道，就必须在客户端安装支持SSL协议的客户端证书和在服务器端安装支持SSL协议的Web服务器证书。为了保证安全性，SSL协议在传输中会对信息进行加密，密钥的长度直接关系到信息安全性级别的高低，实际的SSL安全连接中的密钥长度较短，安全性受到影响，所以现在很多的安全系统客户端都会安装一下SSL代理程序，这个程序可以直接接管浏览器发送和接收信息，并且可以使用长度较长的密钥与服务器进行数据传输。

6.3.2　SET协议

(1) SET简介

SET是Secure Electronic Transaction的简称，即安全电子交易。它是一种在因特网上实现安全电子交易的协议标准。SET最初是由世界上最大的两家信用卡组织VISA和MASTER CARD合作发起的。目前，SET是专为网上支付卡业务安全所制定的唯一的具有现实意义的国际标准。

SET协议确保了网上交易所要求的保密性、数据的完整性、交易的不可否认性和交易的身份认证。SET协议主要使用的技术包括：对称密钥加密、公钥加密、哈希算法、数字签名、数字信封以及数字证书等技术。其中公钥根据其用途可分为公钥签名密钥和公钥密钥交换密钥，前者用于数字签名，后者用于交换随机生成的对称密钥。

SET通过使用公钥和对称密钥方式加密，以保证数据的保密性；通过使用数字签名（结合哈希算法）和数字证书实现交易各方的身份认证、数据的完整性和交易的不可否认性。

(2) SET支付系统中的成员角色

SET支付系统主要由持卡人（Card holder）、商家（Merchant）、发卡行（Issuing Bank）、收单行（Acquiring Bank）、支付网关（Payment Gateway）及证书授权机构（Certificate Authority）六个部分组成，如图6-6所示。

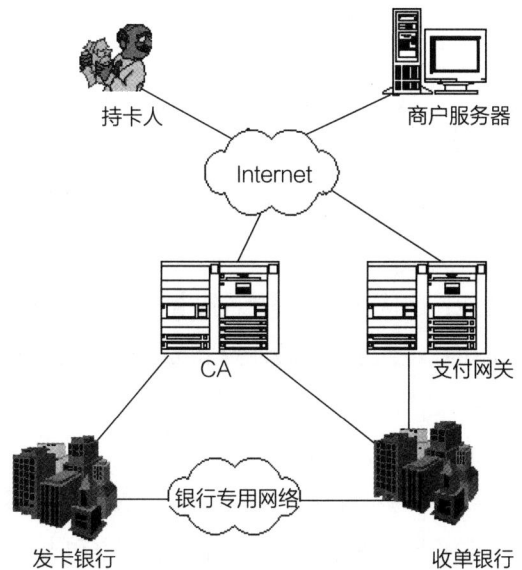

图6-6　SET支付系统中的成员角色

1）持卡人（Card holder）

持卡人是一个网上消费者或客户。SET支付系统中的网上消费者或客户首先必须是一个信用卡或借记卡的持卡人。持卡人要参与网上交易，首先要向所属发卡行申请，经发卡行认可，由发卡行委托第三方中立机构——证书授权机构CA发给数字证书后，持卡人才具备上网交易资格。

持卡人上网交易由一个嵌入在浏览器中的电子钱包来实现。

持卡人的电子钱包具有发送、接收信息，存储自身的公钥签名密钥和交易参与方的公开密钥交换密钥，申请、接受和保存认证等功能。除了这些基本功能外，电子钱包还必须支持网上购物的其他功能，如增删改信用卡、改变密码口令、检查认证状态、显示信用卡信息和交易历史记录等。

2）商家（Merchant）

SET支付系统中的网上商店的经营者。商家首先必须在收单银行开设账户，由收单银行负责交易中的清算工作。商家要取得网上交易资格，首先要由收单银行对其进行审定和信用评估，一旦通过审定，收单银行委托证书授权机构CA发给商家数字证书后，商家方可网上营业。

商家上网必须有商户软件支持。商家软件需能完成服务器和客户机的功能。它必须能处理持卡人的申请和与支付网关进行通信，存储自身的公钥签名密钥和公钥交换密钥以及交易参与方的公开密钥交换密钥，申请和接受认证，与后台数据库进行通信及保留交易记录。

3）支付网关（Payment Gateway）

支付网关一边连接因特网，一边通过银行网络与收单银行相接。它完成SET协议和现存银行交易系统协议ISO 8583之间的信息格式转换，实现传统银行网络上的支付功能在因特网上的延伸。

SET支付系统中的支付网关首先必须由收单银行授权，再由CA发放数字证书，方可参与网上支付活动。

支付网关具有以下功能：确认商家、解密从持卡人处得到的支付指令、验证持卡人的证书与在购物中所使用的账号是否匹配、验证持卡人和商家申请信息的完整性、签署数字响应等功能。

4）证书授权机构（Certificate Authority）

证书授权机构简称CA，有时也称认证授权机构。它是参与交易各方都信任的第三方中立组织。它接受发卡行和收单行的委托，对持卡人、商家和支付网关发放数字证书，供交易中的所有成员作为身份证明。

根CA：CA体系结构中的最高层的全球性认证授权机构，所有的其他认证授权机构都在它之下（图6-7）。

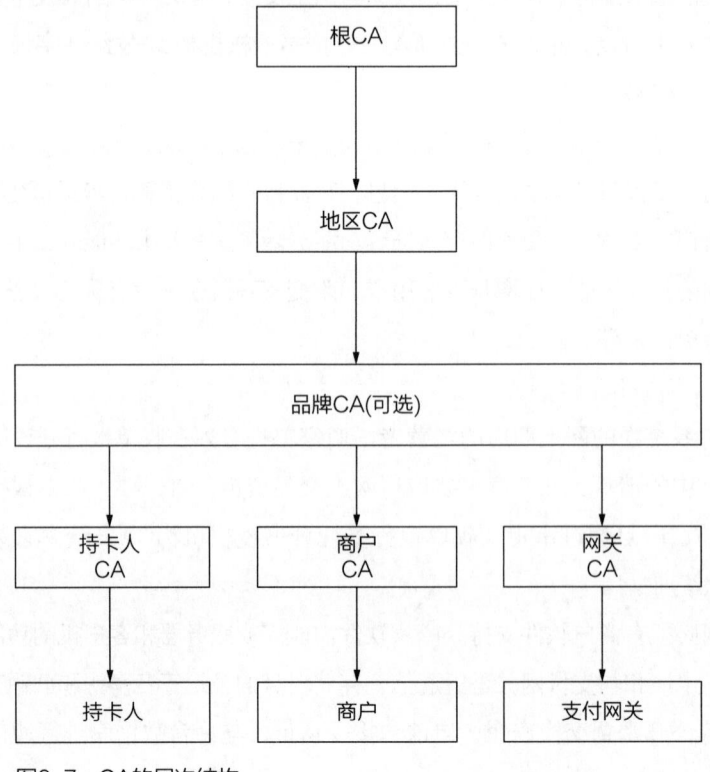

图6-7　CA的层次结构

SET设计的本意是建立全球单一的认证授权机构，为客户、商家和金融机构提供全球认证，不过这很难实现。但幸运的是SET协议支持多层认证，只要交易各方都能追踪回同样的根，SET交易就能成功进行。

CA除发证功能外，必须能够处理认证请求，以确定证书的有效性并将认证信息传递给持卡人、商家、支付网关。CA的其他功能还有证书的更新、撤销等功能。

（3）SET相关技术

SET使用多种密钥技术来达到安全交易的要求，其中对称密钥技术、公钥技术和哈希算法是其核心。综合应用以上三种技术产生了数字签名、数字信封、数字证书等新概念。

1）对称密钥加密（Symmetric Key Cryptography）

对称密钥加密算法给一条信息加密，发送者和接入者都用同一密钥完成加密和解密过程。SET协议缺省使用由IBM公司发明的DES（Data Encryption Standard）标准。DES将数据分隔成64比特的数据块，用56比特的密钥对其进行一系列的数学变换产生密文，然后接收者用同一密钥将密文解成明文。

对称密钥加密的优点是加密、解密效率高，适用大数据量加解密，其缺点是密钥没有安全的方式传递，容易被截获，不能适应大范围应用。

2）公钥加密（Public Key Cryptography）

公钥加密算法用一对密钥对数据进行加密和解密。一个密钥称为公开密钥（Public Key），另一密钥称为私人密钥（Private Key）。其特点是用任一密钥加密的信息，只能由与之成对的另一密钥才能解开。使用者可以任意散发公开密钥，这是由两个密钥间的关系所决定的。任何收到公开密钥的用户可以确保以公开密钥加密后的密文，只有通过私人密钥才能解密，但是这只有在私人密钥没有泄露的情况下才能实现。一般密钥对应该由用户产生，才能确保安全。目前只有一种通用的公钥加密算法是RSA。RSA以发明者的姓名的首字母命名（Rivest、Shamir、Adleman），它的优点是密钥分发不用加密，适合在大范围内使用。其缺点是加解密速度慢，比DES算法慢十倍以上，所以它只适用于少量数据的加密和用于对称密钥的传递。RSA的密钥长度可从512比特至2048比特。SET中使用两种长度，1024比特、2048比特，以满足不同等级的加密要求。

3）哈希算法（Hash Algorithm）

哈希算法并不是加密算法，但却能产生信息的数字"指纹"，主要用途是为了确保数据没有被篡改或变化过，以确保数据的完整性。Hash算法有三个特性：

① 能处理任意大小的信息，并生成固定长度（160比特）的信息摘要（Message Digest）。

② 具有不可预见性。信息摘要的大小与原始信息的大小没有任何联系。源信息的一

个微小变化都会对信息摘要产生很大的影响。

③具有不可逆性。没有办法通过信息摘要直接恢复原信息。

4）数字签名（Digital Signature）

首先将要发送的信息通过Hash算法形成信息摘要，然后再用发送者的私人密钥加密，生成的结果附加到原信息上去，就生成了原信息的数字签名。信息接收者收到发送的数字签名后，首先用发送者的公开密钥将信息摘要解密，然后将收到的原信息通过Hash算法得到新的信息摘要。比较解密后的信息摘要和新生成的信息摘要，如果是一致的，则说明接收的信息与发出来的信息是一致的，没有被篡改过。信息的确是对方发出的，因为只有对方才拥有自己的私人密钥，具有不可抵赖性。

当你需要发送一份无须加密的信息，但却想向接收者示意你的身份的真实性时，数字签名是十分有用的。

5）数字信封

发送方将随机产生的对称密钥用接收方的公开密钥交换密钥加密就形成了数字信封。数字信封用于传递对称密钥给接收方，接收方用私人交换密钥解开数字信封后得到对称密钥，才可将发送方的密文解开。

6）数字证书

公钥加密解决了发送者和接收者之间的密钥分发问题。公开密钥可以被任何人看到，但对入侵者是毫无用处的，除非他能窃得私人密钥。但在安全环节中忽略一个问题：接收者怎样确认他接收的公开密钥的确来自所声称的发送方，而不是伪造的呢？由此就需要设立交易各方都信任的第三方机构CA对公开密钥的有效性进行认证，以确定公共密钥拥有者的真实身份。数字证书的概念由此产生。数字证书就是由交易各方都信任的第三方机构CA发放的，证明拥有者公开密钥有效性的凭证。数字证书包含拥有者的公开密钥、详细个人资料（包括持卡人的银行账号）的信息摘要及证书签发机构的数字签名。但在Internet网上证书是漫天飞的，仅有证书还不能确定发送者的真实身份，因此SET协议规定，能够证明发送者真实身份的只有证书拥有者的数字签名。

（4）SET的加、解密过程（图6-8）

甲方（发送方）运用SET协议发送一信息给乙方（接收方）的全过程，在整个过程中实现了信息传输的保密性、完整性、不可否认性和身份认证。

1）加密过程

①首先，甲方要产生一个数字签名来向乙方证明信息确实是他发出的。他需要执行以下步骤：

a. 将所发送信息通过哈希算法，形成信息摘要。

b. 使用RSA算法，用私人签名密钥加密信息摘要，形成数字签名。

② 其次，甲方需要加密信息，使得它在网上传输时没有人能读懂它。

a. 甲方通过软件，随机生成对称密钥，作大信息量加密之用，SET缺省的对称密钥算法是DES。

b. 甲方用对称密钥加密所要发送的信息（即明文）、数字签名和证书。发送证书的目的是为了乙方可从证书中得到公开签名密钥，以解开甲方的数字签名。

③ 到目前为止，甲方可安全地发送信息了，同时也证明了他的身份。但为了使乙方能读懂这些信息，甲方还需将对称密钥送给乙方。甲方用乙方的公开密钥交换密钥加密该对称密钥，形成所谓的数字信封。

④ 最后，甲方将数字信封和加密信息一同发给乙方。

2）解密过程

① 乙方用自己的私人密钥交换密钥将数字信封打开，取出对称密钥。

② 乙方用对称密钥解密信息，得到明文信息、数字签名和甲方的公开签名密钥（从甲方的证书中获得）。

③ 乙方用甲方的公开签名密钥解密数字签名，得到信息摘要。

④ 到目前为止，乙方还不知道收到的信息是否确实来自甲方，为了证实的确是甲方发送的信息，乙方还要做以下步骤：

a. 将得到的明文信息进行哈希运算，得到新的信息摘要。

b. 比较新的信息摘要和原信息摘要（第③步得到）。如果两者一致，说明收到的信息确实来自拥有与证书中公开签名密钥成对的私人密钥一方，而且信息是完整的。一旦乙方将证书送到发证机构CA认证，就可确定证书是否有效和甲方的真实身份。

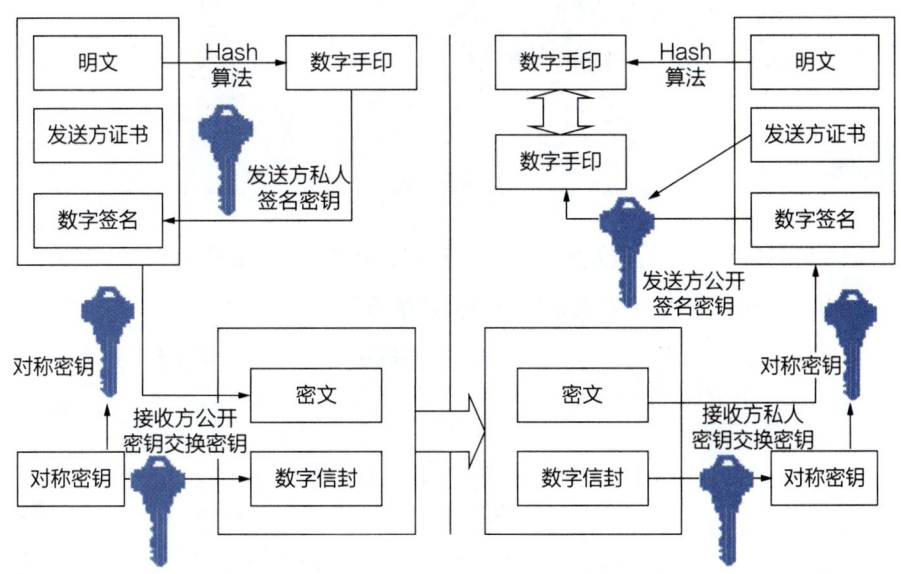

图6-8　加密解密过程

随着互联网的迅速普及，以SET为代表的网上交易已越来越受到各国政府的重视。许多世界著名公司，如IBM、HP、Microsoft、Netscape、Verisign等不惜投入巨资研究开发围绕SET的相关产品，以利在未来的以SET为代表的全球电子商务产品市场中处于领先地位。我国目前也应积极开展SET试点并组织科研机构开发我国自主知识产权的SET兼容产品，以赶上网上交易这新一轮的竞争。

本章小结

电子商务是通过网络进行交易的行为，客户的交易信息和私有信息会在网上进行传送，信息的安全性和完整性以及身份的可确认性是电子商务发展的必要条件，因此本章中介绍的电子商务中的加密技术、虚拟网络技术、SSL安全套接层协议以及SET协议都是实际电子商务交易中所使用的保障技术，它们使电子商务交易更加安全高效，在以后的发展中，电子商务安全会越来越引起重视，技术的发展也会更好。

复习思考题

1. 电子商务安全面临的问题有哪些？
2. 对称性加密的过程是怎样的？
3. 加密和解密过程是如何进行的？
4. SSL协议的应用有哪些方面？
5. SET支付系统中参与方分别有哪几个？

实训内容

1. 寻找你计算机上的漏洞及安全威胁有哪些，并找到相应的解决办法。
2. 通过互联网，寻找QQ密码破解以及防范的方法。
3. 访问中国银行网站，安装电子钱包，申请数字证书并进行网上购物。

第7章 移动电子商务

本章提要

在无线通信技术的带动下,传统的以桌面互联网为主的有线电子商务逐渐发展为移动电子商务。电子商务在移动网络中的应用越来越广泛,并成为人们日常生活中越来越重要的一种商务活动方式。传统电子商务以PC机为主要操作界面,即有线电子商务,而移动电子商务则是使用手机、PDA及平板电脑等无线终端进行的电子商务活动。它完美地结合了互联网、移动通信技术和其他信息处理技术,为企业和消费者提供便利的商务渠道,随时随地开展各种活动,如移动购物、移动支付、移动银行和移动办公等。

学习目标

(一)知识目标
1. 掌握移动电子商务的概念和特点。
2. 了解移动电子商务的实际应用领域。

(二)技能目标
1. 能够使用工具生成二维码。
2. 熟悉移动购物,并能利用微信等工具进行移动营销。

项目任务

通过学习本章节,对移动电子商务的特点及应用有清晰的见解;对手机购物和微商有独到的判断和分析能力;具有品牌和产品营销推广的分析能力。

案例导入

物联网时代的移动生活

"通过手机或电脑搞定大棚蔬菜种植,听着很高大上,实际操作起来很简单。"2016年1月17日,江苏省东台市三仓镇兰家果蔬专业合作社理事长、大学生"村官"万俊波,通过农业物联网智能管控系统,对大棚喷灌、卷帘通风、温度调节等实行远程操控。

万俊波大学毕业后,来到农村做了一名大学生"村官",也从一个农业门外汉变成了行家里手。"农业物联网智能管控系统还能对采集的数据进行存储和分析,为农业生产决策提供科学依据。"东台市三仓镇党委书记方星介绍:"如今,在农村种地的大多是中老年人,年轻人都出去打工了,一定程度上影响了生产效率。万俊波农业物联网管控系统不仅能大幅度提升生产效率,还能增加农民和农企的收入。"

如今,东台市三仓镇陈林村农户只要拿着手机或是看着电脑,即使在千里之外,也能对种养区域的各种环境参数了如指掌。这样一来,就不需要农技员蹲在田间地头进行技术指导了。农民根据数据就知道土地适合种植什么,需要多少水分和肥料。

万俊波不但建立了网络销售平台,还开通了微信公众号"兰家有机农庄"。2015年,万俊波带领的合作社销售额达到1500万元,与10多家超市、多所高校和企业单位签订合同。

移动电子商务的出现,让人们感受到了一种全新的生活方式。

思考题

究竟什么是移动电子商务?请你从案例中的内容,谈谈移动电商的特点及在实际生活中的应用领域。

移动电子商务(mobile business,MB;或mobile commerce,MC)也称无线电子商务(wireless business,WB),是在无线平台上实现的电子商务。移动电子商务是电子商务的一个新分支,同时也是电子商务的整合与扩展。

在移动电子商务时代,原有电子商务的技术支撑、业务流程和商业应用都会发生有线向无线的扩展与完善。从这一点来说,移动电子商务是电子商务发展的高级形式。

7.1 移动电子商务的概念

移动电子商务是在无线网络技术、移动通信技术和计算机应用技术的不断发展下逐渐兴起的,主要经历了三个阶段的发展历程。

(1)第一阶段的移动电子商务

第一阶段的移动电子商务访问技术主要是以短信为基础,这种技术的实时性较差,不能立即回复用户的查询请求。并且,由于短信信息长度的限制,用户的查询请求也不能得到完整的回复。因此,这一阶段的移动电子商务存在着严重的问题,这也使移动商务系统部门发出了升级和改造移动电子商务系统的需求。

(2)第二阶段的移动电子商务

第二阶段的移动电子商务主要基于无线应用协议(WAP),这种技术可以使移动终端通过浏览器访问WAP所支持的网页,以实现信息的查询,这种方式初步解决了第一阶段的移动电子商务的问题。但由于访问WAP所支持的网页的交互能力较弱,移动电子商务系统的灵活性和便捷性不足,不能很好地满足用户的需求。

(3)第三阶段的移动电子商务

第三阶段的移动电子商务是目前最新的移动电子商务,它充分结合了WAP、移动IP技术、GPRS、第三代移动通信技术、数据库同步技术、移动定位系统技术(LBS)、基于SoA构架的Web Service、智能移动终端和移动VPN技术相结合的第三代移动访问和处理技术,大大提高了移动电子商务系统的交互性和安全性,为用户提供了一种快速、安全的移动商务办公机制。

随着智能终端和移动互联网的快速发展,移动电子商务的发展越来越快,带来的便利性越来越突出。

7.2 移动电子商务的特点

移动电子商务经过几次重要的发展阶段直至初具规模,究竟是什么样的魅力使移动电子商务对普通生活和商务应用带来如此广泛的影响,逐步改变着传统商务的消费和交易模式,使"可移动化"的交易、支付活动渗透到人们生活的方方面面的呢?表7-1所示为移动电子商务的几个特点。

表7-1 移动电子商务的特点

特点	说明
交易灵活性	移动电子商务交易不受时间和地点的限制。移动互联网终端设备主要有手机和个人数字助理,这些设备体积小巧,可随时随身携带。同时,移动电子商务交易的付费方式也多种多样,如手机银行支付、电话支付、短信支付、微信支付、支付宝等可以实现支付的灵活性
安全性	移动电子商务实现了移动通信与互联网技术的结合。一方面,互联网的诸多技术可以保障交易的安全性;另一方面,无线网络不受地理环境和通信电缆的限制,具有广泛的开放性,也带来了诸多安全隐患
便利性	电子商务可以使用户免受时间和地理位置的限制,移动电子商务则完全可以实现随时、随地、随意的交易,移动的便利性可以使消费者享受方便快捷的服务,从而提高生活质量
广泛性	电子商务的目标用户为互联网群体,而移动电子商务的目标群体则是中国巨大的移动电话用户群体。相比之下,移动电子商务具有更广泛的用户基础
内容丰富性	互联网的信息是丰富的,以互联网信息为主要信息来源的移动电子商务能具有传统商务无可比拟的资源丰富性

7.3 移动电子商务相关技术

(1)无线应用协议

无线应用协议(wireless application protocol,WAP)是一个全球性的开放协议。无线应用协议定义可通用的平台,把目前互联网上HTML语言的信息转换成用无线标记语言(wireless markup language,WML)描述的信息,显示在移动电话或其他手持设备的显示屏上。无线应用协议不依赖某种网络而存在,今天的无线应用协议服务在4G、5G到来后仍然可能继续存在,不过传输速率更快,协议标准也会随之升级。

(2)无线公开密钥体系技术

公开密钥体系(public key infrastructure,PKI)是利用公钥理论和技术建立的提供信息安全服务的基础设施,而无线公开密钥体系(WPKI)是将互联网电子商务中的公开密钥体系安全机制引入到无线网络环境中的一套遵循既定标准的密钥及证书管理平台体系。用无线体系来管理移动网络环境中使用的公开密钥和数字证书,有效建立安全和值得信赖的无线网络环境,从而较好地解决无线网络上信息发送的安全性和内容的完整性。

无线公开密钥体系正处于产品开发和市场大力培育时期,国内外对无线公开密钥体系技术的研究与应用正处于不断地探索之中,由于一些条件和因素的限制,无线公开密钥体系技术的进展相对比较缓慢，真正普及应用可能还会经历一段相当长的时间。

（3）蓝牙技术

蓝牙（Bluetooth），其实是一种短距离无线电技术，有时候也直接把蓝牙适配器简称为蓝牙。利用蓝牙技术，能够有效地简化掌上电脑、笔记本电脑和手机等移动通信终端设备之间的通信。蓝牙能让我们不受有线连接的束缚，并且传输速度也非常快。现在市面上的大多数手机和笔记本电脑都带有蓝牙功能。

蓝牙的用途非常广泛，已经深入到人们的日常生活，其主要的用法有以下几种：

① 手机与手机的蓝牙连接。开启两部手机的蓝牙，把其中一部手机的蓝牙设为可查找状态，用另一部手机选择查找设备，手机就会自动搜索附近有蓝牙信号的手机，稍后就会出现查找到某设备的通知，此时会要求输入密码，如输入密码后确定，另一部手机也会要求输入密码，输入同样的密码后确定，稍后就会出现已连接的通知，即完成手机之间的蓝牙连接。

② 蓝牙耳机代替手机的有线耳机。首先，开启蓝牙耳机，按住开关键约4秒，会看见指示灯闪烁，也可以听见耳机中有提示音，这时，蓝牙耳机就打开了。关闭时用相同的方法。其次，打开手机的蓝牙并查找设备，找到耳机后选择连接。这时有的耳机需要输入特定的密码来进行连接，有的则可以直接连接。当手机的蓝牙处于开启状态时，有来电就可以打开蓝牙耳机接听电话了。用手机正常拨号或者用语音命令进行拨号就可以实现蓝牙耳机通话。

③ 手机借助蓝牙无线连接电脑。现在的笔记本电脑基本都自带蓝牙适配器，台式机却很少有，不过只要花几十元钱买适配器就可以了。打开电脑系统的"控制面板"找到"蓝牙设备"，双击图标选择"选项"并选中"启用"复选框，发现和显示蓝牙图标后确定。这时，在手机上开启蓝牙并设置其为可查找状态，单击蓝牙设备最左端的选项卡"设备"，并单击下面的"添加"来添加蓝牙设备。在出现的向导中选中"准备好查找"复选框，然后一步步按提示进行即可完成连接。

（4）3G技术和4G技术

"3G"（全称the 3th generation communication system，简称3rd-generation）或"三代"是第三代移动通信技术的简称，是指支持高速数据传输的蜂窝移动通信技术。3G服务能够同时传送声音（通话）及数据信息（电子邮件、即时通信等）。时下流行的微博网站（大微博、新浪微博）和微信等就已经将此应用加入进来。3G技术自2009年年初在中国应用以来，其发展速度令人惊讶。3G的应用由最初的无线宽带上网拓展到了视频通话、手机电视、无线搜索、手机音乐等领域。

"4G"（4rd-generation）即第四代通信系统。4G集3G与无线局域网（WLAN）于一体，并能够传输高质量视频图像，功能上要比3G更先进，频带利用率更高，速度更快。

2014年年初中国进入4G时代。4G优于3G的特点主要有以下几方面。

① 兼容性更好：4G能兼容现有2G、3G、4G网络。

② 传输数速率快：移动的4G手机最高下载速度超过80Mbps，达到主流3G网络速度的10多倍。

③ 网络频谱更宽：4G通信理论上达到100Mbps的传输，4G网络带宽比3G网络带宽高出许多。每个4G信道将占有100MHz的频谱，相当于3G网络的20倍。

④ 数据通信速度高：4G网络的上行下行速度是3G网络的10倍左右，而且会提高周边环境的信息容量，改善周边用户的体验性能。

⑤ 内容更广阔：3G的核心应用为手机宽带上网、视频通话、手机电视、手机音乐、手机购物、无线搜索与手机网游等流媒体应用；4G将提供更加高性能的手机流媒体内容，并通过ID应用程序成为个人身份验证设备。

（5）手机二维码

二维码是用特定的几何图形按一定规律在平面（二维方向上）分布的黑白相间的矩形方阵，以记录数据符号信息的新一代条码技术，具有信息量大、纠错能力强、识读速度快、全方位识读等特点。将手机需要访问、使用的信息编码到二维码中，利用手机的摄像头识读，这就是手机二维码。

二维码是移动互联网最强大的入口。以前，消费者看到某种商品，要查询详细信息或者获取优惠券，需要通过手机搜索查询；而现在，消费者只需要扫描二维码，就可以直接导入条码中所隐藏的产品网页或者其他一些商家希望消费者看到的内容。

如某淘宝店铺的二维码，用装有二维码阅读软件的手机扫描，就可以直接登录该淘宝店铺购物，对店铺的宣传起到一定作用。再如某图书的二维码，流通环节的任何用户，只要使用二维码扫描枪或装有二维码阅读软件的手机就可以读出图书相关内容，在一定程度上可以防止图书盗版，还可以对图书进行流转管理等。二维码是由图书信息生成，读者扫描后可直接阅读原文，这是二维码最简单的应用。互联网上有不少免费二维码生成软件，可试着将短信、电话、名片和电子邮件地址生成二维码体会其便利性。

7.4　移动电子商务的应用

移动电子商务的应用指电子商务的主体，通过各种无线技术和移动终端，在"动态"中进行应用和实现应用的行为。移动电子商务的应用领域非常广泛，并在传统商务的各个层面、各个领域起到了举足轻重的作用。

(1) 移动电子支付

所谓移动电子支付，就是用户使用手机、掌上电脑和笔记本电脑等移动电子终端设备通过手机短信息、互动式语音应答 (interactive voice response, IVR, 是基于手机天线的无线语音增值业务的统称)、手机上网业务无线应用协议等多种方式，对所消费的商品或服务进行账务支付、银行转账等商务交易活动。

整个支付过程可以分为以下几个步骤：

① 顾客和商家进行交易。

② 顾客通过拨打电话、发送短信或者使用移动无线应用协议功能接入移动支付系统，移动支付系统将此交易的要求传送给移动应用服务提供商 (MASP)。

③ 移动运营商确定此次交易的金额，并通过移动支付系统通知顾客，等待顾客进行确认并将确认信息返回。

④ 移动运营商通过多种方式实现资金由顾客账户向商家账户的转移。

国内主要的移动支付方式有支付宝、微信钱包、Apple Pay等，其中微信和支付宝采用的支付方式都是扫二维码支付，在国内占据移动支付的主要市场，而苹果公司联手中国银联以及19家银行，于2016年2月18日在中国正式推出苹果支付 (Apple Pay)，它依托的技术是近场通信 (NC)，即"刷手机"就可以完成支付。

(2) 移动娱乐

娱乐是人类生活不可缺少的一部分，娱乐的内容随着时代的变化而发展。移动电子商务时代娱乐的内容和方式均得到了进一步的扩展，同时随着3G、4G技术的应用，移动电子娱乐已经显现出与传统的计算机游戏、电视游戏和网络游戏并驾齐驱的趋势。

1) 移动电子娱乐的内容种类繁多

移动电子娱乐的内容丰富多彩，涵盖了以移动沟通为主、以信息为主以及纯娱乐服务等多种形式。

① 移动沟通服务的典型应用如移动QQ、微信等。

② 移动信息服务的典型应用如短信天气预报、手机广播等。

③ 纯娱乐服务则是目前移动电子娱乐的重头戏，也是移动产业的主要收入来源之一，其中的移动游戏、移动音乐、移动彩铃和铃声、移动电视业务等因为能够为移动运营商、服务商和内容提供商带来附加业务收入，也成为移动业务的增长点。

2) 移动电子娱乐的接入方式趋向简单

传统的娱乐方式受场所和设备的约束。移动电子商务时代，电子娱乐的方式趋向简单，目前主要的接入方式为手机接入，其操作方式简单，不受时间和空间的限制，成为未来娱乐的发展方向。

（3）移动办公

移动办公又称为无线办公，即无论何时何地，用户都可以利用手机等移动终端设备，通过多种方式与企业的办公系统进行连接，从而将公司的内部局域网扩大成为安全的广域网，实现移动办公。

移动办公的设备主要包括手机、笔记本电脑和个人数字助理。移动办公的实现方式主要有以下几种：

① 通过短信实现邮件提醒服务。

② 通过WAP服务浏览详细公文、邮件内容。

③ 通过无线局域网实现在公司内部的移动办公。

④ 采用会议通，随时随地召开内部会议。

⑤ 通过随e行虚拟拨号，远程访问内部办公网络。

（4）移动服务

1）移动金融业务

① 移动电子商务使用户能随时随地在网上安全地进行个人财务管理，也可以使用其移动终端核查账户、支付账单、进行转账，以及接收付款通知等。

② 移动电子商务的即时性非常适用于股票等交易应用，另外，移动设备可用于接收实时财务新闻和信息，也可确认订单并安全地在线管理股票交易。手机证券是中国移动通过无线网络平台为中国移动用户提供的全新模式的证券应用服务，用户通过手机获取行情、交易、资讯等一系列证券应用服务，其操作过程和在证券营业部一致，简单易用。

2）移动购物

① 借助移动电子商务，用户能够通过其移动通信设备进行网上购物，如订购鲜花、礼物、食品或快餐等。传统购物也可通过移动电子商务得到改进。例如，用户可以使用"无线电子钱包"等具有安全支付功能的移动设备，在商店里或自动售货机上进行购物。

② 通过互联网预订机票、车票或入场券已经发展成为移动电子商务的一项主要业务，其规模还在继续扩大。移动电子商务使用户能在票价优惠或航班取消时立即得到通知，也可支付票费或在旅行途中临时更改航班或车次。借助移动设备，用户还可以浏览电影剪辑、阅读评论，然后订购电影票。

3）无线医疗

医疗产业的显著特点是每一秒钟对病人都非常关键，这一行业十分适合移动电子商务的开展。在紧急情况下，救护车可以作为进行治疗的场所，而借助无线技术，救护车可以在移动的情况下同医疗中心和病人家属建立快速、动态、实时的数据交换，这对每一秒钟都很宝贵的紧急情况来说至关重要。在无线医疗的商业模式中，病人、医生、保险公司都可以获益，因此也较愿意为这项服务付费。

4）移动旅游

移动旅游电子商务是指旅游服务产品消费者利用移动终端设备，通过无线有线相结合的网络，采用某种支付手段来完成和移动旅游提供者的交易活动。其功能具体可以概述为以下四个方面：旅游信息服务、各种旅游服务的查询和预定、旅游电子商务网站的个性化服务、为旅游爱好者提供自主交流的平台。

相对于传统的旅游电子商务，移动旅游的终端可移动，并支持地理定位，从而可以随时随地获取基于位置的服务，如餐饮、住宿、景点介绍等，当遇到紧急情况时，可及时处理。截至2015年12月，手机预订机票、酒店、火车票或旅游度假产品的网民规模达到2.10亿。

5）手机打车

手机打车是指利用智能手机内安装的应用，发出招出租车的请求。打车软件通常分为司机端和乘客端，分别安装在司机和乘客手机内，双方匹配使用。

乘客打开应用，可以查看附近空车，发出招车请求。司机手机语音播报附近乘客的招车请求，司机可以选择接受或拒绝。

手机打车软件利用智能手机的卫星定位系统、地理信息系统和相应推送服务机制，实现乘客和司机之间的信息交互。手机打车不仅提高了出租车服务的品质和效率，缓解了用户打车难的问题，还满足了用户高品质个性化服务需求。第37次《中国互联网发展状况统计报告》中的调查数据显示，大部分用户在路边打不到出租车的情况下会使用打车软件。目前，国内占市场主导地位的打车软件有嘀嘀出行和神州专车等。

（5）移动营销

移动营销（Mobile Marketing）指面向移动终端（手机或平板电脑）用户，在移动终端上直接向目标受众定向和精确地传递个性化即时信息，通过与消费者的信息互动达到市场营销目标的行为。移动营销能够帮助传统品牌企业快速有效地抢占移动互联网营销阵地，转化大量的线下消费者数据到线上，促进营销活动的线上部分和线下部分的有效整合。

据第37次《中国互联网发展状况统计报告》显示，在开展过互联网营销的企业中，35.5%通过移动互联网进行了营销推广。随着用户行为全面向移动端转移，移动营销将成为企业推广的重要渠道。在各种移动营销推广方式中，微信营销推广最受企业欢迎，使用率达75.3%。目前，微信营销推广主要有三种方式：微信朋友圈广告、微信公众账号推广与微店运营。

1）微信朋友圈广告

2015年1月，微信首次测试朋友圈广告功能，随后，宝马、可口可乐、vivo手机等品牌相继在朋友圈投放了广告。但是，朋友圈广告投放门槛较高，接入流程略显复杂。

2015年8月，微信朋友圈广告官方网站正式上线，公布了合作流程，进一步降低投放门槛。广告主需要填一份《微信朋友圈广告合作申请表》并写好公司名称、推广品牌与内容、计划投放金额、计划投放时间等内容，广告方案根据各个广告主的预算而不同。提交合作申请表后，申请公众号，认证并成为广告主。方案核准成功后，朋友圈广告将按时自动上线。微信朋友圈广告主要服务于财富500强企业。

2）微信公众账号推广

微信公众号有三种类型：服务号、订阅号和企业号。订阅号主要为媒体和个人提供信息传播方式；服务号给企业和组织提供强大的业务服务和用户管理能力，可开通微信支付，不适用于个人；企业号帮助企业内部建立员工、上下游合作伙伴的连接。

个人和企业都可以打造一个微信的公众号，并实现和特定群体的文字、图片、语音的全方位沟通、互动，形成一种线上线下微信互动营销方式。企业通过申请公众微信服务号进行二次开发可以实现商家微官网、微会员、微推送、微支付、微活动、微报名、微分享、微名片等功能。可以说，微信公众平台是企业与用户之间的一个载体，通过不断的信息互动和服务来获得品牌影响力，同时还是一个移动的客户关系管理系统，可以与用户进行一对一的沟通。用这种方式管理客户和营销的成本比传统营销方式更低，效果更好。

3）微店运营

微信公众平台有一个微信小店功能，比较适合小微商户使用。微信小店基于微信支付，包括添加商品、商品管理、订单管理、货架管理、维权等功能，开发者可使用接口批量添加商品，快速开店。对于企业来说，必须是已通过微信认证、已接入微信支付的服务号，才可在服务中心中申请开通微信小店功能。

案例分析

腾讯移动电子商务三大战略解析

2015年1月，赛迪顾问发布《中国电子商务平台监管策略研究》（以下简称《研究》）显示，随着移动互联网、智能手机及移动支付的创新和应用普及，国内电子商务迅猛发展，《研究》对腾讯布局移动电子商务的三大战略进行了深入的分析。

1. 剥离电子商务业务，开放社交平台

《研究》认为，依靠社交平台与网络游戏起家的腾讯在电子商务方面一直算不上成功。2005年腾讯拍拍上线，在电子商务领域与阿里展开竞争，依靠QQ的流量曾一度占据10%以上的市场份额，但是数年过后，由于运营和服务质量与对手差距太大，腾讯电子商务已经彻底掉队。

在京东IPO前夕,腾讯于2014年3月10日宣布对京东战略投资,以2.147亿美元现金+拍拍网全部股权+QQ网购全部股权+易迅物流全部资产,换取京东新发行的3.517亿股股票,占京东扩大股本后的15%,随后腾讯相继对京东开放微信和QQ一级入口,京东获得大量低成本的移动端流量。

2. 推出微信小店,发展社交C2C

2014年5月29日,微信公众平台宣布正式推出"微信小店",将形形色色的小店搬进微信里。登录微信上的服务号,即可获得轻松开店、管理货架、维护客户的简便模板。

3. 立足微信平台,大力发展O2O

2014年3月,腾讯入股大众点评,持股20%,随后将旗下高朋和F团整合进大众点评,类似于将易迅交给京东,6月,大众点评宣布将升级与腾讯的战略合作,整合腾讯微生活会员卡业务及相关团队,推出新的微生活会员卡业务,目前,微信平台已经形成了一个集购物、支付、打车、生活服务、位置服务于一体的较为完整的移动端商业圈。

思考

扫二维码支付与通信移动支付方式各有什么优缺点?Apple Pay是否会对支付宝和微信支付造成大的冲击?

本章小结

本章主要介绍了移动电子商务的概念、特点,移动电子商务所使用的技术和移动电子商务在实际生活中的各种应用。学生应在学习过程中,结合实际操作进行理解和掌握。

复习思考题

移动电子商务的应用领域主要有哪些?谈谈你对移动电子商务的未来发展趋势和未来移动商务经济效应的看法和预测。

实训内容

1. 下载安装手机淘宝应用软件,体验移动购物。如果个人开设网店,可以下载千牛工作台,实现移动商务管理。

2. 在自己的店铺发布一件商品,为该商品的链接生成二维码。

第8章 跨境电子商务

本章提要

随着经济与互联网的快速发展，为了实现不同国家之间的商贸合作，跨境电子商务应运而生。它构建了开放、立体的多边经贸合作模式，拓宽了企业进入国际市场的途径，同时，消费者还能通过该模式轻易地获取其他国家的商品。本章以跨境电商业务开展过程为脉络，介绍跨境电商基础知识、主要平台、跨境物流、跨境支付等内容，以培养学生的跨境电商运营能力。

学习目标

（一）知识目标
1. 掌握跨境电子商务的发展历程和趋势。
2. 掌握跨境电子商务的特点和商业模式。
3. 了解跨境电子商务的主流平台及其优势。
4. 了解跨境电子商务的操作流程。
5. 了解跨境物流和跨境支付。

（二）技能目标
1. 学会分析对比跨境电子商务平台的优劣。
2. 完成跨境电子商务平台入驻。

项目任务

通过本章的学习，能够高度概括总结跨境电子商务的相关知识，对开展跨境电子商务的操作流程有具体认识。

案例导入

2016年中国跨境电商大事件

1. 京东"联姻"Wish加速布局欧美电商市场

1月18日,据悉,京东2015年对快速发展的旧金山电商创业公司Wish投资了4500万至5500万美元。这笔投资是 Wish2015年总额5亿美元的一轮融资的一部分。这笔投资对Wish的估值达到35亿美元。京东借力Wish的移动电商领先优势和全球化通道,增强国际市场竞争力和全球化战略布局。而Wish与京东携手,将获得京东供应链的有力支持,弥补了长期困扰自己的跨境物流短板。

2. 中钢网黑蜘蛛合攻跨境电商拟融3亿打前锋

1月23日,中钢网与黑蜘蛛电商签约,双方将在跨境电商领域合作;据透露,2016年目标融资3亿元。此次合作意味着中钢网在钢铁跨境电商方面迈出了一大步,在这方面有着丰富运作经验的黑蜘蛛,将会成为中钢网在跨境电商方面最好的助力。

3. 傲基电商新三板募资1亿元

2月16日,傲基电商正式在新三板公开发行股票277.78万股,募集资金1亿元,由1名在册股东和8名新增投资者参与认购。公告显示,傲基电商本次公开发行股票277.78万股,发行价格为每股36元。

4. 卓尔集团宣布入股兰亭集势

3月17日,卓尔集团宣布入股跨境电子商务公司兰亭集势,成为兰亭集势的第一大股东。根据公告,卓尔集团于2016年3月17日与兰亭集势签订《股份购买协议》,公司拟通过定向增发方式购买兰亭集势股份42500000股普通股,占兰亭集势稀释后总股本的30%,交易对价总额为7650万美元,约合人民币4.97亿元。

5. 有棵树挂牌新三板

4月7日,跨境电商企业深圳有棵树科技股份有限公司在新三板挂牌,股票代码836586,成为目前新三板上唯一一家同时覆盖进口和出口的跨境电商。有棵树集团旗下业务有4个板块:出口业务,以海豚供应链为品牌的跨境进口B端业务,无人机及机器人配件板块以及品牌为维康氏的跨境进口C端板块。

6. 速卖通三道新政加速卖家大换血转型B2C

4月12日,速卖通官方宣布速卖通平台全面实施产品商标化,有部分类目将不允许无商标产品存在,这部分类目商家在6月30日之后将不能发布无商标的产品。到8月15日后,不允许无商标产品存在类目下的店铺,经营大类。若无在线商品,速卖通将统一全额退还商家该经营大类2016年的技术服务年费,与此同时,该店铺也不再拥有该经营大类的经营权。

速卖通正加速打造"国际版淘宝",向"国际天猫"转型,不断提升招商门槛。速卖通在B2C转型期间,在不断清理并不优质的卖家的同时,也从同为阿里系的天猫获取了一系列优质的品牌资源来替代离去的小商家。从C2C快速转型为B2C过程中,速卖通的GMV势必会受影响。而改变海外买家眼中速卖通的固有形象,是速卖通转型B2C的一个挑战。

7. 敦煌网发起发制品卖家考核

5月24日,据悉,敦煌网将于2016年7月起每月对发制品行业一级类目全部卖家进行考核,不达标者将遭清退处理。据透露,达到以下任何一个标准,敦煌网将对卖家实施清退处理:① 个人卖家月GMV为0或者企业卖家连续两个月GMV为0;② 卖家责任纠纷率高于30%;③ 卖家责任退货率高于15%。

8. 中国在欧最大跨境产业园落户波兰

6月20日,中国在欧洲最大跨境电商产业园落户波兰。该产业园位于华沙机场旁,占地4300平方米,是跨境电子商务国际平台大龙网欧洲布局的重要组成部分。随着波兰跨境电商产业园的正式启动,大龙网覆盖整个欧洲的本土化服务网络正式搭建完成。

思考题

1. 跨境电子商务有哪些特点?经过十多年的发展,其发展体现出哪些新特点?
2. 跨境电子商务发展面临的问题有哪些?

跨境电子商务作为推动经济一体化和贸易全球化的技术基础,具有非常重要的战略意义。跨境电子商务不仅冲破了国家间的障碍,使国际贸易走向无国界贸易,同时它也正在引起世界经济贸易的巨大变革。对企业来说,跨境电子商务构建的开放、多维、立体的多边经贸合作模式,极大地拓宽了进入国际市场的路径,极大地促进了多边资源的优化配置与企业间的互利共赢;对于消费者来说,跨境电子商务使他们非常容易地获取其他国家的信息并买到物美价廉的商品。

8.1 跨境电子商务概述

(1) 什么是跨境电子商务

跨境电子商务(简称跨境电商),是指分属不同关境的交易主体,通过电子商务平台达成交易、进行支付结算,并通过跨境物流送达商品、完成交易的一种国际商业活动。

狭义的跨境电子商务实际上基本等同于跨境零售，是指分属于不同关境的交易主体，借助计算机网络达成交易、进行支付结算，并采用快件、小包等方式通过跨境物流将商品送达消费者手中的交易过程。广义的跨境电子商务基本等同于外贸电子商务，是指分属不同关境的交易主体，通过电子商务的手段将传统进出口贸易中的展示、洽谈和成交环节电子化，并通过跨境物流送达商品、完成交易的一种国际商业活动，如图7-1所示为跨境电子商务的基本业务组成。

跨境电子商务主要由跨境电子商务平台、跨境物流公司和跨境支付平台三部分组成，如图7-2所示。

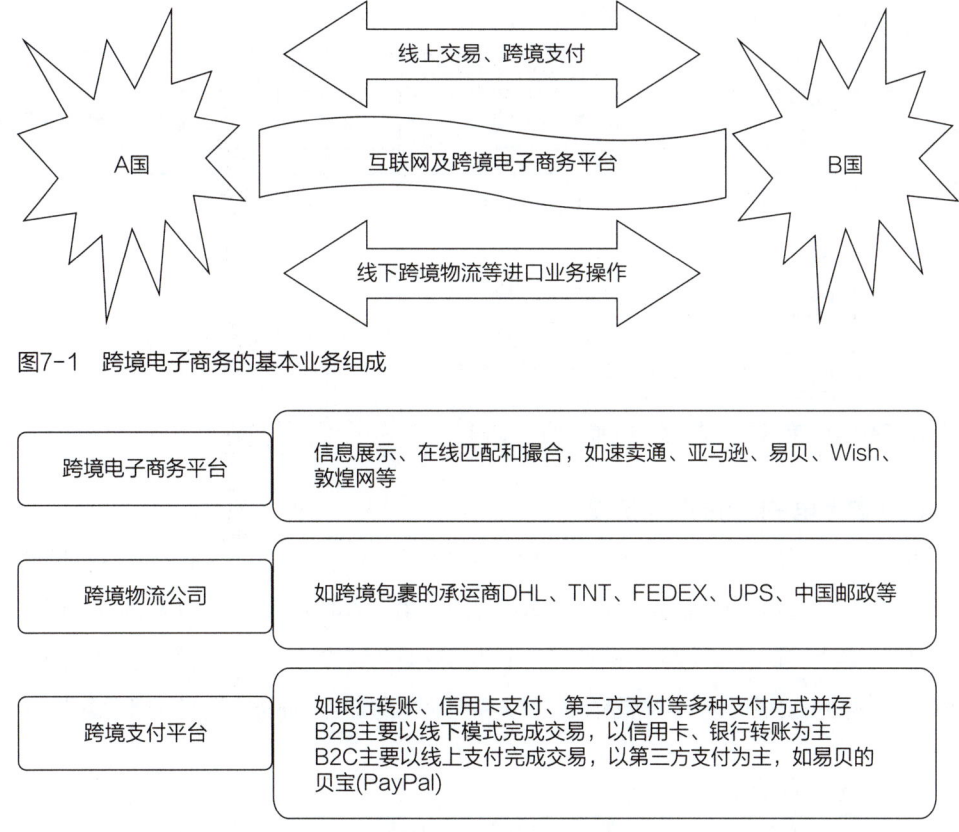

图7-1 跨境电子商务的基本业务组成

图7-2 跨境电子商务的组成

（2）跨境电子商务与传统电子商务的区别

传统外贸电子商务主要是由一国的进出口商通过另一国的进出口商，进出口大批量货物，然后通过境内流通企业经过多级分销，跨越多个流通渠道才能到达有需求的企业或消费者手中，跨境电子商务与传统外贸电子商务环节对比如图7-3所示。与跨境电子商务相比，传统外贸电子商务具有进出口环节多、时间长和成本高等缺点，下面对两者的具体区别加以介绍。

主体不同：跨境电子商务是通过网络将商品直接销售到海外消费者手中，其主体是商品；传统外贸电子商务则是通过电子商务手段推广宣传企业或商品，从网络寻找外商求购信息，其主体是信息。

环节不同：跨境电子商务基于互联网与其独特的模式，大大减少了交易环节和交易成本；而外贸电子商务的进出口环节没有变化。

交易方式不同：跨境电子商务的商业活动基本都是在线上直接完成；外贸电子商务则都是在线下完成。

模式不同：跨境电子商务的模式并不局限于某一种，既有B2B跨境电子商务，又有B2C、C2C等跨境电子商务；而外贸电子商务基本都是B2B模式。

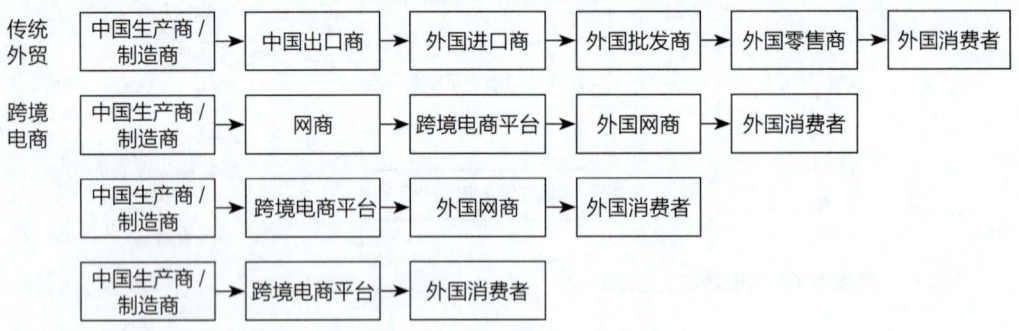

图7-3　跨境电子商务与传统外贸电子商务的环节对比

（3）跨境电子商务的发展历程

从1999年开始，以阿里巴巴B2B、中国制造网等为代表的B2B网站诞生，这些网站主要是供信息发布和促成交易服务，建立买卖双方的桥梁，实现了对外出口贸易的互联网化。随后在不断探索改进中，跨境电子商务完成了从信息服务到线上交易、全产业链服务的跨境产业转型，期间主要经历了3个发展阶段。图7-4所示为跨境电子商务的发展简略示意图。

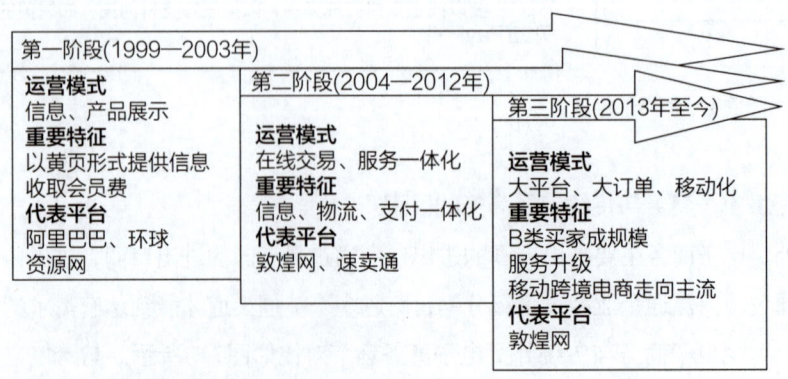

图7-4　跨境电子商务发展历程示意图

1）第一阶段

1999—2003年是跨境电子商务发展的第一阶段。其中阿里巴巴国际站、环球资源是典型的代表平台，主要商业模式是网上展示、线下交易的外贸信息服务模式。此时，跨境电子商务第三方平台主要的功能是为企业信息以及产品提供网络展示平台，并不涉及物流和任何支付环节，咨询后企业转为线下沟通与交易。此时跨境电子商务的盈利模式主要通过向进行产品信息展示的企业收取会员费。随着行业的发展，逐渐衍生出竞价推广、咨询服务等为供应商提供"一条龙"的信息流增值服务。

这种模式虽然通过互联网解决了中国贸易信息面向世界买家的难题，但是对各个行业的服务不够专业深入，物流和在线支付交易的问题没有得到解决，对于外贸电商产业链的整合仅完成信息流整合环节。

2）第二阶段

2004—2012年是跨境电子商务发展的第二阶段。随着行业的深入发展，2004年，以敦煌网为代表的B2B企业诞生，开始向交易平台的方向转变，并以收取交易佣金作为主要的盈利模式，同时还通过平台上营销推广、支付服务和物流服务等获得增值收益。此时，跨境电子商务平台开始摆脱纯信息黄页的展示行为，将线下交易、支付和物流等流程实现电子化，逐步实现在线交易平台。

相比第一阶段，跨境电子商务第二阶段更能体现电子商务的本质，借助电子商务平台，通过服务、资源整合，有效打通上下游供应链，包括B2B（平台对企业小额交易）平台模式，以及B2C（平台对用户）平台模式两种模式。

3）第三阶段

2013年是跨境电子商务的重要转型年，跨境电子商务步入第三阶段，迎来跨境电子商务的大时代，平台承载能力更强，实现全产业链服务在线化。具有以下几个主要特征：大型工厂上线、B类买家成规模、中大额订单比例提升、大型服务商加入和移动用户量增多。与此同时，用户群体由"草根"创业向工厂、外贸公司转变，且具有极强的生产设计管理能力。平台销售产品由网商、二手货源向一手货源产品转变。另外，跨境电子商务第三阶段的主要平台模式也由C2C、B2C向B2B、M2B模式转变，批发商买家的中大额交易成为平台的主要订单。

（4）跨境电子商务的特点与趋势

通过对历年跨境电子商务交易规模B2B与B2C交易占比结构的分析，跨境电商以B2B业务为主，B2C跨境模式逐渐兴起且有扩大的趋势。同时国家政策对跨境电商的扶持力度大幅提高，体现出其作为发展催化剂的重要作用，这为跨境电商未来的发展提供了必要的内生动力。那么，跨境电商未来发展趋势表现在哪些地方，而在发展过程中体现出哪些重要特点，以及未来跨境电子商务将会面临什么样的问题。下面进行归纳总结，逐一解答。

1）跨境电子商务发展体现的新特点

跨境电商经过十多年的发展，整个行业经历了前期信息发布平台的探索阶段、交易平台运营阶段及近期B2C兴起及快速发展阶段，每个阶段的跨境电商行业都呈现出不同的特点。近两年来，随着整个社会对跨境电商的关注度不断提高、跨境电商各参与主体对行业发展的共同推动，整个跨境电商行业也开始出现一些新的特点，具体主要包括以下3个方面：

- **参与主体多样化与规模化**：2012年以前，跨境电商的参与者主要以小微的草根企业、个体商户及网商为主；2013年以来，传统贸易中的主流参与者如外贸企业、工厂和品牌商家开始进入该领域，并逐渐走向规模化运作。
- **完善的产业链**：针对影响跨境电商发展的营销、通关商检、物流和支付等环节的问题，跨境电商企业及服务企业不断向产业链其他环节延伸，整合多方资源提供一体化服务，新的服务商也在不断涌现，整个产业链和生态系统的服务链条越来越清晰和完善。
- **运营品牌化**：早期跨境电商借助中国制造大国的优势，以销售物美价廉的产品及OEM代工为主。近两年来，大量企业开始考虑走品牌化运营之路，特别是一些较大的企业开始考虑规模化，建立自己的平台，把品牌引向海外市场，通过品牌来提升自身在跨境电商中的价值。

2）跨境电子商务发展面临的问题

跨境电商中不同的交易模式，存在的问题有一定的差异，按一般贸易方式进出口的大额交易，目前尚未完全实现贸易的无纸化，这在一定程度上影响了贸易的便利化及电子商务在贸易中的应用。从小额碎片化的贸易来看，除了受到未实现的贸易无纸化影响外，在产品、物流和通关等方面也存在一些行业性的难题，这些成为制约跨境电商发展的重要因素。具体问题表现如下：

- **产品同质化严重**：近两年跨境电商发展迅速，吸引了大量商家的涌入，行业竞争加剧。一些热销且利润空间较大的产品，如3C电子产品及其附件等，众多跨境电商公司都在销售，产品同质化现象严重，行业内甚至出现恶劣的价格战。
- **未建立品牌化**：跨境电子商务发展起来很大程度上是源于中国制造大国的优势，以价格低廉的产品吸引消费者。目前很多产品是从一些小工厂出货，包括一些3C电子产品、服装服饰等，整个产品的质量控制相对来说还有一定问题，大部分跨境电商企业还未步入品牌化建设阶段。
- **物流时间长且浮动范围大**：跨境电商较复杂且各国政策差异较大，很难像国内电商一样通过自建物流的方式来解决跨境电商的物流问题。跨境电商的物流周期是非常长的，到美国和欧洲一般要7~15天，到南美、巴西、俄罗斯更长，需要25~35

天。除了物流时间长之外,物流还存在时效投递不稳定的问题,收货时间波动很大,有时一周可收到,有时则更长时间才能收到。

- 通关结汇难:随着跨境贸易逐渐向小批量碎片化发展,除了B2C以外,小额贸易B2B企业同样面临通关的问题。由于小额B2B和B2C跨境贸易电子商务与一般出口贸易存在差异,在出口过程中存在难以快速通关、规范结汇和享受退税等问题。虽然目前国家针对跨境电商零售出口提出可"清单核放、汇总申报"的通关模式,但该政策仅针对B2C企业,大量从事小额B2B的外贸中小企业仍存在通关困难的问题。在进口过程中,存在以非法进口渠道逃避海关监管,以及进口商品品质难以鉴别,消费者权益得不到保障等问题。
- 跨境电商人才缺失:跨境电子商务贸易在快速发展的同时,逐渐暴露出综合型外贸人才缺口严重等问题。人才缺失的原因主要有两个:一是语种限制,目前做跨境电商的人才主要还是来自外贸行业,但英语专业居多,一些小语种电商人才缺乏。事实上,像巴西、印度、俄罗斯等国家,跨境电商具有很大的发展潜力,也是跨境电商企业关注的重点;二是能力要求高,从事跨境电商业务的人才,除了知晓相关语种,还要了解国外的市场、交易方式和消费习惯等,此外,还要了解各大平台的交易规则和交易特征。基于这两个特点,符合跨境电商要求的人才很少,跨境电商人才缺乏已经成为业内常态。

3)跨境电子商务未来发展的整体趋势

随着跨境电子商务的快速发展,资本市场遵循"优胜劣汰",跨境电商面临机遇与挑战。目前跨境电商存在的问题,跨境电商行业将进行改善与调整,交易产品向多品类延伸,交易对象向多区域拓展。未来发展的整体趋势表现为以下5点。

① *销售市场多元化*。从销售目标市场看,以美国、欧洲为代表的成熟市场,由于跨境网购观念普及、消费习惯成熟、整体商业文明规范程度较高、物流配套设施完善等优势,在未来仍是跨境电商零售出口产业的主要目标市场,销售额持续保持平稳增长。与此同时,近年来,俄罗斯、巴西等新兴市场地区的网购习惯不断养成,提供了较大的跨境电子商务需求空间。未来随着这些市场的局限性不断被突破,如互联网技术普及和基础设施完善,以及跨境支付、物流和海外仓储等方面的逐步优化和完善,政策不断开放,来自新兴市场的需求将进一步打开我国出口电商的空间。在未来几年,全球跨境电商B2C市场仍将不断壮大,亚太市场将以其领先的市场规模和强劲的增长成为最重要的市场区域。在中东欧、拉丁美洲、中东和非洲等地区,电子商务的渗透率依然较低,有望在未来获得较大突破。

② *产品品类多元化*。目前我国出口跨境电商的产品中3C产品占比较大,而服装鞋帽以及户外用品、家居园艺以及汽配等毛利率相对较高的品类需求和交易量占比不断提

升。从销售产品品类看,跨境电商企业销售的产品品类从服装服饰、3C电子、计算机及配件、家居园艺、珠宝、汽车配件、食品药品等便捷运输产品向家居、汽车等大型产品扩展。eBay数据显示,eBay平台上增速最快的3大品类依次为:家居园艺、汽配和时尚,且71%的大卖家计划扩充现有产品品类,64%的大卖家计划延伸到其他产品线。不断拓展销售品类成为跨境电商企业业务扩张的重要手段,品类的不断拓展,不仅使得"中国产品"和全球消费者的日常生活联系得更加紧密,而且也有助于跨境电商企业抓住最具消费力的全球跨境网购群体。

③ 产业品牌化。2015年是中国跨境电商品牌元年,不仅各大电商平台开始盯上有限的品牌资源,中小电商也在激烈的价格战中意识到品牌的重要性。在传统服装、食品等行业,面对强势的欧美同类品牌,中国跨境电商打造品牌之路将会异常艰辛。新兴市场国家创牌相对容易,跨境电商的发展已到关键转折点。

④ B2B与B2C协同发展。B2B作为全球贸易的主流,在未来仍然会是中国企业开拓海外市场的最重要模式;而B2C作为拉近与消费者距离的有效手段,对中国企业打响品牌也将具有非常重要的作用。B2B和B2C作为两种既相互区别又有联系的业务模式,互补远远大于竞争,两者都能成为开拓海外市场的利器。

随着物流、金融和互联网等国际贸易基础设施的改善和新技术的出现,国际贸易的形态也在不断演化。显著的变化之一是产品从工厂到消费者的道路越来越多元化,跨境电商B2C这种业务模式逐渐受到企业重视,近两年出现了爆发式增长。究其原因,主要是因为跨境电商B2C具有如下明显的优势。

- 利润空间大:相较于传统跨境模式,B2C模式可以跳过传统贸易的所有中间环节,打造从工厂到产品的最短路径,从而赚取高额利润。
- 有利于树立品牌形象:有利于国内不再满足做代工的工贸型企业和中国品牌利用跨境电商试水"走出去"战路,熟悉和适应海外市场,将中国制造、设计的产品带向全球开辟新的战线。
- 把握市场需求:直接面对终端消费者,有利于更好地把握市场需求,为客户提供个性化的定制业务。
- 市场广阔:与传统产品和市场单一的大额贸易相比,小额的B2C贸易更为灵活,产品销售不受地域限制,可以面向全球200多个国家和地区,可以有效地降低单一市场竞争压力,市场空间巨大。

随着物流、互联网技术的发展及利好政策的陆续发布,阻碍跨境电商B2C发展的一些因素正在削减,B2C在整体市场中的份额占比将进一步提升。但B2B作为全球贸易的主流,未来仍然会是中国企业开拓海外市场的最重要模式,B2B和B2C将会协同发展。

⑤ 移动端强势进入。移动技术的进步使线上与线下商务之间的界限逐渐模糊,以互

联、无缝和多屏为核心的"全渠道"购物方式将快速发展。从B2C方面看，移动购物使消费者能够随时、随地、随心购，极大地拉动了市场需求，增加了跨境零售出口电商企业的机会；从B2B方面看，全球贸易小额、碎片化发展的趋势明显，移动可以让跨国交易无缝完成，卖家随时随地做生意，白天卖家可以在仓库或工厂用手机上传产品图片，实现即时销售，晚上卖家可以回复询盘、接收订单，基于移动端做媒介，买卖双方沟通变得非常便捷。

移动跨境电商的发展情况跟各国的互联网发展情况相关。对于欧美之类的发达市场，互联网发展进程完备，跨境电商从PC到移动端的发展有很大的存量空间。在一些新兴市场，整个电商的发展水平可能略微滞后，如俄罗斯、东南亚和非洲，大量用户不需要进入PC端跨境电商市场，而是直接进入移动跨境电商市场，这是未来移动跨境电商发展的巨大的增量市场。

8.2 跨境电子商务分类

跨境电子商务商业模式可以分别按照交易主体、服务类型以及平台运营方加以分类，了解跨境电子商务的商业模式，有助于加深对跨境电子商务行业的理解。

（1）按交易主体分类

按照交易主体的不同，可以将跨境电子商务分为B2B跨境电子商务、B2C跨境电子商务和C2C跨境电子商务。

1）B2B跨境电子商务

B2B跨境电子商务是指分属不同关境的企业对企业，通过电子商务平台达成交易、进行支付结算，并通过跨境物流送达商品、完成交易的一种国际商业活动。敦煌网、阿里巴巴国际站和环球资源网等都是十分具有代表性的B2B跨境电子商务。

B2B跨境电子商务平台主要有两种模式：一种是"交易佣金+服务费"模式，另一种是"会员制+推广服务"模式。第一种模式采取免费注册、免费商品信息展示，只收取交易额佣金。采取单一佣金率模式，按照平台类目分别设定固定佣金比例来收取佣金，并实施"阶梯佣金"政策，当单笔订单数额满足一定数额时，即按照统一的标准进行收费。其次，平台还为商家提供了一系列的服务，如开店、运营和营销推广等，平台从中收取一定的服务费。第二种模式主要为商家提供贸易平台和资讯收发等信息服务，通过收取会员费和服务费的方式进行运营，针对目标企业的不同，提供不同的资讯服务。

2）B2C跨境电子商务

B2C跨境电子商务是指分属不同关境的企业直接面向消费个人开展在线销售产品和服务，通过电子商务平台达成交易、进行支付结算，并通过跨境物流送达商品、完成交易的一种国际商业活动。速卖通、亚马逊、eBay、Wish、兰亭集势和敦煌网等都是十分具有代表性的B2C跨境电子商务平台。

B2C跨境电子商务的模式主要包括"保税进口+海外直邮"模式、"直营+招商"模式和"直营"模式3种。

- "保税进口+海外直邮"模式："保税进口+海外直邮"模式最典型的代表是亚马逊、天猫和1号店，亚马逊平台中的卖家类型有专业卖家和个人卖家，专业卖家每月收取39.99美元费用，个人卖家按照每笔0.99美元的佣金进行收取。其次，亚马逊还收取一定比例的交易费，根据卖家所售商品的不同，收取的费用也不同。亚马逊在各地保税物流中心建立了自己的跨境物流仓储，在全球范围内拥有自己的物流配送系统，这是它与天猫、1号店的最大区别。
- "直营+招商"模式："直营+招商"模式发挥了企业的最大内在优势，通过招商的方式来弥补自身的不足，如苏宁。苏宁在综合分析自身情况，充分发挥自身的供应链、资金链优势的同时，还通过全球招商来弥补国际商用资源的不足。
- "直营"："直营"模式是跨境电子商务企业直接参与到采购、物流和仓储等海外商品的交易流程，拥有自己的物流监控和支付系统。典型的"直营"模式如聚美优品，它通过整合全球供应链，直接参与到整个买卖流程，并独辟了"海淘"自营模式。2014年，聚美优品在河南保税物流区建设了自己的自理仓，大大降低了商品运输时间，并让物流信息能够被全程跟踪。

3）C2C跨境电子商务

C2C跨境电子商务是指分属不同关境的个人卖方对个人买方开展在线产品销售和服务，由个人卖家通过第三方电子商务平台发布产品和服务信息，由买家进行筛选并最终通过电子商务平台进行交易、支付结算和跨境物流配送等一系列国际商业活动。典型的C2C跨境电子商务有淘宝全球购、淘世界和洋码头扫货神器等。

（2）按服务类型分类

按平台服务类型划分，跨境电子商务平台分为信息服务平台和在线交易平台。

1）信息服务平台

信息服务平台主要是为境内外会员商户提供网络营销平台，传递供应商或采购商等商家的商品或服务信息，促成双方完成交易。代表企业有阿里巴巴国际站、环球资源网和中国制造网。

2）在线交易平台

在线交易平台不仅提供企业、产品和服务等多方面的信息展示，还可以通过平台线上完成搜索、咨询、对比、下单、支付、物流和评价等全购物环节。在线交易平台模式正在逐渐成为跨境电商中的主流模式。代表企业有敦煌网、速卖通、米兰网及大龙网等。

（3）按平台运营方分类

按平台运营方划分，跨境电子商务平台分为第三方开放平台、在线交易平台以及外贸电商代运营服务商模式。

1）第三方开放平台

第三方平台提供统一的销售平台，平台一方是作为卖家的国内外贸企业，另一方是作为海外买家的消费者。作为提供方，为外贸企业自主交易提供信息流、资金流和物流服务的中间平台，它们不参与物流、支付等中间交易环节，平台以收取商家佣金以及增值服务佣金作为主要盈利模式。代表企业有速卖通、敦煌网、环球资源网和阿里巴巴国际站等。

2）在线交易平台

自营型电商在线上搭建平台，平台方整合供应商资源通过较低的进价采购商品，然后以较高的售价出售商品，自营型平台主要以商品差价作为盈利模式。这类企业自己联系国内外贸企业作为供货商，即平台直接从外贸企业采购商品，买断货源，然后通过自建的B2C平台，将产品销往海外，电商平台企业本身是独立的销售商。代表企业有兰亭集势、米兰网、大龙网等。

3）外贸电商代运营服务商模式

外贸电商代运营服务商模式是服务提供商不直接或间接参与任何电子商务的买卖过程，而是为从事跨境外贸电商的中小企业提供不同的服务模块，如"市场研究模块""营销商务平台建设模块""海外营销解决方案模块"等。这些企业以电子商务服务商身份帮助外贸企业建设独立的电子商务网站平台，并能提供全方位的电子商务解决方案，使其直接把商品销售给国外零售商或消费者。服务提供商能够提供一站式电子商务解决方案，并能帮助外贸企业建立定制的个性化电子商务平台，盈利模式是赚取企业支付的服务费用。代表企业有四海商舟（Bi-zAk）和锐意企创（Enterprising & Creative）等。

（4）按进出口方向分类

跨境电子商务按进出口方向可分为进口跨境电子商务和出口跨境电子商务。

进口跨境电子商务指的是海外卖家将商品直销给国内的买家，一般是国内消费者访问境外商家的购物网站选择商品，然后下单，由境外卖家发国际快递给国内消费者。

出口跨境电子商务是指国内卖家将商品直销给境外的买家，一般是国外买家访问国内商家的网店，然后下单购买，并完成支付，由国内的商家发国际物流至国外买家。从进出口结构来看，我国出口跨境电子商务占比近九成，从2014年我国跨境电子商务的进出口结构看，出口占比达到86.7%，进口占比为13.3%。

8.3 跨境电子商务主要平台

目前我国跨境电商平台企业已超过5000家，境内通过各类平台开展跨境电子商务的企业已超过20万家。在众多跨境电商平台中，速卖通（Aliexpress）、亚马逊（Amazon）、eBay（易贝）和敦煌网（Dhgate）这4家典型的跨境电子商务平台的市场份额占到80%，其他市场占有额和知名度较高的平台还有兰亭集势、环球资源和焦点科技（中国制造网）等。其中，速卖通包括B2B和B2C业务，敦煌网、环球资源和中国制造网主营B2B业务，而兰亭集势主营B2C业务。下面对这些典型的跨境电子商务平台进行介绍。

（1）速卖通

速卖通全称为全球速卖通（Aliexpress），是阿里巴巴旗下面向全球市场打造的在线交易平台，可以简单地理解为国际版"淘宝"，是针对国外中小企业的一个平台。在速卖通平台上，卖家可以将宝贝信息编成在线信息发布到海外，被广大消费者查看并购买，然后通过国际快递进行货物运输，完成交易。速卖通于2010年4月正式上线，目前已经发展成为覆盖220多个国家和地区的全球最大的跨境交易平台，其每天的海外买家流量已经超过5000万。在美国等成熟市场，虽然无论是品牌形象还是流量，都无法和亚马逊、eBay平台相抗衡，但是在俄罗斯、巴西、以色列、西班牙、乌克兰和加拿大等新兴市场是非常重要和受欢迎的购物平台。

速卖通和其他竞争对手相比，具有明显的优势，包括平台交易手续费率低，有丰富的淘宝商品资源，其淘代销的功能使卖家可方便地将商品一键卖向全球。速卖通还专门为卖家提供一站式商品翻译、上架、支付和物流等服务，另外，凭借全球知名度和联盟站点，以及Google线上推广等渠道为平台引入更多优质的流量。

值得一提的是，对于没有进行过跨境电商培训的跨境电商新卖家而言，速卖通的一个优势在于它的友好程度，后台界面是全中文，简单易上手，与客服的沟通也没有语言和文化上的差异，可以找他们咨询和解决一些简单的问题。同时，还可以通过阿里巴巴提供的在线社区和线下的跨境电商培训课程，掌握后台操作的技巧和了解平台最新的政策。

（2）亚马逊

亚马逊公司（Amazon）是美国最大的一家网络电子商务公司，位于华盛顿州的西雅图，是网络上最早开始经营电子商务的公司。亚马逊成立于1995年，一开始只经营网络的书籍销售业务，现在则涉及了范围相当广的其他产品。

亚马逊平台非常适合中国的工厂或是在供应链方面有优势的品牌商，是一个非常优质的B2C平台，消费者主要为发达国家的中产优质客户，对价格并不敏感，产品利润率有保证。如果是有过给外国知名品牌代工经验的实力厂商，有建立对产品品质把控的标准，亚马逊全球开店绝对是不可错过的销售渠道，倘若还自有品牌和专利，则可以在平台上进行商标备案，防止被其他卖家跟卖和侵权。不过亚马逊是有一定门槛的，不但开店手续复杂，而且上手相对困难，同时还要防止账号关联等问题，如果一不小心触犯了它的规则，轻则会被警告，重则直接封店。店铺被封后，同一套资料在亚马逊平台上是不能再次申请新店铺的，必须换一套全新的资料。尤其是2016年下半年以来，亚马逊对于中国卖家的审核力度不断加强，没有进行过跨境电商培训的新卖家不管是注册还是运营，都会遇到比以往更大的阻力。2019年7月18日，亚马逊停止为亚马逊中国网站的第三方卖家提供服务。

（3）eBay

eBay（易贝）是全美最大的在线商品交易平台，通俗地讲，就是海外的"淘宝"，与亚马逊一样，eBay在中国也有独立的网站，中国致力于为中国商家开辟海外网络直销渠道。eBay在全球拥有40多个站点和15亿以上的活跃用户，核心市场是美洲和欧洲地区，是大部分中国卖家最早接触到的跨境电商平台，它最初是一个拍卖网站，创办的初衷是让美国人把家中的闲置物品最大化地利用起来，放到网络上进行买卖。这种拍卖模式很容易吸引到流量，也让卖家比较容易出单，每一个卖家都可以对商品设置最低0.01美分的底价，让买家去竞相加价。因为创办时间早，国际知名度高，所以eBay上的卖家数量非常多，造就了eBay商品的琳琅满目。eBay对入驻平台进行跨境交易的商家收取两笔费用，一笔是刊登费用，即用于产品上传展示的费用；一笔是成交费，即交易完成后，收一定比例的佣金。物流方面，eBay联合第三方合作伙伴——中国邮政速递，为中国买家提供经济便捷的国际e邮宝货运服务，并逐渐向俄罗斯、巴西等新兴市场延伸。支付方面，则与PayPal紧密合作，提供健全的买家保障体系，同时推出卖家保护政策。

（4）敦煌网

敦煌网（DHgate）成立于2004年，是国内首个为中小企业提供B2B网上交易的网站，致力于帮助中国中小企业通过跨境电子商务平台走向全球市场，开辟更加安全、便捷和高效的国际贸易通道。

敦煌网是中小额B2B跨境电子商务的首个实验者，采用免费注册，收取交易成功后的佣金的方式盈利。敦煌网与其他B2B电子商务的盈利模式不同，它主要以在线贸易为核心，通过交易佣金收入为主的模式进行运营，卖家在敦煌网内进行注册、开店、发布和交易都是免费的，买家购买时也需要支付一定数量的佣金。

敦煌网的优势在于较早推出增值金融服务，根据自身交易平台的数据为敦煌网商户提供无须实物抵押、无须第三方担保的网络融资服务。另外，敦煌网在行业内率先推出APP移动端应用，不仅解决了跨境沟通和时差问题，而且打通了订单交易的整个购物流程。

（5）兰亭集势

兰亭集势成立于2007年，在海外买家中有一定知名度，以国内的婚纱、家装和3C产品为主。这些产品毛利相对来说比较低，虽然业务量多，但盈利较少，这是国内做普通产品的外贸B2C的大多数情况，其盈利主要来源于制造成本的低廉与价格差。基本商业模型是：跨境B2C，使用Google推广，使用PayPal支付，使用UPS和DHL发货。其实质是通过自有电商平台，也通过在eBay和亚马逊等海外电商平合上开店的方式，将中国商品卖到海外市场，主要是北美和欧洲市场。

（6）环球资源

环球资源成立于1970年，2000年在美国纳斯达克股票市场公开上市，是外贸行业知名度比较高的B2B网站。环球资源致力于促进大中华地区的对外贸易，公司的核心业务是通过一系列英文媒体，包括环球资源网站、印刷及电子杂志、采购资讯报告、买家专场采购会、贸易展览会（Trade Show）等形式促进亚洲各国的出口贸易。

环球资源在国内网络不甚发达的年代，在国外做贸易杂志起家，因此为"中国制造"提供了更为直接、有效的推广方式，也为自己在国外积累了一定的口碑和知名度。由于长期经营贸易杂志，其商品定位等接近欧美客户的习惯和喜好。

（7）中国制造网

中国制造网创建于1998年，是焦点科技股份有限公司旗下综合性第三方B2B电子商务服务平台。中国制造网致力于为国内中小企业构建交流渠道，帮助供应商和采购商建立联系、挖掘国内市场商业机会。中国制造网内贸站为买卖双方提供信息管理、展示、搜索、对比和询价等全流程服务，同时提供第三方认证、广告推广等高级服务。帮助供应商在互联网上展示企业形象和产品信息，帮助采购商精准、快速地找到诚信供应商。

（8）Wish

Wish是一款基于移动端的商业平台，于2011年成立于美国旧金山。成立之初Wish只负责向用户推送消息，不进行商品交易，在2013年才开始正式升级成购物平台，产品主要集中在单价较低且时尚的类目，比如服装、饰品和礼品等，在美国市场拥有较高的人气，是购物APP的典型代表，目前已经被越来越多的中国卖家所认知。与其他电子商务平台不同的是Wish平台并没有店铺的概念，买家更倾向于无目的地浏览，而不是关键字搜索，Wish也会通过买家的浏览和购买行为，判断买家的喜好和感兴趣的产品信息，并推送给买家。这种方式比较受欧美国家的喜爱，其超过60%的用户基本上都位于美国和加拿大。

8.4 跨境电子商务支付

跨境支付是跨境电商必不可少的环节，当买卖双方的交易顺利达成，货物通过跨境物流送达买方，确认产品合格后，最后需要进行款额支付。伴随着跨境B2B出口的增长，跨境支付开始多样化，支付方式较多，如普通银行电汇，或国际第三方平台支付。在国内，银联最早开展跨境支付业务，其他支付工具紧随其后陆续开展了跨境支付业务。

（1）跨境支付方式

跨境支付可以通过银行电汇、信用卡支付和第三方平台支付等方式进行。特别是第三方支付，随着跨境电商的发展，其需求日益增多。国际上最常用的第三方支付工具是易贝的贝宝（PayPal）、西联汇款等。

2015年1月，国家外汇管理局正式发布了《国家外汇管理局关于开展支付机构跨境外汇支付业务试点的通知》和《支付机构跨境外汇支付业务试点指导意见》，开始在全国范围内开展部分支付机构跨境外汇支付业务试点，允许支付机构为跨境电商交易双方提供外汇资金收付及结售汇服务。跨境支付的发展不仅为国内第三方支付企业打开新的广阔市场空间，还帮助企业获取相对更高的中间利润。对于支付平台自身来说，还能在很大程度上增强其增值潜力。一方面有利于支付平台对跨境商户进行拓展并简化支付的结算流程；另一方面，境内买家无须再为个人结售汇等手续困扰，直接使用人民币购买境外商家的商品或服务。目前国内的跨境常用支付工具有支付宝、财付通、银联电子支付、快钱和汇付天下。

（2）常用跨境支付方式的优劣比较

跨境支付方式较多，不同收汇款方式存在差别，它们都有各自的优缺点、适用范围。下面列举银行电汇、PayPal、西联汇款这3种具有代表性的支付方式的费用、优缺点和适用范围。

1）普通银行电汇

普通银行电汇的费用、优缺点和适用范围如下：

- 费用：各自承担所在地的银行费用。买家银行会收取一笔手续费，由买家承担；卖家公司的银行有的也会收取一笔手续费，相应地由卖家承担。
- 优点：收款迅速，几分钟到账；先付款后发货，保证商家利益不受损失。
- 缺点：先付款后发货，客户容易产生不信任；客户群体小，限制了商家的交易量，支付数额比较大的手续费高。
- 适用范围：电汇是传统的B2B付款模式，适合大额的交易付款。

2）PayPal

PayPal的费用、优缺点和适用范围如下：

- 费用：无开户费及使用费；每笔收取0.3美元银行系统占用费；提现每笔收取35美元。如果是跨境每笔收取0.5%的跨境费。
- 优点：国际付款通道可以满足不同地区客户的付款需求；使用该工具既可以收款，也可以付款，买卖双方都可拥有该工具。美国eBay旗下，国际知名度较高，尤其受美国用户信赖。
- 缺点：PayPal买家利益大于PayPal用户卖家的利益，双方权利不平衡；电汇费用，每笔交易除手续费外还需要支付交易处理费；账户容易被冻结，商家利益受损失。
- 适用范围：跨境电商零售行业，涵盖几十到几百美元的小额交易。

3）西联汇款

西联汇款的费用、优缺点和适用范围如下：

- 费用：手续费由买家承担，需要买卖双方到当地银行实地操作。在卖家未领取钱款时，买家可以将支付的资金撤销。
- 优点：手续费由买家承担，利于卖家，可先提钱再发货，安全性好，到账速度快。
- 缺点：由于对买家来说风险极高，买家不易接受，买家和卖家需要去西联线下柜台操作，手续费较高。
- 适用范围：1万美元以下的小额支付。

8.5 跨境电子商务物流

交易成功后需要进行商品的物流运输，与国内物流运输不同的是，跨境物流需要跨越边境，将商品运输到海外国家。目前最常见的跨境物流方式主要有邮政包裹、国际快递、专线物流和海外仓储等。

（1）邮政包裹

基于邮政覆盖全球的特点，使用邮政进行跨境物流运输是最常见的一种方式。目前常用的邮政运输方式包括中国邮政小包、新加坡邮政小包，以及一些特殊情况下使用的邮政小包。邮政包裹对运输的管理和要求较为严格，如果没有在指定日期内将货物投递给收件人，负责投递的运营商要按货物价格的100%赔付客户。邮政包运输含电、粉末和液体的商品不能通关，并且需要挂号才能跟踪物流信息，运送的周期一般较长，通常需要15～30天。

(2) 国际快递

国际快递主要是通过国际知名的四大快递公司,美国联邦快递(Fedex)、联合国包裹速递服务公司(UPS)、TNT快递和敦豪航空货运公司(DHL)来进行国际快递业务的邮寄。具有速度快、服务好、丢包率低等特点,如使用UPS寄送到美国的包裹,最快48小时内可以到达,但价格较昂贵,一般只有在客户要求时才使用该方式发货,且费用一般由客户自己支付。

(3) 国内快递

国内快递主要指邮政特快专递服务(EMS)、顺丰和"四通一达"等。

"四通一达"中,圆通从2005年开始就关注跨境电子商务,2006年成立了海外事业部,正式进入跨境物流领域,是国内布局跨境物流最早的快递公司。2012年开始,各大快递公司明显加快了对跨境电子商务领域的进军脚步,但2014年才发力拓展,比如美国申通2014年3月才上线,圆通也是2014年4月才与CJ大韩通运展开合作,而中通、汇通、韵达则是2014年开始启动跨境物流业务。顺丰的国际化业务则要成熟些,2014年就已经开通到美国、韩国、日本、新加坡、马来西亚、泰国、越南等国家的快递服务,发往亚洲国家的快件一般2~3天可以送达。

在国内快递中,邮政特快专递服务的国际化业务是最完善的,依托邮政渠道,可以直达全球60多个国家,费用相对四大快递巨头要低,中国境内的出关能力很强,到达亚洲国家2~3天,到达欧美则5~7天。

(4) 专线物流

跨境专线物流一般是通过航空包舱方式运输到国外,再通过合作公司进行目的国的派送,具有送货时间基本固定、运输速度较快和运输费用较低的特点。

目前市面上最普通的专线物流产品是美国专线、欧美专线、澳洲专线和俄罗斯专线等。也有不少物流公司推出了中东专线、南美专线和南非专线等。整体来说,专线物流能够集中大批量货物发往某一特定国家或地区,通过规模效应降低成本,但具有一定的地域限制。

(5) 海外仓储

海外仓储是指在其他国家建立海外仓库,货物从本国出口通过海运、货运和空运等形式储存到该国的仓库,当买家通过网上下单购买所需物品时,卖家可以第一时间做出快速响应,通过网络及时通知国外仓库进行货物的分拣、包装,并且从该国仓库运送到其他地区或国家,大大减少了物流的运输时间,保证货物安全、及时和快速到达买家手中。

海外仓储的费用由头程费用、仓储管理费和本地配送费用组成。头程费用是指货物从中国到海外仓库产生的运费;仓库管理费用是指货物存储在海外仓库和处理当地配送时产生的费用;本地配送费用是指在海外对客户商品进行配送产生的本地快递费用。这种模式下运输的成本相对较低,时间较快,是未来的主流运输方式。

案例分析

图7-5　2023跨境电商平台排行榜前十名

据CN10排行榜技术研究部门和CNPP品牌数据研究部门联合统计，2023跨境电商十大品牌是Amazon亚马逊、阿里巴巴国际站、shopify、TikTok Shop、temu、全球速卖通、ebay、SHEIN、Shopee、Lazada。跨境电商按客户情况可以分为B2C跨境电商和B2B跨境电商，根据使用终端分类亦可以分为移动终端和PC端网站，按销售流向可分为进出口两种平台。近年来，跨境电商进口量迅速提高，但线上出口依然是主力军。随着网络技术的发展和经济全球化的进一步推动，我国线上销售军团早已逐步涌入跨境线上销售平台。

思考

1. 什么是跨境电商？
2. 跨境电商的主要平台有哪些？请以亚马逊平台业务为例谈谈跨境电子商务的操作流程有哪些。

本章小结

本章主要介绍了跨境电子商务的概念、与传统外贸的区别、发展历程、分类、主要平台优缺点、跨境电商支付、跨境电商物流等相关知识。学生应在学习过程中，结合实际操作进行理解和掌握。

复习思考题

（1）简述跨境电子商务在我国发展经历的几个阶段，其显著特点是什么。
（2）简述跨境电子商务商业模式的分类和具体模式。
（3）列举出3个以上的主流跨境电子商务平台，并说说这些平台各自的优势。
（4）简述跨境电子商务的整体操作流程。
（5）简述跨境物流和跨境支付的方式有哪些。

实训内容

（1）在亚马逊中找一件需要的商品并进行购买，了解跨境电子商务的买家操作流程。
（2）选择一个合适的跨境电商平台，注册卖家，掌握注册入驻商家的流程。
（3）选择一个跨境电商平台，写一个分析案例，分析平台商业模式、优势和缺点等。

第9章
电子商务案例分析

本章提要

本章介绍了国内外成功的电子商务案例,帮助学生理解电子商务商业模式和价值创造的原理;通过案例分析认识电子商务的商业模式和服务模式及其规律,掌握在中国的经济环境下如何正确地设计和运营电子商务的业务。通过分析和学习这些案例,可以加强对电子商务知识的理解和掌握,特别是有关电子商务商业模式、安全支付技术系统和实施方法的综合掌握。

项目任务

(一)知识目标

1. 掌握电子商务模式的概念,掌握电子商务模式及其分类的方法。
2. 了解电子商务的安全需求,了解电子商务安全面临的问题。
3. 了解金融服务类电子商务网站的网上金融业务,掌握电子支付几种模式的区别。
4. 了解企业开展网络营销的方法和策略,同时结合案例分析这些方法的应用。
5. 了解电子商务物流的主要内容和管理内容,能够对电子商务物流的流程进行合理的设计。

(二)技能目标

1. 能够比较准确地分析现阶段电子商务行业中的大多数电子商务企业。
2. 能够掌握案例分析的系统性,不仅是对案例基本情况和功能框架的了解,更要对电子商务案例的内涵进行深层次的挖掘和提炼,并能在现实应用中举一反三。

项目一　电子商务模式案例分析

案例一

中国制造网

中国制造网是一个中国产品信息荟萃的网上世界，面向全球提供中国产品的电子商务服务，宗旨在利用互联网将中国制造的产品介绍给全球采购商。目前，该网站已稳定运营十多年，成为数百万用户信赖的综合性电子商务网站。

中国制造网关注中国企业特别是众多中小企业的发展，凭借巨大而翔实的商业信息数据库以及便捷而高效的功能和服务，中国制造网成功地帮助了众多供应商和采购商建立联系、提供商业机会。

中国制造网专注于出口推广，从不涉足任何与出口推广无关的领域，从而树立了中国制造网在出口推广领域的专业级品牌，并奠定了其在全球优质买家社群当中的知名度和影响力。

中国制造网专注于服务买家。它深刻了解专业买家的采购习惯和选择供应商的标准，力求通过推广的供应商信息与专业买家的需求匹配。

中国制造网专注于服务，希望不断提升自身竞争力。它懂得如何突出卖家公司和产品的"独特卖点"。中国制造网所关心的不仅仅是如何让买家接触到卖家的公司信息，更重要的还有如何帮助卖家留住这些买家。中国出口商要摆脱价格战的纠缠，必须以提供增值服务及创新产品取胜，然而销售增值服务及创新产品比销售"低价"更加困难，远远不止在网站上罗列出卖家的产品信息那么简单。

在中国制造网上，作为采购商，可以享受以下服务：通过中国制造网首页输入关键词搜索产品或通过产品目录查找产品，联系供应商；在商情板搜索销售商情并联系供应商；发布采购商情，将采购信息加入商情板；采用收费的贸易服务，采购商更能有效开展同中国产品供应商之间的贸易往来；加入中国制造网后，可免费查阅信息和获得多种功能。

作为中国制造商、供应商、出口商，可以享受以下服务：将产品和公司信息加入产品目录；通过商情板，搜索全球买家及其采购信息；采用推广服务——名列前茅，使产品脱颖而出，获取无限商机；采用推广服务——产品展台，迅速提高产品曝光概率，直观、形象地引起目标买家的关注；采用推广服务一条龙，将产品和企业品牌刊登于页面显眼位置，有效推广产品和企业品牌；采用中国制造网的高级会员服务于中国供应商，拥有更高级的网站功能和服务，全面提升公司形象和贸易机会；采用中国制造网英文版实地认证服务于认证供应商，获得更多买家的关注和信任。

作为海外供应商，可以享受以下服务：将产品和公司信息加入商情板；通过商情板搜索全球买家及其采购需求；有机会使用中国制造网的推广服务一条龙，有效推广产品和企业品牌。

课堂实训

1. "中国制造网"属于什么类型的电子商务模式？该模式给企业带来的优势有哪些？
2. "中国制造网"的定位是什么？
3. 请简述"中国制造网"的经营特点。
4. "中国制造网"为中国制造商、供应商、出口商提供的服务有哪些？

案例二

钻石小鸟

钻石小鸟（www.zbird.com）始创于2002年，它率先把"鼠标+水泥"的模式引入网络奢侈品销售，是国内最早的网络钻石品牌。

钻石小鸟在世界钻石之都比利时安特卫普设立了钻石采购中心，是全球最大钻石生产贸易商戴比尔斯和全球最大看货商之一EuroStar在中国区唯一的网络合作伙伴。通过高端供应链的行业独占性资源整合，钻石小鸟与各大国际品牌共享全球顶级钻石货源，为消费者提供了充分的选择范围，也保证了它在业内的品质优势。每一枚30分以上的裸钻不仅具有GIA、IGI、HRD国际权威鉴定机构的鉴定证书，钻石小鸟还特意邀请国家珠宝鉴定机构为钻石做进一步的检验。一钻双证，不仅保障了消费者的利益，还让消费者更放心地购钻。

钻石小鸟官方网站提供了体验中心360度全景照片、钻石在线3D展示、多项人性化智能搜钻方式以及全新"全球寻钻"等强大的功能，为消费者带来便捷和人性化的网络购钻体验。此外，其设计师平台不仅为专业的设计师提供交流分享的渠道，也为首饰爱好者提供欣赏和参与的渠道，进一步提升和丰富了钻石首饰DIY个性定制服务。

课堂实训

1. 钻石小鸟网属于哪种类型的电子商务模式？
2. 为了更好满足消费者需求，钻石小鸟采取了哪些措施？

项目二　电子商务安全案例分析

案例一

刷单尝到5元"小甜头"大学生兼职反被骗上万

大学生网上兼职刷单，一单轻松赚取5元提成，初尝甜果后欲罢不能，接连又转账24000元，类似的电信网络诈骗屡禁不绝。记者从安徽省合肥市公安局反电诈中心获悉，自2016年11月16日成立至今，该中心成功拦截诈骗电话3500余起，避免群众损失6000多万元。

9月25日21时，合肥市公安局反电诈中心接到一起警情，称合肥某学校学生秦某遭遇兼职刷单诈骗，被骗24000元。原来，当天12时许，秦某刷微博时看到一则兼职刷单的信息，随即联系对方并刷了第一单109元，完成后对方立刻给其返还了114元。见动动手指就拿到了5元的提成，秦某十分兴奋，在短短1个小时内先后转了4笔钱，共计12000元。此时，对方却告诉他，这个单必须转双份不然拿不到钱。情急之下，秦某又向老师和同学借了12000元转给了对方。之后对方又以时间太久造成卡单为由要求再转一次，秦某这才意识到可能被骗了，于是立即拨打110报警。

接到报警后，合肥市公安局反电诈中心值班人员迅速联系回访受害人，进行相关警情信息核实工作，同时对涉案账户进行止付。通过一系列紧张有序的工作，最终成功止付涉案账户资金179323元，涉及全国各地多名受害者。据统计，2017年1月～9月，合肥市公安局立案电信网络诈骗案件3868起，同比下降30.68%，破获电信网络诈骗案件1891起，较2016年同期相比上升76.89%。打击处理电信网络诈骗嫌疑人860名。

课堂实训

上网收集资讯，在网络发展如此迅速的时代，作为网络用户，我们应该做好哪些方面的网络安全防范意识？

案例二

"小红书"用户信息大规模泄露

用户信息泄漏是2017年上半年电商行业较为敏感的话题之一。此前，小红书出现用户信息大面积泄漏事件，被泄露信息的用户接到诈骗电话，诈骗分子以退款为诱饵，通过蚂蚁借呗、来分期、马上金融等借贷平台进行诈骗，用户遭受不同程度的经济损失。信息泄露几乎是当下电商市场的通病，而信息泄露中受害最大的是处于被动的消费者。

据中国电子商务投诉与维权公共服务平台近年来接到的用户投诉案例表明，近年来互联网电商行业"泄密"事件频频出现，重大典型的包括：5173中国网络游戏服务网数次被"盗钱"、"小红书"疑似信息泄露致用户被骗、"当当网"多次用户账户遭盗刷、"1号店"员工内外勾结泄露客户信息、腾讯7000多万QQ群遭泄露、携程技术漏洞导致用户个人信息、银行卡信息等泄露、微信朋友圈小游戏窃取用户信息、快递单贩卖成"灰色产业链"、13万12306用户信息外泄事件等，而无一例外的是，在这些"泄密"事件背后，消费者的权益都受到了不同程度的损害。

中国电子商务研究中心认为，《电子商务法（草案）》中，加大对信息安全的保护力度，明确包括第三方电商平台、平台内经营者、支付服务提供者、快递物流服务提供者等在内的信息安全保护责任主体。提出对未履行保护义务的，最高处以50万元罚款并吊销执照；构成犯罪的，追究刑事责任。

课堂实训

上网收集资讯，哪些电子商务网站受到过黑客的攻击，在电子商务安全方面，企业应该加强哪些方面的防范？

项目三　电子支付案例分析

案例一

交通银行发"手机信用卡"，银行的稳中求变

2017年4月17日，交通银行信用卡在上海召开发布会，宣布正式推出"手机信用卡"，并同步发布了业内首份"手机信用卡白皮书"。

据移动支付网了解，交行手机信用卡提供的开卡用卡服务是这样的：客户只要在交通银行专属定制的"e办卡"终端上提交申请，现场立即完成审批。30秒内处理率81%，3分钟处理率达99%。核卡后用手机登录"买单吧"APP，2步开通即可用卡，而且所有涉及信用卡的服务例如查账、还款等均可在"买单吧"上解决。除了"快"的

优势外,持卡人开卡时就可绑定ApplePay、云闪付等各类手机支付,以及开通二维码扫码支付,即可在线上线下各类商户实现刷手机消费。

由此可以看出手机信用卡实际上就是一张"虚拟信用卡",而且通过专属终端设备省去了用户的开卡审批时间,再加上如今的NFC、二维码支付功能,让其能够满足线下消费的需求。如今,随着移动支付的快速发展,出门只带一部手机已经成为年轻人的习惯,因此无卡化是未来银行卡发展的趋势。尽管如今通过各种手机Pay绑定信用卡同样能够实现移动支付无卡化,但是交行在发卡环节就直接摒弃实体卡,这样的方式在信用卡领域可以算得上一"新"了。

课堂实训

上网收集更多的资讯,试述手机信用卡的支付优势有哪些。

案例二

首创银行账户联机预授权模式，杭州地铁率先使用

2017年12月27日，杭州地铁1、2、4号线实现直接刷银联IC卡和手机闪付过闸。

尽管银联IC卡和手机闪付刷地铁并不是首次实现商用，但是杭州地铁的模式和此前广州地铁的ODA模式又有一些不同。据移动支付网了解，这是银联首创的银联联机预授权模式过闸，支持所有银联信用卡和借记卡，无须开通，直接使用。让杭州成为全国范围内首个实现所有银联信用卡和借记卡地铁直接过闸的城市，是继广州地铁全线、无锡地铁全线、福州地铁全线、上海地铁磁浮线开通银联闪付或二维码直接过闸后，银联在地铁出行领域打造的又一城市范例。

银联一直不遗余力地拓展交通支付领域的应用场景，继去年ODA商用之后，此次的联机预授权模式无疑也是一项不大不小的创新，未来随着网络环境越来越好，联机速度越来越快，相信该模式将会有不错的发展空间。

课堂实训

上网收集资讯，分析银联联机预授权模式过闸在市场中应用的定位有哪些优势？

项目四　网络营销案例分析

案例一

小葡萄酒厂

Stormhoek，一家小葡萄酒厂家，其产品是Freshness Matters牌葡萄酒。新西兰有最好的酿造白葡萄酒的技术，但南非的葡萄比较好，Stormhoek的葡萄酒据称就是这两者的结合。

该厂家的葡萄酒在英国的asda、threshers、waitrose、majestic、sainsbury's和oddbins等大小商场均有销售。Stormhoek是家小企业，没多少钱，因而也没有在英国投放任何广告，但Stormhoek对Blog很倚重，其网站就是一个Blog。他们想尝试一种新

方法，一种新的营销方式，看看与博客们的互动会怎样影响公司内部的交流、公司的文化，进而影响公司的销售。

他们做了一个小试验：给博主们送出去了大约100瓶葡萄酒。只要博主满足以下两个条件，就可以收到一瓶免费的葡萄酒：

1. 住在英国、爱尔兰或法国，此前至少三个月内一直写博。读者多少不限，可以少到3个，只要是真正的博客。

2. 已届法定饮酒年龄。收到葡萄酒并不意味着你有写博客的义务——你可以写，也可以不写，可以说好话，也可以说坏话。

试验结果：据Stormhoek自称，在当年6月的时候，用Google搜索这家公司的只有500条记录，而9月8号达到20000条。而在这两个月中，他们自己估计有30万人通过Blog开始知道这家公司。

课堂实训

根据以上案例，谈谈博客的网络营销价值。

案例二

"新江南"公司的E-mail营销

"新江南"是一个旅游公司，为了在"五一黄金周"之前进行公司旅游项目促销，公司营销人员计划将网络营销作为一项主要的促销手段，其中将E-mail营销作为重点策略之一。由于公司在网络营销方面以前没有多少经验，因此这次活动只把上海作为试点城市，而且在营销预算方面比较谨慎，并不打算大量投入广告，仅选择部分满足营销定位的用户发送E-mail广告。目前暂时没有条件开展网上预订活动，主要是品牌宣传，并为网下传统渠道的销售提供支持。

"新江南"公司的网络营销现状为：公司网站已经建立两年多的时间了，但是网站的功能比较简单，主要是公司介绍、旅游线路介绍、景点介绍等，网站上有一个会员注册区，有用户1000多人，但是由于疏于这方面的管理，已经有半年多的时间没有向会员发送过信息了，最后一次发送是元旦前的促销信息，向会员发送新增的旅游线路。因此，公司内部的营销资源非常有限，还需要借助于专业服务来发送E-mail广告。在服务的选择上，花费了比较多的时间，因为首先要对服务的邮件列表定位程度、报价和提供的服务等方面进行比较分析，在多家可提供E-mail营销服务的网站中，"新江南"最终选择了新浪上海站，该网站有一份关于上海市白领生活的电子周刊，订户数量超过300,000，这份电子刊物将作为本次E-mail营销的主要信息传递载体。为了确保此次活动取得理想的效果，计划连续四周投放E-mail营销信息，发送时间定为每周三，前两次以企业形象宣传为主，后两次针对公司新增旅游路线进行推广。接下来，该公司的市场人员的主要任务是设计E-mail广告的内容，针对内部列表和外部列表分别制作，并且每个星期的内容都有所不同，他们仍然有许多工作需要准备。E-mail营销活动结束后，当网络营销人员分析每个月的公司网站流量时吃惊地发现，在进行E-mail营销期间，公司网站的日平均访问量比上个月增加了3倍多，日均独立用户数量超过了1000人，而平时公司网站独立用户数量通常不到300人，尤其在发送邮件的次日和第三日，网站访问量的增加更为明显，独立用户数量的最高纪录日达到了1500多人。从这次活动，公司的营销人员也发现了两个问题：一是内部列表发送后，退回的邮件比例相当大；二是企业网站上的宣传没有同步进行，来到网站浏览的用户的平均停留时间只有3分钟，比活动开始前用户的平均停留时间少了2分钟。

课堂实训

1. 该公司现在访问量得到提升的主要原因在哪里？其以往访问量不高又是为何？
2. 如今该企业存在什么问题？你觉得，该公司现在应该怎样解决此问题？

项目五　电子商务物流案例分析

案例一

沃尔玛

沃尔玛是世界上最大的商业零售企业，在物流运营过程中，尽可能降低成本是其经营之道。沃尔玛有时采用空运，有时采用船运，还有一些货品采用卡车运输。在中国，沃尔玛百分之百地采用公路运输，所以，如何降低卡车运输成本是沃尔玛物流管理面临的一个重要问题。对此，沃尔玛主要采取了以下措施：

（1）沃尔玛使用尽可能大的卡车，大约有16米加长的货柜那么长，比普通集装箱运输卡车更长或更高。公司员工把卡车装得非常满，商品从车厢的底部一直装到最上部，这样非常有助于节约成本。

（2）沃尔玛的车辆都是自有的，司机也是公司的员工。沃尔玛的车队大约有5000名非司机员工，还有3700多名司机，车队每周每次运输可达7000千米～8000千米。

（3）沃尔玛采用全球定位系统对车辆进行定位，因此在任何时候，调度中心都知道这些车辆在什么地方，离商店有多远，还需要多长时间到达商店，这种估算可以精确到小时。借助信息技术手段，极大地提高了物流系统的效率，降低了运营成本。

（4）沃尔玛连锁商场物流部门的员工24小时工作，无论白天还是晚上，都能为卡车及时卸货。沃尔玛的车队则利用夜间运输，从而实现了当日下午集货，夜间进行异地运输，翌日上午送货上门，保证15～18小时内完成整个运输过程，这是沃尔玛在速度上取得优势的重要保证。

（5）沃尔玛的运输车队把商品运到商场后，商场物流部门的员工将之全部卸下，无须对每个商品进行逐一检查，这样就节省了很多时间和精力，加快了沃尔玛物流的循环过程，从而降低了成本。这里有一个非常重要的先决条件，就是沃尔玛的物流系统能够确保商场收到的货物与发货单完全一致。

（6）沃尔玛的运输成本比供应商的低，因此厂商也利用沃尔玛的卡车来运输，从而实现了把产品从工厂直接运送到商场，大大节省了商品流通过程中的仓储成本和转运成本。

课堂实训

1. 沃尔玛公司为什么要使用尽可能大的卡车来运输商品？这是为了实现运输的规模经济还是距离经济？
2. "沃尔玛的车辆都是自有的，司机也是公司的员工。"你认为自营物流和物流外包，哪个更有利？为什么？
3. 你是怎样理解"保证安全是节约成本最重要的环节"这句话的？
4. 厂商将产品从工厂直接运送到沃尔玛的商场，这是何种配送模式？有何好处？

案例二

日本绿色食品包装

日本食品界掀起的"绿色包装"革命很有成效，一些公司采取了较好的做法。

一些日本企业不搞华丽的包装，而是千方百计节约加工费用，节省材料，从而降低产品成本。例如，日本90%的牛奶都是以有折痕线条的包装出售，这种容易压扁的包装不但生产成本低，而且能够减少占用的空间，方便送往再循环系统并减少运输成本。这使小孩子们从小就能接触和使用带有环保功能的"绿色"产品，对使用者具有很好的教育作用。再如，日本常见的饮料Yakltt健康饮品也是使用一种底部可以撕开、进行了特殊设计的杯形容器。当底部被撕开后，人们能够轻易地把容器压扁，方便送去再循环处理中心。日本东京每年都举行包装设计比赛，获奖的包装设计将被广泛使用。其中一种获奖的饮料包装是由100%再循环的纸盒板和盒子内盛饮料的袋子组成的，人们能够轻易地把纸盒和袋子分开，这样将废弃的包装送去再循环中心时就比较容易处理。另一种开始被消费者接受的新包装是立式装。由于开袋子比开瓶子更容易使内部液体溢出，因此袋子的开口都需要进行特殊设计，以方便打开。采用这类袋装主要是为了取代塑料瓶，两者相比较，前者使用的塑料只有后者的五分之一。

日本味之素公司设计推出的包装，没有华丽的外表，而只是用白色单瓦楞纸进行最节省的包装，标贴印刷也朴实无华。日本三得利公司推出的啤酒易拉罐包装，喝完以后只要按其罐体形态提示的方向左右扭曲，便可缩小体积，方便回收。

日本优秀的"绿色"包装设计，大多数能减少处理时的困难，更重要的是，它们有利于保护人体健康。一些日本专家认为，许多没有包装必要的食品完全可以放弃包装，例如一些蔬菜、水果，可以不需要销售包装，这样有助于保持蔬菜、水果的营养与新鲜。

课堂实训

1. 日本食品包装体现了一种什么观念？请加以解释。
2. 结合案例，总结绿色包装的具体做法有哪些。

参考文献

[1] 秦琴. 网络营销理论与实务 [M]. 北京：中国轻工业出版社，2014.

[2] 张华，李一辉，喻立.电子商务与物流管理 [M]. 武汉：华中科技大学出版社，2015.

[3] 方玲玉，李念.电子商务基础与应用：学·用·做一体化教程：第3版 [M]. 北京：电子工业出版社，2015.

[4] 李洪心，马刚. 电子支付与结算 [M]. 北京：电子工业出版社，2015.

[5] 张梅花，卢彩秀. 网络营销 [M]. 西安：西北工业大学出版社，2016.

[6] 秋叶，张向南. 新媒体营销案例分析 [M]. 北京：人民邮电出版社，2017.

[7] 徐林海. 电子商务案例分析 [M]. 南京：东南大学出版社，2017.

[8] 陈道志，卢伟. 跨境电商实务 [M]. 北京：中国工信出版集团，2018.